# 中国创新背景下互联网金融新发展

徐小磊　张林波　主　编

王　飞　吴　震　副主编

中国金融出版社

责任编辑：石　坚
责任校对：张志文
责任印制：赵燕红

**图书在版编目（CIP）数据**

中国创新背景下互联网金融新发展（Zhongguo Chuangxin Beijing xia Hulianwang Jinrong xin Fazhan）/徐小磊，张林波主编．—北京：中国金融出版社，2018.10

ISBN 978 - 7 - 5049 - 9727 - 2

Ⅰ. ①中…　Ⅱ. ①徐…　②张…　Ⅲ. ①互联网络—应用—金融—研究—中国　Ⅳ. ①F832.2 - 39

中国版本图书馆 CIP 数据核字（2018）第 201742 号

出版
发行　**中国金融出版社**

社址　北京市丰台区益泽路 2 号
市场开发部　（010）63266347，63805472，63439533（传真）
网 上 书 店　http：//www.chinafph.com
　　　　　　（010）63286832，63365686（传真）
读者服务部　（010）66070833，62568380
邮编　100071
经销　新华书店
印刷　北京市松源印刷有限公司
尺寸　169 毫米 × 239 毫米
印张　18.75
字数　280 千
版次　2018 年 10 月第 1 版
印次　2018 年 10 月第 1 次印刷
定价　58.00 元
ISBN 978 - 7 - 5049 - 9727 - 2
如出现印装错误本社负责调换　联系电话(010)63263947

# 前　　言

　　中国互联网金融已经走过了十几年的历程，相对于银行、证券、资产管理行业，互联网金融还如同一个婴儿，弱小但充满希望。十几年的时间中，这个行业给我们带来了无数的惊喜，成就了一系列公司和伟大的人物，马云、唐宁、周世平等星光熠熠人物的发展历程被人所津津乐道。

　　2004 年 12 月支付宝的建立，拉开了轰轰烈烈互联网支付的发展大潮。鲜为人知的是阿里巴巴和支付宝的创始人马云事后回忆：如何解决交易的问题，是我们最大的问题。我想去找到如何完成这样一个交易的目的和方法。要做到这一点，需要有巨大的担当。不然我们永远发展不起来。而这个东西，我觉得就应该由支付宝来解决。当天晚上我在达沃斯打电话给我的朋友和同事。我说立刻，现在马上去做这个产品，启动支付宝这个产品，如果因为这个产品要去坐牢，那就是我去。可能马云没有想到，当初这个破釜沉舟的决定让中国互联网支付成为全球支付领域的执牛耳者，极大地促进了互联网金融等中国各个领域的腾飞，中国互联网金融迎来了黄金发展时期。

　　在这十几年的历程中，中国的互联网支付、P2P、股权众筹等领域均走在了世界前列。但物极必反、盛极必衰，从 e 租宝、泛亚到 2018 年 6 月开始的 P2P 暴雷潮让我们重新开始审视这个行业，重新开始思考互联网金融未来的发展方向，并希望普通投资者能够全面知晓和理解中国互联网金融的现状和本质，因此形成我们写本书的初衷。

早在 2015 年，国家有关部门就已经意识到中国互联网金融监管远远滞后于互联网金融的发展，未来如何监管这个行业是每一个从业者和监管者思考的问题。在此背景下，国家互联网金融安全技术专家委员会（简称互金专委会）孕育而生，并依托自身技术优势建立了国家互联网金融风险分析技术平台（简称技术平台），期望利用互联网技术和思维为行业监管提供支撑。

本书的主要编写者均为建设国家互联网金融风险分析技术平台的主要人员，依托技术平台的技术优势，编者们能接触到中国互联网金融发展的最新动态和数据。我们期望将这些资料和数据向所有投资者公开，让所有人都能清晰地认识中国互联网金融发展现状，思考未来行业的去向，培养投资者的风险意识。我们认为，互联网金融不是洪水猛兽，但在泥沙俱下的今天也需要投资者练就一双火眼金睛，这也是本书的初心和愿景。

本书注重实践和数据，利用通俗的语言，辅以图表将互联网金融复杂的概念进行简化。书中所用数据多来源于技术平台，利用技术平台作为全国最全最新的互联网金融基础数据库的优势，尽可能为读者提供全面真实的数据，有助于读者了解中国互联网金融发展的最新动态。同时，本书在撰写过程中，引用了网贷之家、网贷天眼、艾瑞咨询等第三方数据，并参阅了大量国内外文献，在此一并表示感谢。

由于时间仓促和编者水平所限，本书难免存在错误与疏漏之处，恳请各位读者不吝批评和指正。

由于本书所用图片、数据涉及范围广，部分图片和数据无法准确注明来源途径，如给相关版权所有者带来不便，请与我们联系。

# 目　　录

# 第六章　互联网金融法律　155

# 第七章　互联网金融监管总体思路研究　177

# 第一章
## 国内外互联网金融发展现状

## 1.1 中国互联网金融发展概况

### 1.1.1 背景和意义

近年来，互联网以及移动通信技术的迅速普及和发展加速了传统金融机构及其业务模式的变迁。在这样的时代背景下，我国的互联网金融行业从诞生之初便备受瞩目，经过持续的快速发展，互联网金融无论是自身体量，还是行业影响力都实现了巨大的飞跃。以网上支付为例，其用户规模在 2010～2016 年增长了 2.5 倍达到 4.75 亿人，占网民规模比例也由 30% 快速提升到了 65%。在资金量方面，2013 年，P2P 网络贷款余额只占同期全国小额贷款公司贷款的 1/30，而到了 2016 年，P2P 的贷款余额已几近与后者持平，达 8162 亿元。但是在取得这一系列惊人成就的同时，互联网金融也对传统的国家金融体系以及金融监管带来新的冲击与挑战。

一方面，过度依赖信息技术使互联网金融极易受到互联网安全问题的影响，如技术漏洞或黑客攻击将严重危及海量用户的资金安全和个体信息安全，甚至引发群体性恐慌或突发行为。另一方面，由于现阶段中国信息体系并非完善，使互联网金融违约成本较低，容易诱发恶意骗贷、卷款跑路等恶性问题。更加值得关注的是，这种新的商业模式所高度依赖的信息技术便捷性与互通性，以及用户内禀的必然关联性，都使不同互联金融平台天生地彼此耦合，任何一家平台出现问题都可能导致风险扩散甚至是整体性失效。同时，随着经济全球化与服务跨界化，不同行业间的相互影响包括外部实体经济的波动也可能将互联网金融体系暴露在风险之中。

作为传统金融行业与互联网技术相结合的新兴领域，互联网金融在资金融通、支付、投资和信息中介服务等方面均与互联网技术和信息通信技术密切结合，并在金融市场体系、服务体系、组织体系和产品体系等方面体现出有别于传统金融的诸多特征，展现了独特的发展规律和特征，使难以将之简单视为传统金融体系的补充或附属，这对传统金融相对成熟的监管与风险防控体系提出了新要求。

因此，有必要系统地了解当前国内互联网金融的发展状况，并依赖互联网金融本身产生的复杂数据建立定量、精准、快速的互联网金融监控与异常分析体系，进一步丰富和提高监管维度、监管手段与干预策略。

### 1.1.2　中国互联网金融的产生原因分析

互联网金融在中国的发展历程并不长，但之所以能在短时间内迅速壮大并保持蓬勃发展，是与深刻的时代背景分不开的。

（一）传统的金融体系未能有效满足普惠的资金融通需求

传统的金融体系主要倾向于为大中型企业、高净值人才提供金融产品与服务，而普通收入家庭和小微企业的资金需求难以得到满足，这使传统金融市场难以完全按照市场动态合理配置资源。以小微企业为例，其工业总产值、销售收入、实现利税大约分别占中国经济总量的60%、57%和40%，并且提供了75%的城镇就业机会。

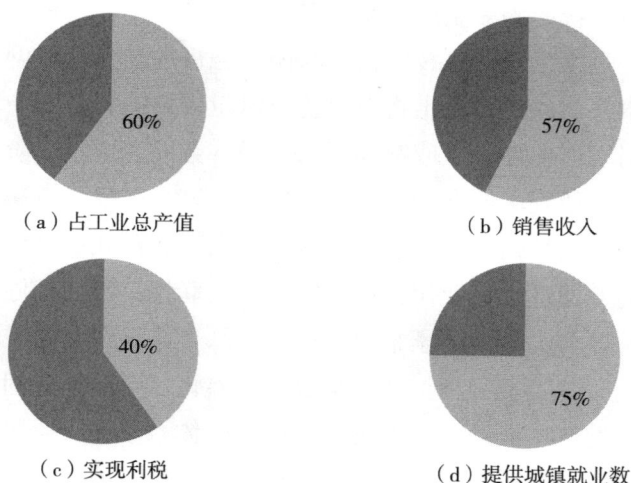

图1-1　小微企业经济贡献

而根据人民银行2016年统计数据，全国各类商业银行小微企业贷款余额仅占全国金融机构贷款余额的19%，这与其经济贡献明显不相符。

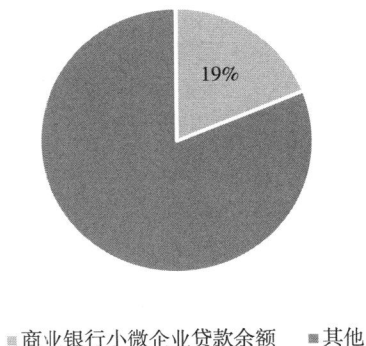

■商业银行小微企业贷款余额 ■其他

**图 1 - 2　2016 年全国金融机构贷款余额**

此外，长期以来的严格监管和行业保护，导致部分传统金融行业灵活性不足，创新乏力，民众可选择的投资理财渠道不多，产品也有限。再则，传统金融市场由于受到时间和空间的限制，信息更新流动的速度较慢导致时间成本较高，各金融主体对金融模式创新的渴求也更为强烈。这些由需求拉动的因素，逐渐改变着金融主体的消费习惯，成为互联网金融产生的强大内在推动力。作为新兴行业的互联网金融，近几年得益于经济环境的逐渐开放，通过互联网技术和思维，以独有的普惠、方便、快捷的特点，不仅能够满足小微企业、"三农"、民间融资等的金融需求，同时满足并激发了国内民众极大的投资理财需求。

（二）互联网行业和现代信息技术在中国的快速发展

由于信息在互联网传播的高效性，极大地降低了商务贸易的沟通成本，因此电子商务成为主流商业模式，而金融作为商务贸易活动的基础，必然需要在电子商务环境下进行变革。2013 年以来，中国互联网市场进入快速增长期，形成了互联网金融快速发展的土壤。中国互联网络信息中心最新统计报告显示：截至 2016 年 12 月末，中国网民规模达 7.31 亿人，相当于欧洲人口总量，互联网普及率达到 53.2%，互联网技术的发展正深刻改变着人们的思维、生产和生活方式，互联网使用群体的扩张也催生了人们对金融服务的大量新需求，涉及衣食住行的方方面面。

此外，网络基础设施如光纤宽带建设进度不断加快，有效支撑了互联网金融业务的开展和服务效率的提升；移动手机的普及各种应用 APP 软件铺天盖地而来，为互联网金融在终端延伸服务奠定了基础；云计算和大数据等新一代信息通信技术，为互联网金融业态创新和风险防范提供了重要的工具和手段。这些现代信息技术的迅速发展则作为一种外化的拉动力，为传统金融业的转型和互联网企业进入金融业提供了可能，为互联网金融的产生和发展提供了外在的技术保障与支撑。

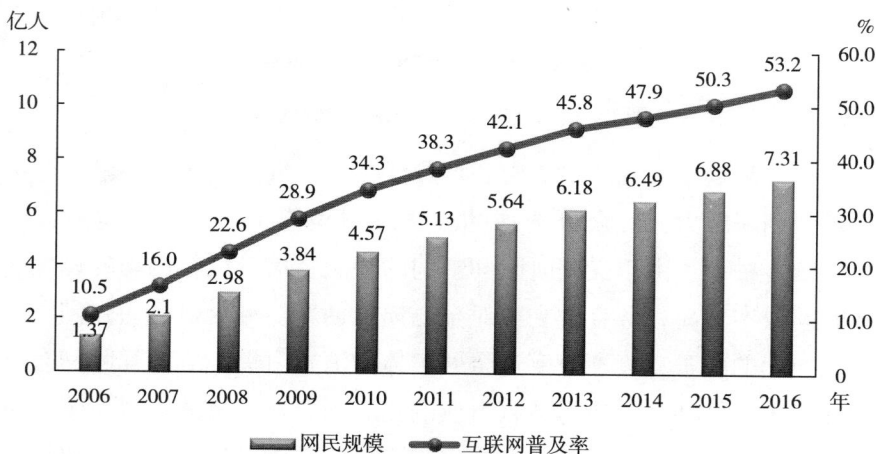

图 1-3　中国网民规模及互联网普及率

（三）政府推动发展科技金融

如果说互联网技术的快速发展是互联网金融发展的推手，那么政府对科技金融的战略性支持则更像是催化剂，有力地促进了互联网金融的快速发展。2013 年 11 月，《中共中央关于全面深化改革若干重大问题的决定》明确提出，要"鼓励金融创新，丰富金融市场层次和产品"。互联网金融的出现是国家鼓励金融创新的必然结果，是适应移动互联网时代金融创新的客观要求，是满足不断增长的小微金融服务需求的内在要求。中国人民银行在官方报告中给予科技金融正面评价，认为科技金融具有透明度高、参与广泛、中间成本低、支付便捷、信用数据更为丰富和信息处理效率更高等优势。国务院也几度发文支持科技金融的发展。2013 年 10 月，中共十八届三中全会提出的"383 改革方案"将金融作为重点领域之一，鼓励有实力的互联网机构发挥自身独特优势进入小微金融领域；2014 年 3 月，政府工作报告提出"促进互联网金融健康发展"，2016 年"互联网金融"首次写入五年规划纲要。这些都表明政府对科技金融这一新兴行业的重视与支持。科技金融的快速发展有力推进了互联网金融的发展，以阿里巴巴、腾讯、京东等为代表的互联网科技公司纷纷进入互联网金融行业，极大增强了互联网金融企业的自身实力。同时政府积极探索互联网金融监管方式和手段，积极发布相关法律法规、探索建立适合互联网金融发展的监管体系，保障了互联网金融的快速发展。

综上所述，在需求与供给两股力量的共同推动下，在相关部门对金融科技的支持下，互联网金融得以在中国兴起，实现井喷式的发展，在此期间以互联网技术为支撑的各类互联网金融平台大量涌现。

### 1.1.3 互联网金融对促进社会发展的作用

（一）互联网金融扩大了服务对象，在一定程度上降低了融资难度

传统的金融体系主要倾向于为大中型企业、高净值人才提供金融产品与服务，而中小微企业和中低收入群体融资困难，难以获得相关的金融服务，互联网金融凭借其低成本、低门槛、高效率、打破时间空间限制等优势，吸引了大批中小微企业和中低收入群体参与其中享受到金融服务。为保证自身发展，传统金融被迫降低门槛，解决小微企业和中低收入者的融资盲区，从而扩大自身的服务对象。

中小企业融资问题一直都是传统金融业中的难点，中小型企业主要的小额短期贷款很难从传统金融渠道中获得。而且中小型企业的信用问题和贷款偿还能力都是需要传统金融机构仔细考量的，所以放贷的周期要更长。而互联网金融的出现有效缓解了中小企业融资的困难，如 P2P 平台通过对提交申请贷款的企业进行审核筛选，在专门的网站上进行可行性投资项目公开化，这种模式下中小企业通过互联网可以简单地寻求足够的资金来源，而且在专属交易平台下投资项目公开化更可以坚定融资者的信心。互联网金融切实符合了中小企业对于贷款短期小额的特点，大大降低了金融交易成本，拓宽了信息渠道，完善了金融机构存在的不足。

（二）互联网金融促进传统金融业态和产品的革新，提升了传统金融的运作水平，为传统金融的发展创造了新的机遇

互联网金融的崛起冲垮了传统金融的垄断壁垒，其蓬勃发展令传统金融机构倍感压力，转型迫在眉睫，且大众对金融投资与理财也提出了更高的要求，新的形势促使传统金融机构探索金融业态以及金融产品的创新，银行、保险、券商等机构开始调整战略，利用自身资源以及互联网技术积极创新。

类似于云计算、移动支付、社交网络等互联网功能层出不穷，建立在网络基础上的现代化信息科技正改变着人们的生活方式。互联网金融拉近了信息技术与传统金融行业的距离，加强了信息技术对于传统金融行业的贡献程度，丰富了传统金融行业的内容，扩大了其渗透率与覆盖面。总体上提升了传统金融行业的运作水平。

如在证券领域，随着证券佣金率水平的不断下降，逐渐接近券商的保本底线，证券企业必须要改变经营模式，寻求新的利润增长点。而互联网证券给了券商一个新的契机，例如，阿里巴巴与天弘基金的合作，使天弘基金获得了阿里巴巴千万级别的客户资源，从而获得了更加广阔的市场发展空间。

（三）互联网金融在很大程度上提升了客户服务水平

互联网文化的核心在于以用户体验为中心的目标受众的争夺，因此，互联网金融相较于传统金融在服务上存在着巨大的文化差异。传统的金融竞争讲的是质量竞争、价格竞争，讲的是产品的标准化设计和供应，不能真正满足客户的个性化需要。互联网时代讲的是用户体验、个性化的满足，讲的是方便、快捷、安全，借助互联网的信息及其信息处理能力的优势，随时随地为用户提供个性化需求的满足。在新兴互联网金融领域，为了将用户体验做到极致，不少商家都愿意牺牲短期的利益以谋求更大的用户和流量增量。而传统金融机构则由于现有的以利润完成率作为主要考核指标的机制，对风险较大的创新产品存在疑虑，以致用户体验大打折扣。在互联网企业的冲击下，传统金融机构必须重新思考，从以资金为导向，

向以客户、市场为导向转变，以优质的产品和服务提升用户体验，提供快捷、低成本服务，最大限度地满足客户要求，从而赢回客户的青睐。

（四）互联网金融推动金融利率市场化发展

在中国对于传统银行的相关规定中，对存款利率的上限、下限都有一定限制，互联网金融工具的出现，打破了定期存款利率的限制，很好地反映了消费者偏好和市场需求，能真实有效地反映出金融主体行为和利率水平，促使传统金融利率市场化进一步发展，其反映出的投资走向也是部分传统金融机构制订下一步方案的向导，中国目前正在逐步放松对银行利率的管制。

（五）互联网金融构建了新的信用评价体系

互联网金融企业有着得天独厚的优势去获取客户消费信息，大量的数据为网商提供了个人信用值，通过对客户消费信息的仔细分析得出客户购买能力、购买倾向、还款能力等信息，组成各项工作的信用评价要素，从而构建起不同于传统金融机构更全面的信用评价体系。

## 1.1.4 中国互联网金融的发展历程

虽然互联网金融直到近几年才逐渐流行起来，但实际上早在20世纪90年代，许多具有互联网金融概念的产品就开始逐渐出现在人们的生活中。结合中国互联网金融行业典型事件的发生时间以及相关数据的变化趋势，可以认为中国互联网金融行业的发展分为以下四个阶段。

第一阶段为2005年以前，这一阶段互联网金融的主要发展形式表现为传统金融机构的互联网化和第三方支付的起步。早在1997年招商银行就推出网上银行业务，主要目的是分流实体营业网点的大量客户，用户办理相关业务可以通过网上银行来实现，从而极大提高了办事效率，这一事件标志着互联网金融已经开始以润物细无声的方式进入了人们的日常生活中。随后，越来越多的传统金融机构开始寻求通过与互联网技术的结合来改变原有的经营模式，各大券商纷纷推出其网上交易平台，广大股民可直接在网上完成交易而省去到交易所盯盘的麻烦。此外，1998年国内首个第三方支付平台"首易信支付"成立,直连23家全国性银行和中国银联核心支付系统,实现了跨银行跨地域提供多种银行卡在线交易的多功能网上支付服务平台。

第二阶段为2005~2012年,互联网与金融的结合从技术领域深入金融业务领域。随着互联网的迅速普及和现代信息技术的快速发展,互联网行业渐渐进入人们衣食住行的方方面面,一些依托互联网技术的平台开始进军金融领域。2011年,人民银行开始发放第三方支付牌照,至2012年8月共有约200家第三方支付企业获得央行颁发的支付业务许可证,标志着第三方支付产业开始进入健康规范发展的阶段。2007年,国内第一家P2P网贷平台拍拍贷在上海成立,网络借贷开始萌芽。

第三阶段为2013~2015年,P2P网络借贷快速发展、众筹开始起步、"宝宝类"理财产品、互联网保险、互联网基金等多种业务形态的互联网金融企业如雨后春笋般不断涌现,互联网金融行业迅猛发展。2013年被称为"互联网金融元年",余额宝和微信支付相继问世,百度、京东等巨头宣布进军互联网金融,政府支持创新的包容态度和监管的空白,导致了这三年间互联网金融各个业态的快速增长,同时问题平台急剧增加,互联网金融行业暴露出的风险与日俱增。

第四阶段为2016年至今,通过从行业过去几年爆炸式增长中积累经验教训,政府相继针对网络支付、P2P网络借贷、众筹、互联网保险等多个业态出台相关规章制度,整治发展过程中的各种乱象,重点打击非法集资、金融诈骗等各类违法违规行为。2016年4月,一场由国务院领导的力度空前的互联网金融专项整治活动在全国范围内启动,央行、银监会、保监会、证监会等部门分别发布相关领域的专项整治细则。互联网金融行业逐渐进入规范发展和稳定发展阶段,以P2P网贷为例,2016年全年新上线平台为756家,其中2016年第四季度仅新上线了38家,而2015年全年新上线平台数量高达2451家。

## 1.2 其他国家和地区互联网金融发展概况

### 1.2.1 美国互联网金融的发展

从历史发展追溯，美国可以说是互联网金融的创始者。20世纪90年代，随着信息技术革命的到来，美国金融体系对它的传统金融经营模式和业务方式进行了信息化升级。尽管美国在互联网金融领域的发展历史较为长远且较为稳健，但始终没有从传统金融中分离出来成为一种独立的业态，因此它更多体现的是传统金融形式的互联网化，即金融业务形式的一种延伸。

一是传统金融业务的互联网化。包括银行业，证券业，保险业，基金等通过互联网实现其传统业务的金融形式。二是金融支付的互联网化。包括第三方支付，移动支付等依附移动终端来实现的一系列金融活动。因为它的便利性和高效性，受到较多非金融企业的大力支持。比较典型的代表有 Facebook 的 Credits 支付系统，PayPal 的微支付系统 Digital Goods 成为互联网和支付体系结合的成功案例。三是信用业务的互联网化，主要包括存贷款、众筹等一些新兴的互联网金融信用业务。在这个过程中，互联网的通畅性为业务双方成功搭建了平台，提高了资金的流转性。四是虚拟货币，以比特币为代表。其之所以能够在美国扮演重要的角色，在于它可以顺应信息化社会的消费及交换需求；同时，在国际市场变革的过程中，它提供了一种低门槛，更直接的货币兑换方式。

美国的先进技术支持为互联网金融市场提供着多样化的融资渠道和工具，随着不断的创新，同时消费者、企业和机构投资者的需求不断增长，2016年美国市场的总量持续上涨至345亿美元，比2015年增长了22%，但与往年相比，美国互联网金融市场的年增长率大幅放缓。在地域分布上，互联网金融平台往往集中在东海岸和西海岸，其中加利福尼亚州和纽约的平台总部最集中，其余的平台分布在全国各地。

　　总的来说，美国互联网金融的健康发展依托于较为完善的制度体系。具体来说，美国的互联网金融市场有着很高的进入门槛，除了需要提供足额的注册资金以外，审批程序也十分严格；美国的政府和金融机构对中小企业贷款的重视程度很高，完善的社会信用体系可较为便捷地对中小企业进行信用评估；美国的信息披露体系也较为完善，因此消费者可以尽可能地发现潜在的风险，避免欺骗或者商家误导情况的发生。

## 1.2.2　英国互联网金融的发展

　　英国在现代银行业的起源和发展中发挥了重要的作用。在当前互联网技术和产业渗透至各个经济部门的背景下，英国也成为首批金融业与互联网产业融合发展最早的国家之一。全球首家 P2P 互联网贷款平台 Zopa 于 2005 年出现在英国。此后，英国互联网金融进入快速发展通道。英国 P2P 金融协会数据显示，2015 年第一季度英国互联网借款平台累计贷款总额超过 26.4 亿英镑，市场规模相较于 2013 年已经增长了近 3 倍。随着市场的增长，筹款人和筹款的数量也日益增加。英国有大约 109 万人参与到互联网金融中来，表明市场的参与者有着一定的人数基础。互联网金融市场的参与者仍然存在着性别差距，例如，在股权众筹中，通过股权众筹平台来募集资金的筹款人中仅 8% 为女性。英国的互联网金融市场正趋于平稳发展，一些平台甚至开始退出市场，2014 年有 24 个新平台创立，而 2015 年只有 14 个新平台，同时过去三年来，大量互联网金融平台已经被兼并。随着市场竞争的增长，除创造创新模式外，平台也开始利用新的方法来吸引资助者和筹款人。主要包括利用主流的在线广告和营销渠道来吸引顾客，如电视，广告牌，交通工具等。此外，一些互联网金融平台已经与银行建立了双边合作伙伴关系，以提供高质量的借款人和资助更多的中小企业。英国互联网金融市场的标志性发展之一是在过去几年的国际性扩张，平台的跨国活动和交易越来越多，带来了一定的国际性资金流入和资金流出，自 2014 年以来一些领先的 P2P 贷款和股权众筹平台推动了这一进程，通过扩张或兼并收购，将其业务范围扩大到欧洲各地甚至美国和澳大利亚。在地理分布上，伦敦和南方仍然占主导地位。虽然整个行业在整个英国都在增长，但在融资和筹款方面却有明显的差距，按交易总额计算伦敦仍然是英国最活跃的地区，东南，西南和西部紧随其后。

2014 年，金融行为管理局（FCA）制定了 P2P 贷款和股权众筹的监管政策，并将在 2017 年全面实施。目前来说，绝大多数互联网金融平台对现行监管感到满意。90% 以上的 P2P 贷款平台认为，目前的规定是充分和适当的。与世界各地的许多市场相比，英国政府以支持互联网金融市场而闻名。政府通过直接投资支持了这一市场的增长。英国商业创新技能部在此前解决小微企业融资问题报告中也提出，互联网金融作为传统商业银行之外的替代方式，逐渐成为小微企业融资的重要渠道。

### 1.2.3　法国互联网金融的发展

法国的互联网金融正在深刻地改变着法国金融服务业的内涵和格局。

法国的银行业信息化建设模式化十分明显。目前已出现的三种模式是：多渠道智能模式，银行对多个渠道进行了整合，通过分析汇总来的客户信息，预估客户的需求，并通过多重方法建立和客户的联系，为其提供个性化服务并进行针对性的收费。网络互动模式，为客户提供用户体验的网点逐步取代传统的银行经营网点，为客户提供轻松舒适的休闲环境，让客户可以和客户经理面对面进行沟通和咨询。第三方合作推广模式，银行和 Facebook、Twitter 等社交网络建立了合作关系，在其网站上进行广告宣传。

在第三方支付方面，法国占比最高的电子支付是 PayPal，其在法国约有 700 万账户，占据法国 48% 的市场份额；Google 研发的在线支付商 Google Wallet 约占 8% 的市场份额。2013 年 9 月，为与 PayPal 争夺在线支付市场，法国三大主流银行（巴黎银行、兴业银行和邮政银行）共同研发推出了新型的支付方式 Paylib，其目标客户首先是 3 家银行的客户（共约 230 万户），Paylib 还将在法国最大的 8 家电子商务平台推出。

法国众筹业务起步较晚，但发展迅速，目前欧洲众筹行业中排名靠前的公司有 3 家来自法国，其中 My major company 可以称为法国乃至欧洲众筹行业业的先驱。2014 年 10 月 1 日，法国专门针对众筹所制定的《参与性融资条例》正式生效，对众筹行业可提供的服务和可从事的行为进行了一定程度的限制，成为第一个拥有众筹行业监管法规的国家，体现了政府引导众筹行业顺利发展的意愿。

法国互联网金融的成功发展主要基于以下几个原因：一是法国人对先进理念和思想的追崇，故互联网金融这一新兴行业在法国得到了很好的保护、引导和支持；二是法国的银行存贷利差较小，已经实现了利率的市场化，不会出现中国对依靠利率差来获取收益的金融产品所表现出的狂热态度，故其在线理财业务的发展也比较理性；三是法国的投资者有较多的投资渠道可供选择，发达的金融市场可以为投资者提供全方位的产品来满足其投资需求，为互联网金融的发展提供了良好基础；四是针对互联网金融的迅速发展，法国当局及时出台相关配套的金融监管法规来规范其行为。

### 1.2.4 德国互联网金融的发展

德国互联网金融主要包括网络借贷（P2P）、众筹融资、第三方支付、网络保险公司及网络银行等，目前发展程度不一。P2P业务和众筹融资起步较晚，虽然发展较快，但是规模有限。相比之下，在德国第三方支付、互联网银行和互联网保险的发展规模比较乐观。

20世纪80年代，网络银行就已在德国出现，其被称为直销银行更贴切，在德国它不是实体银行的辅助营销途径，而是拥有独立的法人资格，基本上没有实体业务网点。德国的直销银行发展势头迅猛，且市场份额和占有率逐渐扩大，尤其受到拥有较高学历的年轻人的欢迎。而P2P则直至2007年才开始发展，德国P2P市场主要由 Smava 与 Aux money 两家公司垄断，它们均从2007年开始运营。两家公司主业是借助网络平台为个人和个人间借贷提供小额贷款中介服务。近年来，随着网络购物的迅猛发展，第三方支付在德国发展较快。2011年，德国网上支付金额已达217亿欧元，占全国商品零售额的7%。此外，德国是世界上第一个赋予比特币合法身份的国家，其作为一种金融工具被纳入德国的法律体系当中，这一政策直接把德国所有经营比特币的公司都变成了金融服务机构，政策同时规定其与比特币相关的所有业务都要经过德国联邦金融监管局的批准，并且接受监管。

德国互联网金融的成功发展可归于准确定位，运行高效。在客户定位上，不同于以往传统银行把重心放在大客户的需求上，德国的直销银行反而重视数量庞大的普通客户的需求；在产品方面，专注于开发满足客户基本需要的金融产品，把产品简单化，这大大降低了研发成本；在收益方面，通过提供优惠的条件吸引大量客户来增加收益。此外，德国把比特币纳入监管范围内的做法，不但降低了它的潜在风险，也为比特币这一新生事物提供了一定的保障。

## 1.2.5　亚太地区（不包含中国）互联网金融的发展

2015 年，亚太地区的互联网金融市场总额为 102.81 亿美元，来自中国的互联网金融平台交易金额为 101.69 亿美元，占亚太市场总额的98.9%，其他地区的市场总额为 11.2 亿美元。亚太国家和地区（不包括中国），互联网金融市场数量从 2013 年的 1.37 亿美元的低点增长到 2014 年的 2.72 亿美元，同比增长率达到 98%。2014～2015 年，交易总额增至11.2 亿美元，同比增长 313%。在亚太地区（不包括中国）提供资金的市场参与者人数及募集资金的实体数量一直处于急剧增长中，但资助者与成功筹款人的比例呈下降趋势，这可能表明了可用资金竞争日益激烈的现象。

此外，亚太地区（不包括中国）互联网金融的地域分布说明，在更为经济发达的国家和地区，总市场份额和平台数量的比例最高。其中排名前三的是日本，澳大利亚和新西兰；韩国，印度和新加坡则处于下一个水平；马来西亚，印度尼西亚和泰国的互联网金融行业规模较小但仍在不断增长。随着人均国内生产总值的增长，互联网金融市场的人均投资也有所增加。

亚太地区大多数国家没有完整的监管框架，但监管格局正在迅速发展，最近实施或目前提出的法规的影响还有待观察。与欧洲一样，亚太地区的一些国家或地区选择在现有的监管框架内，进行互联网金融业务的管理，如中国香港和新加坡。也有如马来西亚和新西兰，国家监管机构则采取更积极的态度，制定监管措施来适应互联网金融业务。

## 1.3 国内外互联网金融发展比较

反观国内，中国互联网金融诞生于 2013 年，发展时间虽短，但后续的发展较为强劲。第三方支付、P2P 网贷、众筹等多种形式的互联网金融颠覆了传统金融行业的服务模式，新的金融业态以跨界、融合的模式出现。互联网大数据的兴起，规模庞大且标的额度颇高的业务交易使互联网金融机构大大受益，阿里巴巴、腾讯、京东一大批互联网企业为互联网金融的发展提供了动力，融 360、好贷网等发展前景较好，成为互联网金融新秀。可以预期，未来在利率市场化的推动下，互联网金融的发展空间也将更为广阔。互联网金融在中国正在飞速崛起，充满生机与活力，成为一个待掘金的新领域。

综观国内当前互联网金融的发展，其速度远超发达国家，原因主要有以下几点。

一是传统金融发展的局限性。首先，金融行业的垄断性，目前国内传统金融机构没有完全依靠市场机制运行，国家的扶持和保护使它们没有真正去通过提高自己的产品和服务来获取市场占有率，因此手续繁杂，效率低下的情况十分常见；其次，资金供求双方的信息不对称，传统金融市场的公平性和有效性没有得到充分的发挥；最后，中国传统金融的投资渠道较为狭窄，方式单一，居民的投资需求得不到满足。而互联网金融的出现使这些问题得到了缓解，备受人们追崇。

二是中国网站的客户集中度高于别国，用户基本被腾讯、阿里巴巴、百度等巨头所垄断，主要原因可能是基于中国庞大的人口基数，这些网站推广自身的产品有着不可逾越的优势。相比之下，发达国家的互联网和金融产业均衡发展，难以渗透到对方核心领域；此外金融行业竞争激烈压低盈利，互联网公司参与的积极性不高；且发达国家互联网金融的发展受到严格的监管，故互联网金融在发达国家的发展受到一定的制约。

综上所述，恰恰是国内相对不发达不完善的金融市场，为互联网金融这一几乎完全市场化的新兴领域提供了急切而巨大的市场需求，使互联网金融这一创新举动在中国获得的发展成果大于那些拥有相对饱和、完善金融市场的西方国家。

第二章

# 互联网金融与传统金融的差异与关系

自互联网金融在中国兴起以来，便以微其独特的优势受到市场大众的热情追捧，更好地满足了普通收入者和中小企业日益剧增的投融资需求，给中国金融体系带来了一场技术革命，对尚未充分市场化的传统金融业造成了很大的压力和影响。

本节主要对比分析了互联网金融与传统金融在发展特点、业务模式、风险维度、监管要求这几个方面的差异，探究二者之间的相互关系以及互联网金融的发展对传统金融机构的影响。

## 2.1 互联网金融与传统金融的差异

作为传统金融行业与互联网技术相结合的新兴领域，互联网金融在资金融通、支付、投资和信息中介服务等方面都与互联网技术和信息通信技术密切结合，故在发展特点、业务模式与竞争格局、风险维度、监管要求等方面均体现出有别于传统金融的诸多特征。

（一）发展特点

传统金融受到严格的监管，侧重信贷风险控制并追求业务稳健发展，由于需要耗费大量的人力和时间成本来获得客户的信用相关信息，大部分精力投入在业务运营和客户关系上，主要以高端客户群体为目标，对产品设计不够重视，比如理财产品期限长、缺乏灵活性，传统金融以产品为中心，产品设计完成之后再考虑通过哪些渠道销售给哪些客户，也就是说，产品生产过程本身离客户还比较遥远，客户需求传导到产品研发环节也存在一定障碍。

互联网金融在发展过程中则更注重创新与高效，主要投入在平台的维护、产品的创新和相关技术的开发上，通过分析客户在互联网上留下的多个交易记录数据进行信贷审核工作，省下大量人力和时间，主要面向低端市场，重点考虑小微企业和普通收入者在金融服务方面的需求，以客户为中心，一种金融产品或服务的产生首先源自用户的需求，当某种需求在某个场景中被发现后，再反向进行相应的产品开发。便捷的通信技术，精准的产品定位，更广泛的受众人群，以及政府的包容态度促进了互联网金融多种业态的迅猛发展，百花齐放。

（二）业务模式与竞争格局

在传统金融中，银行业占据主导地位，保险业、证券业、信托业、基金业占有一定份额但相较缺乏市场渠道，大多数业务都要求消费者到线下的实体金融机构网点进行操作，客户需要亲自到场办理相关的存取或买卖业务。

互联网金融呈现多样化多层级发展的形态，传统的银行、券商、保险公司纷纷布局，同时以阿里巴巴、京东、苏宁为代表的电商企业，以及百度、腾讯、小米等科技巨头，也都已成为互联网金融的参与者，此外还不断涌现了 P2P 网贷、股权众筹、第三方支付、互联网证券、互联网基金、互联网消费金融等新兴的依托于互联网平台的金融产品。以信贷服务为例，支付宝推出消费信贷产品"花呗"，腾讯的微众银行提供无抵押的"微利贷"服务，均面向海量用户，也有"宜人贷"这种针对高薪白领的产品；再以第三方移动支付为例，支付宝、微信支付以标准化服务横扫 C 端用，而易宝支付，汇付天下、连连支付等在 B 端提供行业性支付解决方案，一样活得有声有色。

（三）风险维度

互联网金融的本质仍是金融，所以互联网金融兼有传统金融的风险，如信用风险、技术风险、法律风险、流动性风险、声誉风险、市场风险等。除此之外，互联网金融还具有监管风险、侵权风险、长尾风险等。

（1）监管风险

一是互联网金融的创新业务本身违反法律法规；二是政策监管的变化可能会使互联网金融的创新无法顺利进行。

（2）侵权风险

一方面消费者隐私泄露、个人信息买卖等事件频出，另一方面由于监管法律的缺乏以及诚信体系不完善，互联网交易中违约成本较低，一旦发生违约事件，往往是消费者自己埋单。

（3）长尾风险

互联网金融服务了大量不被传统金融覆盖的人群（所谓"长尾"特征），但其金融知识、风险识别和承担能力相对欠缺，属于金融系统中的弱势群体，容易遭受误导、欺诈和不公正待遇；此外，他们的投资小额而分散，盲目跟投的问题更突出，一旦出现风险，涉及金额可能不大，但从涉及人数上衡量，对社会的负面影响很大。

（四）监管要求

互联网金融有别于传统金融的业务特点和风险维度，对监管部门提出了更高的要求。传统金融的监管主要实行机构监管和分业监管，如银监会对银行业的监管，证监会对证券业的监管，保监会对保险业的监管，监管较为严格，有较好的法律保障，也有着较高的市场准入条件。而互联网金融中，一个平台可能同时从事多种业务模式，传统的机构监管和分业监管很可能导致某些领域的重复监管或监管空白，因此有必要加强统一监管和混业监管，坚持"穿透式"的监管原则。

## 2.2 互联网金融与传统金融的关系

作为传统行业与新兴技术相结合的产物，互联网金融与传统金融间的相互关系同样具有研究意义。

（一）互联网金融在金融体系中的地位

互联网金融从产生之初一路发展迅猛，显示了非常强有力的创新性和竞争力，对传统的金融模式形成了巨大的冲击，并在金融体系中占下一席之地，但归根结底互联网金融只是金融的一种形式，起码在现阶段它在整个金融体系中只能充当配角，占据主导地位的仍是以银行为主的传统金融。以美国为例，美国互联网金融起步较早，但也被视为金融创新进程中泛起的一些浪花，并未对整体金融体系造成颠覆性影响，美国商业银行分支网点的不降反升，美国银行的网点 1990 年大概有 4 万多个，1996 年有 6 万多个，而在国际金融危机爆发的 2008 年美国金融网点仍有 8 万个。

同时看到，互联网金融通过网络便捷地进行交易，一方面跨越时间和空间的限制，提高了资金融通和资源配置的效率，另一方面降低了金融服务过程中的交易成本和管理成本，同时拓宽了投资理财的渠道，能够满足小微企业和普通收入者对于金融服务的需求，受到市场的热烈欢迎。此外，中国互联网普及率正在不断提高，互联网信息技术也在迅速发展，因此，未来不排除现有的金融体系被以互联网金融为主导的金融体系所替代的可能。

（二）互联网金融与传统金融的关系

从中国互联网金融产生至今，传统金融与互联网金融共生共荣，两者并非相互排斥，非此即彼，而是相互促进，共同发展，既有竞争，又有合作，二者都是中国金融体系的有机组成部分，具体关系包括以下两点。

（1）错位竞争

传统金融风险管控体系成熟，资本实力雄厚，网点服务优质，但多数金融产品门槛高，主要面向高端客户；互联网金融交易成本低，资金融通渠道多，不受时间空间约束，但规避风险能力差，主要面向低端市场。二者实现资金融通的业务内容相近，但服务对象不同，故形成错位竞争。

（2）互补互利

互联网金融在一定程度上加速了传统金融体系的创新步伐，推动产生具有创新意义的适合低端市场的竞争性产品；此外，传统金融体系的低风险稳健运转也督促着互联网金融逐渐完善风险防控体系，为大额交易提供安全的环境。

## 2.3 互联网金融对传统金融的影响

正如互联网与传统金融之间错位竞争，互补互利的关系所体现的，互联网金融的产生和发展对传统金融行业而言，既有积极促进，又有消极影响。

（一）积极影响

（1）互联网金融促进传统金融业态和产品的革新

互联网金融的崛起动摇了传统金融的垄断壁垒，其蓬勃发展令传统金融机构倍感压力，转型迫在眉睫，且大众对金融投资与理财也提出了更高的要求，新的形势促使传统金融机构探索金融业态以及金融产品的创新，银行、保险、券商等机构开始调整战略，利用自身资源以及互联网技术积极创新。

（2）互联网金融促进传统金融机构提升客户服务水平

互联网文化的核心在于以用户体验为中心的目标受众的争夺，因此，互联网金融相较于传统金融在服务上存在着巨大的文化差异。传统的金融竞争讲的是质量竞争、价格竞争，讲的是产品的标准化设计和供应，不能真正满足客户的个性化需要。互联网时代讲的是用户体验、个性化的满足，讲的是方便、快捷、安全，借助互联网的信息及其信息处理能力的优势，随时随地为用户提供个性化需求的满足。在新兴互联网金融领域，为了将用户体验做到极致，不少商家都愿意牺牲短期的利益以谋求更大的用户和流量增量。而传统金融机构则由于现有的以利润完成率作为主要考核指标的机制，对风险较大的创新产品存在疑虑，以致用户体验大打折扣。在互联网企业的冲击下，传统金融机构必须重新思考，从以资金为导向，向以客户、市场为导向转变，以优质的产品和服务提升用户体验，提供快捷、低成本服务，最大限度地满足客户要求，从而赢回客户的青睐。

（3）互联网金融在一定程度上降低了融资难度

中小企业融资问题一直都是传统金融业中的难点，中小型企业主要的小额短期贷款很难从传统金融渠道中获得。而且中小型企业的信用问题和贷款偿还能力都是需要传统金融机构仔细考量的，所以放贷的周期要更长。而互联网金融的出现有效缓解了中小企业融资的困难，如 P2P 平台通过对提交申请贷款的企业进行审核筛选，在专门的网站上进行可行性投资项目公开化，这种模式下中小企业通过互联网可以简单地寻求足够的资金来源，而且在专属交易平台下投资项目公开化更可以坚定融资者的信心。互联网金融切实符合了中小企业对于贷款短期小额的特点，大大降低了金融交易成本，拓宽了信息渠道，完善了金融机构存在的不足。

（4）互联网金融帮助扩大传统金融的服务对象

传统的金融体系主要倾向于为大中型企业、高净值人才提供金融产品与服务，而中小微企业和中低收入群体融资困难，难以获得相关的金融服务，互联网金融凭借其低成本、低门槛、高效率、打破时间空间限制等优势，吸引了大批中小微企业和中低收入群体参与其中享受到金融服务。为保证自身发展，传统金融被迫降低门槛，打破小微企业和中低收入者的融资盲区，从而扩大自身的服务对象。

（5）互联网金融推动金融利率市场化发展

在中国对于传统银行的相关规定中，对存款利率的上限、下限都有一定限制，互联网金融工具的出现，打破了定期存款利率的限制，很好地反映了消费者偏好和市场需求，能真实有效地反映出金融主体行为和利率水平，促使传统金融利率市场化进一步发展，其反映出的投资走向也是部分传统金融机构制订下一步方案的向导，中国目前正在逐步放松对银行利率的管制。

（6）互联网金融提升了传统金融的运作水平

类似于云计算、移动支付、社交网络等互联网功能层出不穷，建立在网络基础上的现代化信息科技正改变着人们的生活方式。互联网金融拉近了信息技术与传统金融行业的距离，加强了信息技术对于传统金融行业的贡献程度，丰富了传统金融行业的内容，扩大了其渗透率与覆盖面，总体上提升了传统金融行业的运作水平。

（7）互联网金融为传统金融的发展创造了新的机遇

如在证券领域，随着证券佣金率水平的不断下降，逐渐接近券商的保本底线，证券企业必须要改变经营模式，寻求新的利润增长点。而互联网证券给了券商一个新的契机，例如，阿里巴巴与天弘基金的合作，使天弘基金获得了阿里巴巴数亿级别的客户资源，从而获得了更加广阔的市场发展空间。

（8）互联网金融构建了新的信用评价体系

互联网金融企业有着得天独厚的优势去获取客户消费信息，大量的数据为网商提供了个人信用值，通过对客户消费信息的仔细分析得出客户购买能力、购买倾向、还款能力等信息，组成各项工作的信用评价要素，从而构建起不同于传统金融机构更全面的信用评价体系。

（二）消极影响

（1）打破传统金融独占支付业务的格局

支付业务是传统金融最基础最长久的业务。传统金融支付却需要在实体地点，规定时间内完成相关手续后才能办理资金清算和支付业务。第三方支付以移动支付为主体，它可跨越时间地点的限制通过移动网络、无线网络等完成金融资金交易，最后达到随时随地进行资金支付等需求。第三方支付涵盖线上线下，随着其应用范围的逐步扩大以及单笔支付额度的增大，客户将更加倾向于第三方支付，突出表现在人们日常生活中的衣食住行用等小额支付结算层面。第三方支付丰富了消费者的支付选择，降低了消费者的支付成本，这在一定程度上弱化了传统金融独占支付业务的格局。

（2）互联网金融降低了传统金融的信息资源利用率

互联网金融短期内抢夺市场占比，很大程度是强调资金信息全面的重要性。现代商业竞争本质上就是对信息的争夺，谁能够在最短时间内掌握最多的信息量，发布更多的信息给群众，更好地服务于群众，谁就是整个竞争市场中的佼佼者。互联网金融利用云计算等高科技信息技术工具抓取供应商的经营，消费者等核心信息资源，运用大数据平台创造大量交易机会。因此，传统金融的信息资源的利用率日益下降，信息资源的发布机会日益减少。客户只需在线搜索，在线交易，及时通信，及时查询信息和交易记录就可以轻而易举解决难题。传统金融大部分商户信息数据被电商企业取代，客户信息排他性日渐明显，互联网金融的信息效率总是快于传统金融，企业和商户的消费习惯、交易行为渐渐发生革命性改变，使原本掌握了重大客户信息的传统金融机构因为商户习惯被电商平台改变后变得难以琢磨，难以监测评估，如果传统金融只是掌控静态和零散的信息，缺少对客户全面实时的了解，就会形成信息层断裂，信息资源利用率下降甚至丧失。

（3）互联网金融弱化了传统银行在金融界的主体地位

在互联网金融这一新兴的金融模式下，资金的需求方与供给方无须传统金融机构提供中介的功能，双方可以通过互联网金融平台快速找到匹配对象从而直接完成资金的融通，导致交易成本和信息获取的成本降低，商业银行、交易所等传统金融机构的资金中介作用将逐渐被弱化；移动支付、社交网络等新技术和工具的应用，导致金融市场的信息不对称性将大大降低，传统金融机构的信息中介作用也逐渐被弱化。此外，相当一部分互联网企业从非金融领域不断向金融领域渗透，无论是第三方支付，还是P2P、众筹等借贷融资平台，都对银行的传统存贷业务带来了一定程度的影响，增加了用户将银行活期存款转入互联网金融平台的可能，存贷业务量的减少将直接制约传统金融的发展，弱化了传统银行在金融界的主体地位。

（4）互联网金融抢占传统金融的市场份额和客户数量

互联网金融凭借成本低、效率高、透明度高等优势吸纳了许多金融客户，仅数年时间就达到了和传统银行相近的用户量，传统金融机构正面临客户数量减少的危机。互联网金融以其更加灵活的管理方式和更接近消费者的模式，正迅速抢占传统金融的市场。以银行服务内容为例，贷款业务是银行最主要的业务内容，传统银行业内供求信息不对称的情况长期存在，获取相关信息的成本相对又高，导致贷款市场上供求比矛盾较为突出。中小微企业急需要贷款资金，而银行烦琐的贷款审批流程和中小微企业自身资产现状，使中小微企业很难获得银行的贷款支持。但是 P2P 网贷、众筹等形式的互联网金融，放宽了筹资的条件，并且直接将发展目标定位在了中小微企业上，实现了与中小微企业金融需求的良好对接。另外，余额宝等互联网理财，人人分期等互联网分期贷款，直接冲击着传统银行的理财和信用卡分期业务。余额宝的理财门槛较低，并且可以较为灵活地进行资金的支取，相比较传统银行烦琐的理财管理是最为吸引人的地方。人人分期等互联网分期金融直接抢占传统信用卡消费市场，以其更有针对性、更符合大学生的消费需求的设计受到了大学生的热爱。同时，互联网金融可基于大数据的基础，应用大数据的手段和工具，通过对客户进行综合的分析和挖掘，根据客户的特点和偏好，对不同的客户提供有针对性的精准的服务，从而吸引了较多客户。此外，互联网金融在一定程度上隔绝了客户与银行的联系，对银行的客户基础造成了一定的影响和冲击。

（5）互联网金融分流了传统金融的销售渠道

传统的营销模式主要依靠实体的营业网点和销售人员，以人海战术进行经纪人和电话营销。互联网金融将市场从线下转移到线上，充分发挥互联网平台的自身优势，抓住了利用互联网技术能力和广泛的消费者资源的机会，增强了消费者的认知和体验参与程度，使消费者更加乐于接受互联网金融的产品，在用户积累的基础上，通过优惠和便捷的产品，将这部分的潜在受众引流至自身的金融平台之上，从而迅速完成积累，这一点是依赖于物理渠道推广和吸引客户的传统金融机构无法企及的。互联网金融的销售模式更方便快捷，降低了销售成本，更满足人们的需求，而银行作为传统的基金、保险、理财等产品的主要销售渠道正面临着被互联网金融平台分流的挑战，传统金融实体销售的格局正在逐渐被网络销售渠道所取代。

（6）互联网金融增大了传统金融的风险

很多互联网金融工具的创造是为了给投资者提供便捷，规避风险，从而在最小风险下获得收益最大化，当投资者选择具有规避风险功能的互联网金融工具时，在一定程度上降低了自身风险。但新型金融工具虽然转移了风险，但并没有减少风险。不仅如此，一些新型互联网金融工具还有可能增加传统金融系统的风险，从整个金融系统来看，风险并没有在市场中消失，而是在市场中潜伏，一旦爆发将是席卷全市场的金融危机，对于金融系统造成巨大的打击。此外，互联网金融信息安全问题也日渐明显，大数据库的集中可能面临大量数据一次性被非法窃取，泄露等风险，这势必会对客户个人隐私，财产及人身安全带来不小的威胁，传统金融由于与互联网金融存在一定的联系，势必受到牵连。

第三章
# 互联网金融定义和业态分类标识规范

在对互联网金融解析中，以全面、准确地抓住互联网金融范畴，以便互联网金融摸底工作的开展为基础。而基于互联网金融业务模式，对互联网金融业态做出分类，并对其进行规范为摸底中的第一重要工作。因此，如何通过国际及国内经验，结合实际情况，探寻对互联网金融业态分类表示方法十分必要。

## 3.1　互联网金融定义

当前，互联网金融覆盖的业务模式呈多样化发展，如何准确进行相关业态标识并将之付诸实践，首先需要结合已有的学术界研究成果以及当前的互联网金融发展实际情况，对互联网金融概念进行阐述。

互联网金融属于国内对于互联网与金融结合模式的特有称谓，在国际上则更多地以"金融科技"（FinTech）出现。"金融科技"与"互联网金融"存在紧密的联系但又相互区别，从"金融科技"这一角度切入有助于加深对互联网金融的理解与界定。对于"金融科技"，目前国内外尚没有一个公认的标准定义，不同的学者有不同的表述方式，但万变不离其宗：把科技与金融相融合，利用新兴的互联网信息科技改造和创新金融产品和业务服务模式。全球金融稳定理事会将"金融科技"定义为"技术带动的金融创新"，认为"金融科技"的革命与创新不仅在于与用户对接的前端产品，还包括系统后台的应用技术。

在"互联网金融"的定义上业界存在许多争论。中国人民银行发布的《中国金融稳定报告》（2014）称："广义的互联网金融既包括作为非金融机构的互联网企业从事的金融业务，也包括金融机构通过互联网开展的业务；狭义的互联网金融仅指互联网企业开展的、基于互联网技术的金融业务。"从实践来看，国内的"互联网金融"既涵盖金融机构的"金融＋互联网"模式，也涵盖互联网企业的"互联网＋金融"模式。

"金融科技"与"互联网金融"从相似性看，二者均体现了金融与科技的融合，都是对运用各种新技术手段提供、优化、创新金融服务等行为的概括。从差异性看，"金融科技"更强调新技术对金融业务的辅助、支持和优化作用，其运用仍需遵循金融业务的内在规律、遵守现行法律和监管要求。总体来看，互联网金融是一个谱系概念，它涵盖了因互联网技术和互联网精神的影响，从传统银行、证券、保险、交易所等金融中介和市场，以及无金融中介或市场情形之间的所有金融交易和组织形式。

## 3.2 国际互联网金融业态分类经验

由于"金融科技"与"互联网金融"紧密关系，"金融科技"的分类与监管需求与当前国内的"互联网金融"典型模式及监管方向存在极大的相关性，可以作为"互联网金融"业态分类的借鉴。目前，巴塞尔银行监管委员会对金融科技分为支付结算、存贷款与资本筹集、投资管理、市场设施四类（见表3-1）。这四类业务在发展规模、市场成熟度等方面存在差异，对现有金融体系的影响程度也有所不同。

（一）支付结算类

支付结算类主要包括面向个人客户的小额零售类支付服务（如 PayPal、支付宝等）和针对机构客户的大额批发类支付服务（如跨境支付、外汇兑换等）。目前，互联网第三方支付业务发展迅速并趋于成熟，但由于其对银行支付系统仍有一定程度的依赖，并未从根本上替代银行的支付功能或对银行体系造成重大冲击，二者更多是实现分工协作，优势互补。金融机构的支付服务主要针对客户在大额、低频次，以及对效率和费用不敏感的支付需求；互联网第三方支付则主要满足客户在互联网环境下对小额、高频、实时、非面对面、低费用的非现金支付需求，更多的是发挥对传统金融支付领域的补充作用。从各国实践看，此类业务的监管框架已较为明确，监管机构普遍关注客户备付金管理，以及反洗钱、反恐融资、防范网络欺诈、网络技术安全、客户信息保密和消费者保护等问题。

（二）存贷款与资本筹集类

存贷款与资本筹集类主要包括 P2P 网络借贷和股权众筹，即融资方通过互联网平台，以债权或股权形式向一定范围内的合格投资者募集小额资金。此类业务主要定位于传统金融服务覆盖不足的个人和小微企业等融资需求，虽然发展较快，参与机构数量众多，但与传统融资业务相比，所占比重仍然较低，更多的是对现有金融体系的补充。从各国实践看，此类业务与传统债务或股权融资的风险特征没有本质区别，现行的风险管理、审慎监管和市场监管要求基本适用。监管上普遍关注信用风险管理、信息披露、投资者适当性管理和网络技术安全等问题。

（三）投资管理类

投资管理类主要包括智能投资顾问和电子交易服务，前者是运用智能化、自动化系统提供投资理财建议，后者是提供各类线上证券、货币交易的电子交易服务。目前，智能投资顾问模式主要出现在少数交易标准化程度较高的发达国家金融市场，应用范围还比较有限，其发展前景也有赖于计算机程序能否提升自我学习分析能力，最终能否提供比人工顾问更优的投资建议，以及市场和投资者能否逐步适应和接受。针对此类业务，各国监管机构主要沿用现行对资产管理业务的监管标准，重点关注合规推介、信息披露和投资者保护等。

（四）市场设施类

市场设施类既包括客户身份认证、多维数据归集处理等可以跨行业通用的基础技术支持，也包括分布式账户、大数据、云计算等技术基础设施。此类业务的科技属性较为明显，大多属于金融机构的业务外包范畴。因此，监管机构普遍将其纳入金融机构外包风险的监管范畴，适用相应的监管规则，在监管上除关注操作风险、信息安全之外，还关注金融机构外包流程是否科学合规、外包服务商道德风险和操作风险的防控等。

在上述四类业务中，前三类业务具有较明显的金融属性，一般属于金融业务并纳入金融监管；第四类并不是金融行业特有的业务或技术应用，通常被界定为针对金融机构提供的第三方服务。

表 3 – 1　　　　　　　　　　金融科技业务模式分类

| 支付结算 | | 存贷款与资本筹集 | | 投资管理 | | 市场设施 | |
|---|---|---|---|---|---|---|---|
| 零售类支付 | 移动钱包 | 借贷平台 | 借贷型众筹 | 智能投顾 | 财富管理 | 跨行业通用服务 | 客户身份数字认证 |
| | 点对点汇款 | | 线上贷款平台 | 电子交易 | 线上证券交易 | | 多维数据归集处理 |
| | 数字货币 | | 电子商务贷款 | | | 技术基础设施 | 分布式账户 |
| 批发类支付 | 跨境支付 | | 信用评分 | | 线上货币交易 | | 大数据 |
| | 虚拟价值交换网络 | 股权融资 | 贷款清收 | | | | 云计算 |
| | | | 投资型众筹 | | | | |

中国互联网金融自产生以来，其业态发展便呈现多元化，对业态的具体划分还存在一定的争议。根据研究的内容不同，互联网金融可按照以下两种方式进行划分。

1. 根据平台服务类型对互联网金融行业进行分类

（1）第一类是传统金融机构的互联网化，即传统的金融机构（如银行、保险公司、证券公司、小额贷款公司等）结合互联网技术所提供的互联网金融服务，具体体现为网上银行、互联网保险、互联网证券、网络小额贷款等业务模式。

（2）第二类是非金融机构的互联网企业所提供的金融服务，这类企业主要基于互联网平台开展金融相关业务，如第三方支付平台、P2P 网络借贷平台、众筹融资平台等提供的支付和投融资中介服务，及金融产品销售、互联网消费金融等。

（3）第三类是互联网企业开展的为金融提供支持功能的服务，主要提供金融业务和金融产品的信息发布及搜索业务，这些网络平台虽然不提供金融服务，但是却能够大大提升人们对金融产品和业务的认知，是互联网金融的重要组成部分。

2. 根据平台开展的业务类型（金融功能）对互联网金融行业进行分类

相较于按照服务类型进行分类，通过对不同平台的业务类型，以及实现的金融功能进行识别分类，能够更加具体地反映不同业务类型的特点和相互之间关系。本书尝试将目前比较流行的 13 种互联网金融业务类型以图 3-1 的方式予以展现。

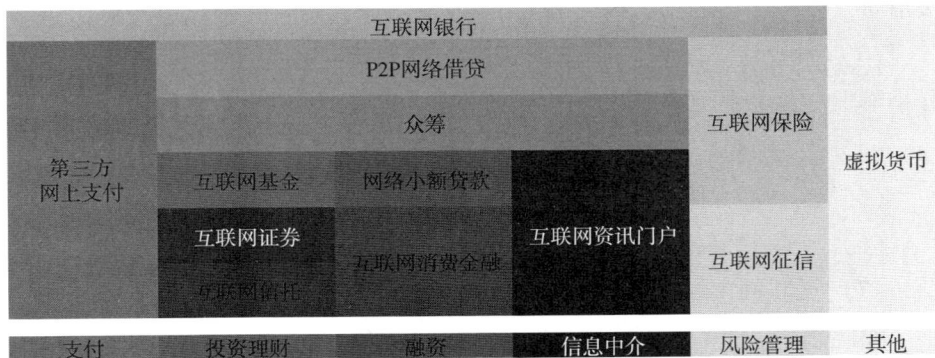

图 3-1　按业务类型进行分类

## 3.3　国内互联网金融业态分类经验

互联网金融和传统金融并非完全泾渭分明。从时间轴分析可以看出，在互联网金融概念尚未诞生之时，便有了金融的互联网化，或称为金融信息化、电子化。随着互联网以及手机渗透率的不断提升，2013 年以互联网货币基金为代表的互联网金融模式在中国呈蓬勃发展之势，让我们看到了互联网金融"蛮速增长"，同时也感受到了金融运行环境的一个改变。虽然对"互联网金融"定义尚存在争议，但从研究和实践来看，对互联网金融的外延和所包含的典型具体业态，已经有了比较统一的认识。

2015 年 7 月，十部委联合发布《关于促进互联网金融健康发展的指导意见》，确立了互联网支付、网络借贷、互联网股权融资等互联网金融主要业态。

（1）互联网支付。互联网支付是指通过计算机、手机等设备，依托互联网发起支付指令、转移货币资金的服务。

（2）网络借贷。网络借贷包括个体网络借贷（P2P 网络借贷）和网络小额贷款。个体网络借贷是指个体和个体之间通过互联网平台实现的直接借贷。

（3）股权众筹融资。股权众筹融资主要是指通过互联网形式进行公开小额股权融资的活动。

（4）互联网基金销售。

（5）互联网保险。

（6）互联网信托。

（7）互联网消费金融。

除此之外，还存在保理、融资租赁、典当行等其他互联网金融业态。

## 3.4　基于互联网金融业务模式的业态分类规范

结合国际上的业态分类经验，以及国内相关的政策监管需求，通过人工审核的方式，技术平台对 5 万余条互联网金融平台及网址记录涉及的业态标识进行实践，以功能划分，相关的互联网金融业务模式大致分类如下。

（1）支付结算类

主要是指互联网发起支付指令、转移货币资金的服务，其实质是非金融机构利用互联网技术在收款人和付款人之间作为资金划转的中介。其业务模式主要有三种：一是银行账户支付模式，二是支付账户模式，三是快捷支付模式。

（2）融资类

互联网金融各融资模式的发展都以提供信息匹配并累积交易数据的网络平台为基础。在互联网金融发展过程中，金融机构利用网络平台向互联网领域拓展并逐步改变现有业务模式，而互联网企业则通过自建融资平台改革了风控机制，发展了不同的融资形式。因此，从平台建立方来看，融资类的互联网金融可分为属于金融机构自建或属于互联网机构自建的融资平台。

从资金来源来看，融资类互联网金融其资金来源主要为金融机构，如传统银行的网上银行、阿里小贷；民间资本，如网络借贷及众筹。

网络借贷又可以分为 P2P 网络借贷和非 P2P 的网络小额贷款。其中，P2P 网络借贷指的是个体和个体之间通过网络实现直接借贷。需要借贷的人群可以通过 P2P 网站平台寻找到有出借能力并且愿意基于一定条件出借的人群，帮助贷款人通过和其他贷款人一起分担一笔借款额度来分散风险，也帮助借款人在充分比较的信息中选择有吸引力的利率条件。

非 P2P 的网络小额贷款主要是指互联网企业，通过分析和挖掘旗下电子商务平台客户的交易和消费信息，掌握客户的资信状况和消费习惯，为其提供的小额信用贷款。

众筹融资（Crowd Funding）是指通过网络平台筹集从事某项创业或活动的小额资金，并由项目发起人向投资人提供一定回报的活动。众筹平台的运作模式大同小异，需要资金的个人或团队将项目策划交给众筹平台，经过相关审核后，便可以在平台的网站上建立属于自己的页面，用来向公众介绍项目情况。

（3）投资理财保险类

是将基金、保险等金融产品放到金融网站上进行销售的业务模式，以银行理财、基金公司、保险公司线上交易为代表。

（4）互联网虚拟货币

是指采用一系列经过加密的数字，在全球网络上传输的可以脱离银行实体而进行的数字化交易媒介物。

（5）互联网金融异化业务

除了上述四种典型互联网金融业务模式外，国内部分互联网金融业务（特别是互联网信用业务）借助互联网而将常规金融业务"异化"，从而出现一类异化型互联网金融业务。在异化型互联网金融业务中，互联网金融的本质已经改变，成为传统信用业务的"外衣"。

以为 P2P 网络借贷例，传统的 P2P 平台实际上是一个信息中介平台，如美国两大 P2P 平台 Lending Club 和 Prosper 主要是作为信息中介存在。但是国内 P2P 平台部分异化为其他模式，涉嫌自融自保，甚至是非法集资。而就 P2P 平台借款端而言，极易存在严重拖欠、骗贷等欺诈行为，带来平台资金链断裂等风险，导致投资者无法回款，引发社会不稳定，同时也推动了催收等互联网金融衍生业务的发展。众筹融资也有大量异化的案例，原本应该以股权众筹为主的模式，已经逐步演化为项目众筹和债权众筹为主，甚至异化为非法吸收公众存款。而网络小贷方面，也极易产生以极高利率发放贷款的"互联网高利贷"的行为。

综合以上互联网金融业务模式及其相关特点，互联网金融业态分类规范需要遵循以下几个原则。

（1）相关的业态分类，应结合五大互联网金融业态模式，并充分体现传统金融线上化与互联网机构自建的互联网金融创新业态的区分；

（2）需要全面、准确地将互联网金融异化业务纳入标识当中，并根据其展现形式做出定义及特征描述；

（3）互联网金融具有变化快、多样化的特点，相关的业态分类应不局限于当前已有的互联网金融业务模式，已有的业态分类可能会出现扩展及衍生业务，成为新业态；

（4）对于同一个互联网金融机构平台，不排除出现同一平台多业态的展现形式，该类平台又称为"多互金"平台；

（5）同一业态下不同的互联网金融平台中，其展现形式可能存在细微差别，而不同业态之间也容易存在混淆点及区分难点，需要把握好相关业态定义及特征，对其进行穿透，避免出现错误定义或错误判断的情形。

基于相关实践，得到相关互联网金融业态分类见表 3-2。

表 3－2 互联网金融业态分类

| 一级分类 | 二级分类 | 业态特征 |
|---|---|---|
| 网络借贷 | P2P 网贷 | 投资者与借款者之间本质为债权关系，投资者明确知悉资金投向为借款（个人/企业）<br>* 部分 P2P 产品名称包装会成为基金/资管外衣（如月月盈，活期），但查看项目详情为点对点的借款，债权关系明晰（从谁到谁） |
| | 网络小贷 | 除去 P2P 网贷外的网贷：小额贷款/信用贷款/抵押贷款/现金贷款 |
| | 其他网贷 | |
| 第三方支付 | 互联网支付 | 具备支付功能，如聚合交易通道、二维码扫描、POS 机刷单等 |
| | 其他支付 | 非基于互联网的第三方支付，如预付卡 |
| 互联网基金销售 | 私募基金 | 主营业务为私募基金 |
| | 公募基金 | 主营业务为公募基金 |
| 互联网证券 | 互联网证券 | 主营业务为证券 |
| | 代操盘 | |
| | 配资 | |
| 互联网保险 | 保险类—保险 | 主营业务为保险 |
| | 保险类—互助 | |
| 互联网信托 | 互联网信托 | 主营业务为信托 |
| 互联网消费金融 | 互联网消费金融 | 提供消费分期的平台 |
| 互联网资产管理 | 互联网资产管理 | 分类一：受托于人，代人理财，实现资产增值。可提供线上交易入口的投资理财平台，且投资资金用于金融理财；其标的本身不局限于借款或单一基金投资，投资者可能无法明确知悉其资金投向哪里（与 P2P 的债权打包区分）<br>分类二：用于宣传资产管理机构及相关线下活动的网站 |
| 交易所 | 金融资产交易所 | 涉及企业债券、股权、固定资产转让，定向投融资等 |
| | 大宗商品交易所 | 涉及贵金属（黄金、白银）、原油、农产品等大宗商品投资及现货交易 |
| | 其他交易所 | 非金融资产、大宗商品的交易中心 |
| | 聚合交易通道 | |

| 一级分类 | 二级分类 | 业态特征 |
|---|---|---|
| 网络外汇 | 网络外汇 | 提供外汇交易渠道 |
| 微盘 | 微盘 | 满足交易所的特征，且提供手机微盘交易，特点为开户金额可绞少 |
| 虚拟货币 | 虚拟货币交易所 | 仅从事数字货币的交易或提供虚拟货币的交易场所 |
| | ICO 交易所 | 宣传基于区块链的项目融资及代币发行平台 |
| | 传销币 | 以虚拟货币为旗号，发行币的形式以金字塔传销模式进行 |
| 网络典当行 | 网络典当行 | 主营业务为典当 |
| 网络银行 | 传统银行—网上银行 | 传统银行业务线上服务 |
| | 互联网银行 | 无线下实体银行 |
| 互联网期货 | 互联网期货 | 提供期货交易服务 |
| 门户导航 | 一般导航 | 提供互联网金融平台的链接入口 |
| | 资讯门户 | 提供互联网金融资讯相关报道 |
| | 返利导航 | 提供互金平台的链接入口，且可给用户提供一定额度的返利优惠 |
| 金融超市 | 金融超市 | 在平台内提供其他平台多种互联网金融业态的产品销售，不会跳转至对应平台 |
| 众筹 | 互联网股权融资 | 如天使汇 |
| | 股权众筹 | 与互联网股权融资区分，该类为众筹平台 |
| | 产品众筹 | 如汽车、农产品众筹 |
| | 公益众筹 | 需要与保险类—互助进行区分 |
| | 其他众筹 | 如梦想众筹 |
| 催收 | 滴滴模式 | 类似于滴滴抢单模式，债权人或平台发布催收信息，征求催债人或"赏猎人"，有接单入口，为双向；会存在滴滴与自营共同出现的情况 |
| | 自营模式 | 平台内容主要为催收公司线上宣传或发布自有的催收信息 |
| | 信息服务 | 平台仅提供多渠道来源的债权催收信息，债权人和催债人可根据平台提供的信息私下联系，单向；注意区分纯债权转让平台与信息服务类的催收平台 |
| | 其他 | 如纯债权转让或债权处置或不良资产转让，无与催收相关的字样，不包括催收系统建设 |

网络借贷和资产管理是现阶段主要业态类型，此部分对这两种业态类型特征进行详细分析。

（1）网络借贷

P2P网络借贷的可以被视为投资者与借款者之间本质为债权关系，投资者明确知悉资金投向为借款（个人、企业），其中，部分P2P产品名称包装会成为基金、资管形式（月月盈，活期），可以查看项目详情为点对点的借款，债权关系明晰。其具体表现形式包括：票据、融资租赁、保理、抵质押（房、车、股权）、现金贷、校园贷等。页面关键字为"我要投资、我要借款、债权转让、债权人、借款人或定期投、月月投。

其他网贷和现金贷的定义为直接能从平台拿款，一般不需要抵押，放款速度较快的平台且除去P2P网贷外的网贷，包括小额贷款、信用贷款、抵押贷款、现金贷款。页面关键字为"小额贷款、我要借款、现金贷"。

（2）资产管理

互联网资产管理定位为受托于人，代人理财，实现资产增值。可提供线上交易入口的投资理财平台，且投资资金用于金融理财；其标的本身不局限于借款或单一基金投资，投资者可能无法明确知悉其资金投向哪里（与P2P的债权打包区分），如类政府债券型的定期投和原油期权合约投资等。

页面关键字为"我要投资、理财金融"等。

（3）其他业态

其他业态类型特征和页面关键字见表3-3。

表3-3　　　　　　　　　其他业态特征和页面关键字

| 业态类型 | 业态特征 | 页面关键字 |
|---|---|---|
| 第三方支付 | 具备支付功能，如聚合交易通道、二维码扫描、POS机刷单等 | 第三方支付、支付功能、其他支付 |
| 互联网基金销售 | 线下基金销售活动的线上平台化 | 私募基金、基金销售、基金管理等 |
| 互联网消费金融 | 提供消费分期的平台 | 分期、消费 |

续表

| 业态类型 | 业态特征 | 页面关键字 |
|---|---|---|
| 交易所 | 贵金属（黄金、白银）、原油、农产品等大宗商品投资及现货交易；非金融资产、大宗商品的交易中心。如专利银行；文化产品 | 交易中心、交易平台、交易所、大宗交易 |
| 催收 | 平台内容主要为催收公司线上宣传或发布自有的催收信息；平台提供多渠道来源的债权催收信息，债权人和催债人可根据平台提供的信息私下联系。 | 催收/催债/讨债/打老赖 |
| 虚拟货币 | 仅从事数字货币的交易或提供虚拟货币的交易场所 | 交易中心、交易平台、交易所、大宗交易、××币、虚拟货币、数字货币 |
| 传销币 | 以虚拟货币为旗号，发行币的形式以金字塔传销模式进行 | ××币、虚拟货币、数字货币 |

## 3.5 互联网金融业态规范的改进难点及展望

从长远来看，综上得到的互联网金融业态标识规范，仅仅是一个开始。从目前国内互联网金融行业中的热点 P2P 网络借贷及区块链发展来看，当下国内的互联网金融发展不仅仅是大资管时代的"P2P 网络借贷"到"网络理财"口径的变化，同时也是"互联网金融"到"金融科技"口径的变化。根据实践经验来看，互联网金融业态标识规范仍存在以下几个难点。

（1）对于已有的互联网金融业态，需要及时跟进其动态变化以适应新的监管需求；

（2）对于疑似新互联网金融业态的发现，需要将其与已存在的互联网金融业态进行区分，寻找相关依据或建立新的理论机制来确定其名称、定义和特征；

（3）对于"互联网＋金融"业态规范向"互联网＋X"的业态规范的推进，由于互联网金融衍生业态，以及类金融、非金融业态等其他互联网平台极易产生社会风险，需要结合实际情况考虑纳入并不断完善相关理论机制。

解决以上难点，一方面，需要多部门联合，建立健全相关监管制度，从监管出发推动已有业态标识规范的完善；另一方面，需要加强发现能力，建立互联网金融动态摸底的长效机制，全面、准确地识别新业态。如何将该互联网金融业态分类标识规范完善及推广将是下一步的研究重点。

第四章

# 互联网金融格局（上）——
## 传统金融的互联网化

## 4.1 互联网支付

### 4.1.1 互联网支付的定义

在人民银行等十部门联合发布的《关于促进互联网金融健康发展的指导意见》（以下简称《指导意见》）中互联网支付被定义为通过计算机、手机等设备，依托互联网发起支付指令、转移货币资金的服务。这与如今网络上流行的关于第三方支付的定义既有重合又有区别。

第三方支付指的是独立于商户和银行并且具有一定实力和信誉保障的独立机构，为商户和消费者提供交易支付平台的网络支付模式。目前市场上一般将其划分为第三方互联网支付和第三方移动支付。第三方互联网支付：用户通过桌式电脑、便携式电脑等设备，依托互联网发起支付指令，实现货币资金转移的行为被称为互联网支付。互联网支付与第三方支付形成的交集即为第三方互联网支付。第三方移动支付：基于无线通信技术，用户通过移动终端上非银行系产品实现的非语音方式的货币资金的转移及支付行为。不难发现，《指导意见》在将互联网支付同样区分为网络端和移动端的情况下，其还将传统商业银行所开展的支付业务纳入了进来。但根据本书的研究任务，此节将主要围绕第三方支付问题展开研究。

### 4.1.2 互联网支付发展历程

（一）早期或自由发展期（1999～2004 年）

中国第三方支付企业的出现并不晚于美国，但是没有抓住前期的发展机遇，因此滞后于美国。早在 1999 年成立的北京首信和上海环迅两个企业是中国最早的第三方支付企业，由于电子商务在中国的缓慢发展，其影响力一直不大。直到 2004 年 12 月阿里巴巴公司支付宝的推出，在淘宝购物平台的强大影响下，其业务取得了突飞猛进的发展，第三方支付的交易规模也呈飞速增长趋势，仅用 4 年时间便以超过 2 亿名使用用户的绝对优势胜过美国的 PayPal，成为全球最大的第三方支付平台。此阶段由于第三方支付还处于早期发展阶段，其影响力和覆盖范围均有限，因此也没有相关政策措施出台。

（二）强力发展期（2005~2013 年）

继阿里巴巴公司的支付宝推出后，国内相继出现了一系列类似的支付平台，如安付通、买卖通、微信支付、e 拍通、网银在线等产品，均以较高的收益回报率和服务便捷性被亿万名用户使用；此外，以拉卡拉为代表的线下便民金融服务提供商的出现，以及银联电子支付推出的银联商务等多项金融服务的衍生，使最近 10 年中国的第三方支付平台呈现迅猛的发展态势，第三方支付企业进入了持续稳定的"黄金"增长期。

由于这一时期第三方支付企业集中发展且影响力逐渐增大，甚至对银行等实体金融造成了较大冲击，导致它们之间竞争相当激烈。因此，从 2005 年开始，国务院及相关部门陆续发布了一系列相关政策措施用于规范电子商务市场的发展和网上支付环境建设。

（三）审慎发展期（2014 年至今）

"风险与利益并存"这一准则在市场中被反复检验和证实。由于国内的第三方支付发展迅速，存在片面发展和安全风险等隐患，因此从 2014 年开始，央行对第三方支付的态度开始发生微妙的转变。具体政策措施体现为：2014 年 3 月 13 日，央行支付结算司发布《关于暂停支付宝公司线下条码（二维码）支付等业务意见的函》，紧急叫停了虚拟信用卡和二维码支付。同年 4 月 10 日，央行和银监会联合发布《关于加强商业银行与第三方支付机构合作业务管理的通知》（银监发〔2014〕10 号）。尽管银监发〔2014〕10 号文件中的 20 条规定都是针对商业银行提出的，但事实上每一条都指向第三方支付机构。2015 年央行《网络支付业务管理办法》出台；2016 年 3 月央行颁布《完善银行卡刷卡手续费定价机制的通知》；2016 年 4 月央行出台《非银行支付机构分类评级管理办法》；2016 年 8 月央行《二维码支付业务规范（征求意见稿）》《银行卡受理终端业务准入规则》相继出台。

可见，第三方支付机构在移动支付体系中作为补充者的角色已被政府定位。同时，地方性区域性移动支付也和第三方支付机构一起充当补充者的角色。因此，第三方支付企业在未来的发展中也需看清形势，找准方向，抓住政策中的机遇，针对前期发展中出现的问题及时调整方向，亡羊补牢，对短期内会获利但长期会影响整体发展的潜在弊端要放长眼光、杜绝短利、未雨绸缪。

### 4.1.3 互联网支付发展规律及现状研究

中国第三方支付市场的快速增长，一方面得益于用户支付习惯的养成，另一方面也受益于不同年代的不同热点。2013 年以前，中国第三方支付的增速主要由以淘宝为代表的电商引领。2013 年余额宝出现后，金融成为新的增长点。2016 年，以春节微信红包为契机，转账成为交易规模的增长动力。未来随着用户线下移动支付习惯的养成，线下消费将成为新的交易规模增速支撑点。此外值得关注的是，近年来移动端支付规模增速高于 PC 端增速，随着移动支付适用场景不断丰富，产品操作愈发快捷，用户支付习惯还将向移动端迁移，未来第三方支付将迈向移动支付时代（见图 4 - 1）。

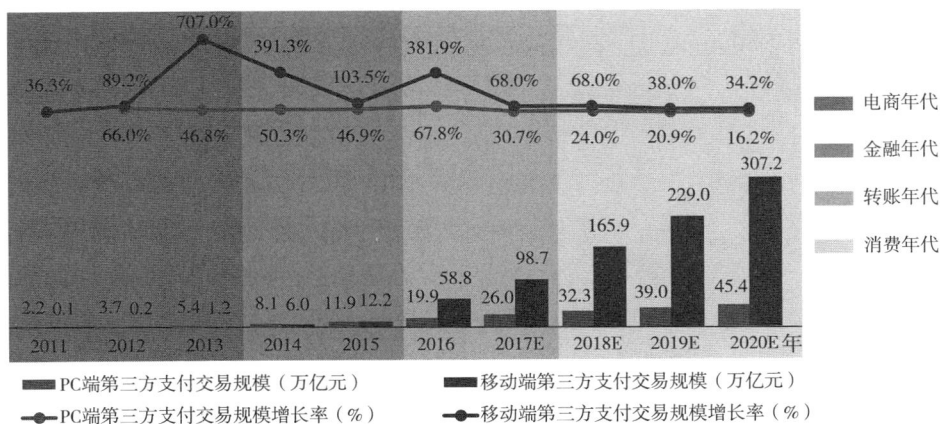

图 4 - 1 2011 ~ 2020 年中国互联网、移动第三方支付交易规模及增长率

艾瑞咨询公布的 2017 年第一季度统计数据进一步证实了这一假设，2017 年第一季度中国第三方互联网支付交易规模达到 6.4 万亿元，同比增长 56.1%，环比增速 4.9%；中国第三方移动支付交易规模达到 22.7 万亿元，同比增长 113.4%，环比增速 22.9%。从支付规模、同比、环比增长数据来看，移动支付已经远超互联网支付。这一数据背后自然有春节长假的作用。但与此同时，人们对使用第三方支付进行理财的意识的持续

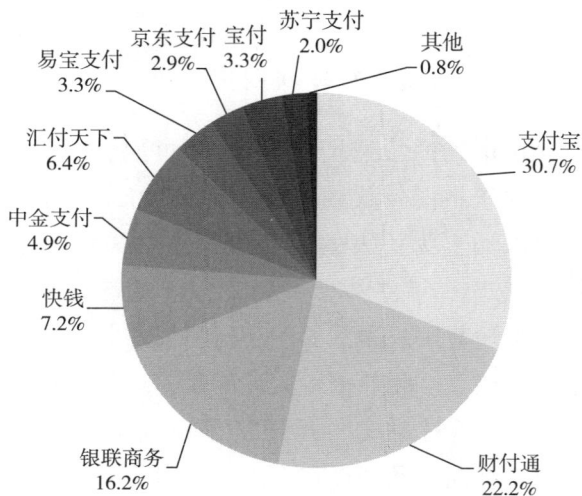

图 4 - 2　2017 年第一季度中国第三方互联网支付交易规模市场份额

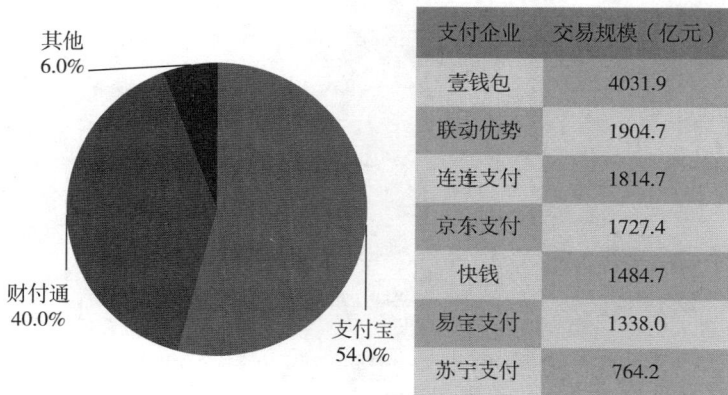

| 支付企业 | 交易规模（亿元） |
| --- | --- |
| 壹钱包 | 4031.9 |
| 联动优势 | 1904.7 |
| 连连支付 | 1814.7 |
| 京东支付 | 1727.4 |
| 快钱 | 1484.7 |
| 易宝支付 | 1338.0 |
| 苏宁支付 | 764.2 |

图 4 - 3　2017 年第一季度第三方移动支付交易规模市场份额

提升以及部分货币基金收益率的提高，都进一步贡献于第三方移动支付的持续高增长。

如图 4 - 2 和图 4 - 3 所示，截至 2017 年第一季度，无论是在第三方互联网支付还是第三方移动支付领域，支付宝和财付通都处于绝对的领跑地位。尤其在监管部门反复强调"严监管"的态度，市场鲜有新玩家进入的情况下，两大巨头在交易规模快速增长的同时，继续强化其在支付场景中的优势，市场的寡头格局已经初现。

### 4.1.4 互联网支付巨头——支付宝

支付宝在 2003 年最初上线时主要针对的是淘宝购物的信用问题，即解决网购用户的需求，退出"担保交易"模式，让买家在确认满意所购的产品后才将款项发给卖家，降低网上购物的交易风险。支付宝根植于淘宝网购物需求，充当了淘宝网的资金流工具角色。然而，正如日后蚂蚁金服首席战略官陈龙在接受采访时提到的：没有支付宝就没有今天的阿里巴巴。正是支付宝带来的买卖双方之间信用关系，才力助淘宝网从惨烈的电商竞争中脱颖而出，一路发展至今。

或许是基于相同的考量，阿里巴巴的管理层认识到"支付宝或许可以是个独立的产品，成为所有电子商务网站一个非常基础的服务"，于是在 2014 年 12 月支付宝完成了从淘宝网的分拆，上线了独立的网站，并通过浙江支付宝网络科技有限公司独立运营，正式宣告了淘宝网从第三方担保平台向独立支付宝发展。

#### 4.1.4.1 支付宝的发展现状

支付宝作为中国目前最大的第三方支付平台，2018 年其活跃用户数已超 7 亿人，并且每天的交易额和交易次数都在不断上升。支付宝官网显示，自成立以来，已经和 200 多家金融企业达成合作，并且不断拓展各种场景，致力于将其打造为一个集消费、生活服务、金融理财以及社交沟通等全景式的场景平台。业务上也逐渐从国内领域向海外发展，以成为全球最大的第三方支付平台为战略目标。

在互联网支付和移动支付业务上，支付宝凭借着不断深化的综合金融服务，以及在竞争日益激烈的移动市场上拔得头筹，用户数量和用户黏性都得到提高，分别超过30%和50%的市场份额占比均大幅领先。在支付宝传统的优势领域电商服务中，仅以过去五年双十一购物节支付宝的成交数据就可以看出，支付宝作为当下中国被广泛接受和认可的第三方支付平台的增长速度之快。

在收入模式上，支付宝主要通过手续费收入、服务费收入以及广告费收入为主。首先，在手续费收入方面，支付宝最初因采取免费服务的战略使自己获得了广大的客户群和大平台规模。之后，随着支付宝的不断扩大，平台开始将完全免费服务的策略调整为在一定范围内实行免费服务，并于2016年9月12日宣称，支付宝对个人客户提现取消免费服务，而是根据额度收取0.1%的服务费。其次，截至2016年6月，余额宝的用户已经有了2亿9千多万人，支付宝也因此有了一笔庞大的互联网支付服务佣金收入。除此之外，支付宝通过发行预付卡也为自己带来一项收入，比如预付卡中沉淀资金的利息以及所带来的投资收益、向客户收取佣金以及预付卡的残值等。

在业务发展方面，支付宝目前已经占据了中国在线支付市场50%多的市场份额，承载着半壁江山的支付业务，但依然不满足现状。支付宝开始将业务向海外领域发展。一方面，支付宝通过向中国用户提供在海外移动支付的业务。比如早在2014年底，支付宝就在澳大利亚设立了子公司，将业务扩展到澳洲市场；另一方面，支付宝也开始投资入股国外的支付公司，以此来掌握海外支付行业的商机。比如在2015年，支付宝就已经投资了印度最大的支付平台Paytm。截至目前，支付宝已经将支付业务扩展到东南亚、东亚以及澳洲市场，设立了6家海外分支机构。

### 4.1.4.2　支付宝发展战略研究

分析企业竞争优势、劣势、机会和威胁的首选研究工具一般就是SWOT模型。通过对支付宝公司的SWOT分析，可以清晰地了解支付宝自身的强弱点，能分析其发展过程中的风险与机遇，并发现相应的解决办法。

（一）优势分析

支付服务是最基础、最底层的金融服务，规模经济现象在该领域充分体现，第三方网上支付业务呈现了高度垄断竞争局面。2017 年第一季度数据显示，支付宝交易规模在第三方互联网支付和第三方移动支付领域分别占 30.7% 和 54%，均大幅领先竞争对手。此外，根据 2016 年电商网站数据显示，在排名前十名的电商网站中，除京东和苏宁易购外均支持支付宝交易，以超过 56% 的市场份额独占鳌头的天猫商城更是为支付宝提供了坚实的用户保障。由此可见，依托于电子商务起家的支付宝拥有很强的用户黏性。此外作为互联网金融生命线的安全问题，在支付宝身上也得到了很好的解决，除了从淘宝时期的"你敢付，我敢赔"到支付宝时代"你敢扫，我敢赔"的承诺很好地保障了消费者的权益，阿里巴巴集团在网络安全问题上投入也可谓不遗余力，收获了很好的市场口碑。与国务院联席办合作上线的"钱盾反诈平台"更是将人工智能、网络安全与反诈骗结合起来很好地服务了用户，受到了一致好评。

作为一家互联网企业，支付宝的创新能力更是为人乐道。从创始之初创造担保交易模式到后来进行快捷支付业务，以及后续的声波支付、蓝牙支付、指纹支付甚至刷脸支付等一系列创新性支付方式，支付宝始终是第三方支付领域敢为人先的领军者。不仅是支付方式推陈出新，支付宝在服务内容上也是不断玩出新花样，余额宝、花呗、芝麻信用分的推出无不赢得了用户的称赞。没有持续的创新就没有今天的支付宝，作为互联网金融领域的开拓者，创新是支付宝的核心竞争力。

（二）劣势分析

随着民众对网上购物热情的不断加大以及支付宝账户存储金额的几何式增长，支付宝除了为客户提供更多的支付便利以外，也对其保护账户的安全性划定了高标准。支付宝保留了客户姓名、联系方式、地址、身份证号码、银行卡卡号、密码、资金流动等重大个人隐私信息。而应用程序的漏洞、安防能力的缺失以及内部人员管理不善等因素，都会导致用户信息被不法分子窃取并利用。2013 年 12 月，漏洞报告平台乌云发布漏洞报告称：支付宝用户数据被大量泄密并被用于网络营销，泄密总量高达 1500 万~2500 万户之巨。尽管支付宝出面解释，称泄露的只是用户账号，没有密码等其他核心信息，但这也给支付宝保护账户安全工作敲响了警钟。淘宝随后推出了无条件全额赔付机制，解决了一部分用户的后顾之忧。世界上没有零风险的事件，作为第三方支付产业最重要的参与方之一，支付宝不可能追求绝对的安全，而是应该做到创新与安全的和谐，做到风险平稳可控。

此外，支付宝作为第三方支付的重要工具，是计算机、网络技术和金融结合的产物，它的网络支付成本低，无法认证实际操作用户与注册用户的一致性，巨额资金跨国家跨地区流动转移迅捷而不留痕迹，这种交易程序的设计存在巨大的缺陷，为洗钱、套现等违法交易提供了便利的工具，诈骗、偷税漏税、行贿受贿、黄赌毒等犯罪行为也有机可乘，不良客户和违法犯罪分子可以通过链接钓鱼网站和虚假交易等很多方式从事非法勾当。但因为网络支付自身的特点，使案件查处和客户维权存在查处成本高、管辖权存在争议和取证复杂等一系列问题。支付宝只有通过其所拥有的庞大安防体系和资源尽力进行管控，不断升级平台技术。

（三）机遇分析

随着移动购物市场的不断扩大、电商企业不断向三、四线城市和农村市场布局以及开拓国际市场，未来几年中国的网络购物市场仍将有 30% 左右的复合增长率。其中，跨境电商、生鲜电商等热门领域在 2016 年均展现出了不凡的发展动力。可以预计，电子商务将继续为支付宝提供流量基础。

在政策环节，根据有关规定，只有得到中国人民银行颁发《支付业务许可证》的第三方支付企业才能从事相关业务，但监管部门的一系列措施说明其正在加强第三方支付机构获牌后的长效管理，这包括控制支付机构市场准入、经营不善退出机制、研究实施支付行业分门别类分级监管和鼓励龙头企业兼并重组等措施，这无疑将极大地促进中国第三方支付市场的良性竞争，也为支付宝这家拿到行业第一张支付牌照、市场占有率高居首位的行业老大带来了更大施展拳脚的天地。

（四）威胁分析

虽然相比不少竞争对手，支付宝通过与政府监管部门加强合作在合规方面一直保持不错的传统，但随着金融监管力度加大，一系列新规的出台和实施都会对支付宝的现行业务造成影响。在竞争对手环节，微信支付的出现对支付宝带来了很大的挑战。2015年除夕，全天微信红包收发总量超过10.1亿次，央视春晚微信摇一摇互动110亿次，微信支付通过这一次成功营销抢占了支付宝不少的市场份额。此外，国内外互联网巨头纷纷砸入重金进军第三方支付。京东、苹果、三星等公司纷纷布局自己在华的支付业务。除互联网企业外，被第三方支付瓜分了大量业务的传统银行业同样希望在第三方支付市场中分一杯羹，除了各大商业银行纷纷上线自己的支付产品外，银联公司也发力二维码支付市场，推出一系列活动来吸引客户。由于客户惯性，这些公司可能在短期内很难对支付宝造成实质性的挑战，但是不容忽视的是，相对于互联网第三方支付机构，商业银行的资金成本优势明显，且银行的客户资源丰富，其购买力和投资力比普通支付宝用户更强。在整个行业面临移动化转型的当下，竞争对手们的步步紧逼，更使支付宝不容有失。

（五）战略分析

（1）SO战略（增长型战略）

目前中国经济增长进入了"新常态"，第三方支付市场交易规模持续高速增长，行业在国民经济中的地位不断提高，在众多利好之下，支付宝公司应该借助已有的行业领先地位抢抓外部机遇，帮助传统企业转型升级，做好定制化服务，为其提供先进的行业支付解决方案。支付宝公司SO战略的实施离不开WO、ST战略的配合。

（2）WO战略（扭转型战略）

2015年，政府工作报告明确提出了要加大对电子商务的促进力度，国务院各部门也出台了一系列的保障措施，加上在目前第三方准入的批准基本停滞的情况下，支付宝面临着极高的发展机遇，规避自身的劣势，合理配置有限的企业资源，避免同行业的恶性竞争，通过挖掘个人用户市场潜力、开发多元化支付方式、利用大数据完善产品服务体系等方面提高自身的竞争力。

（3）ST 战略（多元化战略）

由于金融监管力度的不断加大、行业违规经营现象的频发以及同行业竞争者推陈出新，支付宝公司面临多方面的挑战，其只有不断进行技术革新，努力提高细分领域的准入台阶，始终对市场保持高度的灵敏性，先发制人抢占市场先机，发力线下市场、布局农村市场、走出国门登上国际竞争舞台才能够达到减轻或避开外部环境挑战的目的。此外，支付宝应该特别重视与银行的合作关系，因为第三方支付目前来看还是依附于银行存在，是金融系统的"毛细血管"。这就要在 WO 战略的基础上应用 ST 战略，才能够达到回避挑战又实现共赢的局面。

（4）WT 战略（防御型战略）

试问一个面临外部环境困难重重、自身劣势根深蒂固的企业该如何发展？创新是根本，只有不断加强核心竞争力，才不会被行业所淘汰。支付宝应该加深同行业合作，与产业链上下游的企业保持深度沟通，实现互利共赢，提高应用性能的定制性与扩展性，才能够在这"一场渗透到经济毛孔的变革"——支付革命中获得一席之地。综合前面的分析，支付宝公司应该选择"多元化战略"和"竞争与合作战略"作为企业发展的战略。

（六）战略选择

（1）多元化战略

该战略又被称为多角化战略，它指的是企业在同一时间内经营两个种类以上的经济用途相异的产品或服务的发展战略。多元化战略相对企业专业化经营而言，其内容主要有产品、市场、投资区域和资本的多元化。选择了这种战略的企业可以提高市场份额、开拓新市场，能够使企业降低单一经营的风险。

（2）竞争与合作战略

企业的生产经营活动是一种较为特殊的博弈，它并不是人们通常认为的零和博弈，其实它完全可以实现博弈双方的互利共赢。企业间必须进行激烈的竞争，但从来不缺少密切的合作，这在网络经济时代极为重要，企业必须有这种创造价值、获取价值的新思维，通过强调合作，解决以往企业战略过于重视竞争的弊端。支付宝与第三方支付行业的其他企业是全面竞争的关系，与传统商业银行则应是努力建立互利互惠的合作关系。

综观支付宝的发展，也确实可以看出，支付宝一直迎合用户更多支付场景作为前进导向，与此同时，越来越丰富的支付场景可吸引越来越多的用户。支付宝已具备了贯穿线上线下的支付能力，并积累了大量具有多元支付需求的稳定用户。而在与同业竞争对手开展竞争的同时，支付宝与传统金融机构之间保持着良好的合作关系，包括与超过 200 家商业银行签订合作协议，合作竞争的关系为支付宝赢得了很好的发展环境。

### 4.1.5 中国移动支付现状

#### 4.1.5.1 移动支付总体状况

（一）移动支付行业交易规模高速增长

中国移动支付业务笔数和交易金额持续增长。2016 年移动支付业务笔数 257.10 亿笔，同比增长 85.82%；交易金额 15.55 万亿元，同比增长 45.59%（见图 4-4）。

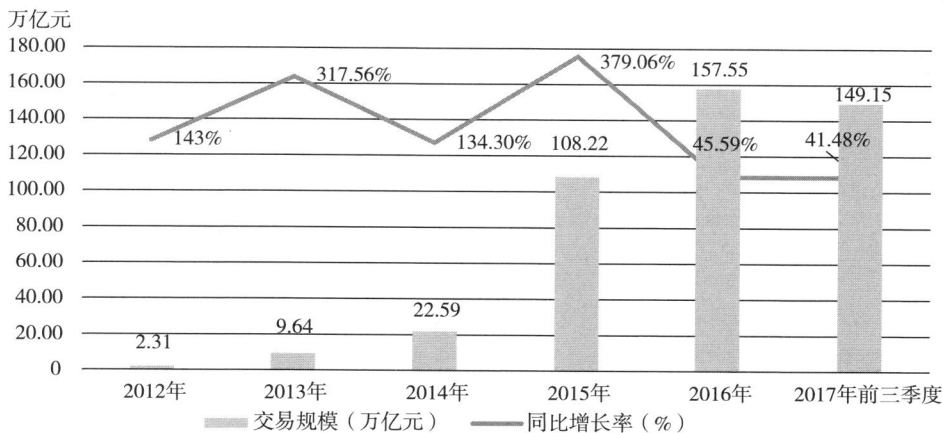

数据来源：中国清算支付协会。

图 4-4　2012~2017 年前三季度移动支付交易规模

（二）用户人数增长显著，总量趋紧饱和

相关数据显示，2016 年移动支付用户规模达 4.62 亿人，较 2015 年增长 30.1%。但相较于前几年的快速增长，近年增长普遍放缓。据预测，2019 年，中国移动网民将与整体网民持平，达到 6.98 亿人（见图 4 - 5）。

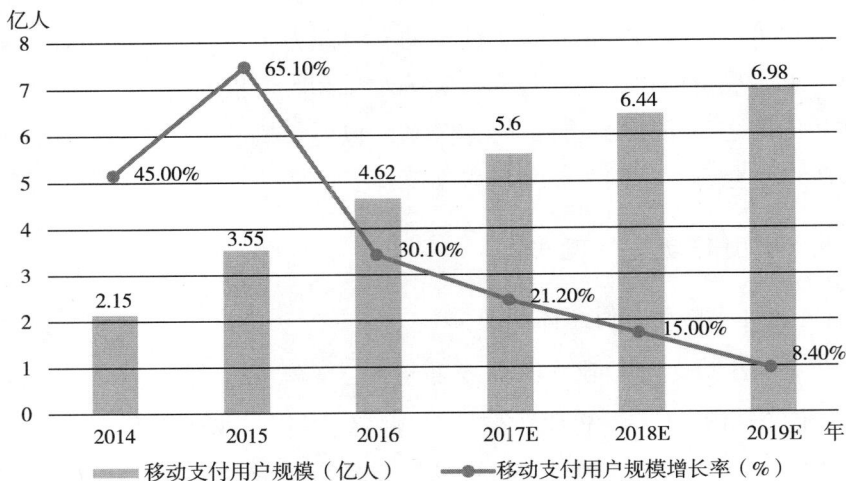

数据来源：艾瑞咨询。

**图 4 - 5 中国移动支付用户规模数量和预测**

（三）移动支付成为支付行业重要支柱

按照中国支付清算协会统计口径，中国电子支付由移动支付、互联网支付和电话支付三部分构成。其中移动支付所占比重逐年提升，2012 ~ 2017 年前三季度，移动支付占电子支付比例从 2.6% 升至 43.8%，已经成为支付行业重要支柱（见图 4 - 6）。

%

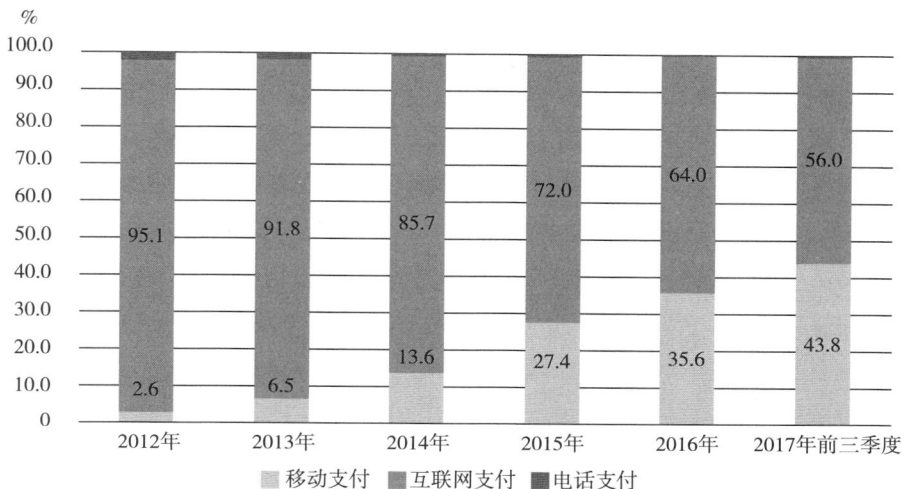

数据来源：中国清算支付协会。

**图 4 – 6　2012 ~ 2017 年前三季度电子支付各组成占比**

（四）市场份额高度集中于支付宝、财付通

中国移动支付市场高度集中，少量企业占据绝大多数市场份额，支付宝、财付通、壹钱包等占比较大。其中 2016 年第四季度，中国移动支付交易市场中，支付宝的市场规模占比最大，达到 61.5%，财付通次之，占比 26.0%，二者合计占比达到 87.5%（见图 4 –7）。

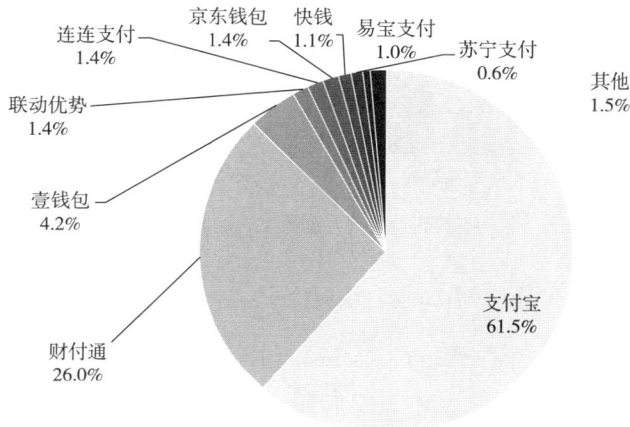

数据来源：艾瑞咨询。

**图 4 – 7　2016 年第四季度中国第三方移动支付市场占比**

### 4.1.5.2  中国移动支付发展趋势

**（一）线上支付与线下支付并重**

中国移动支付逐渐从线上支付到线上和线下支付并重的局面，其中银行业和非银行支付机构分别在线上和线下支付中占据领先地位。

**（1）第三方抢占更多线下市场**

2015 年非银行支付机构（第三方支付）在银行卡收单市场中所占比重进一步上升，笔数和金额分别占总收单业务量的 70% 和 55%、交易笔数占比高于收单业务量占比，体现第三方支付服务商户相比于银行服务商户，单笔业务体量更小或覆盖的小商户数量更多。第三方支付机构网络支付业务越来越体现出小额高频的特点，表现为：在 2016 年移动支付中，第三方支付机构和商业银行交易笔数接近 5∶1，但支付金额接近 1∶2（见图 4−8）。

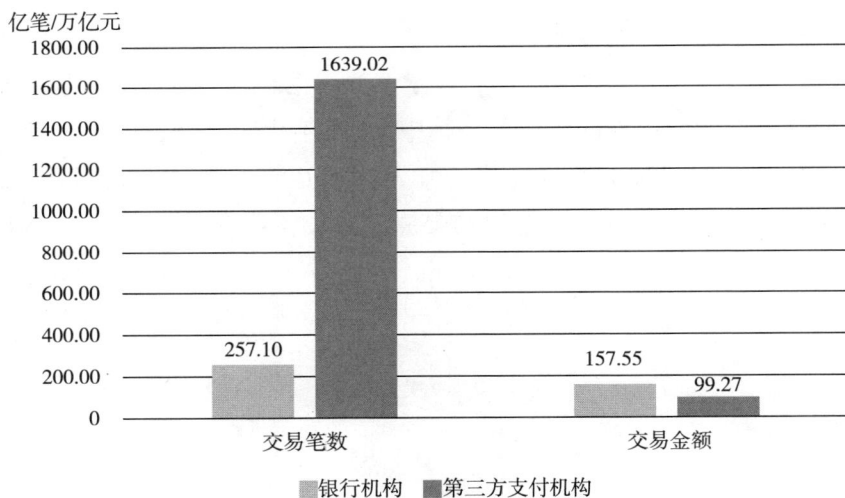

数据来源：中国清算交易协会。

**图 4−8  2016 年银行机构和地方支付机构支付对比**

**（2）线上支付：商业银行以大额支付为主，仍然占据大份额**

商业银行的网络支付业务不仅局限于消费业务，同时包含 B2B 支付，因而导致了其无论在互联网支付还是移动支付业务领域，单笔支付金额远高于第三方支付机构。因而长远来看，网络支付业务（包括互联网、移动支付）仍然以商业银行为主，交易金额占比维持当前90%以上份额。

（二）场景丰富度不断提升

移动支付发展至今支付方式逐渐多元化和丰富化，其中线下扫码支付与银行卡支付为主要的移动支付方式，但大额支付仍然依赖银行卡。

随着移动设备的普及和移动互联网技术的提升，移动支付以其便利性、快捷性优势覆盖了用户生活的各个场景。第三方支付平台具有成本低廉、时间快、即时性以及确认方面的优点，能够快捷人们的生活。网上购物、水电缴费、彩票购买等便民服务深入植根于消费者的生活支付中（见图4-9）。

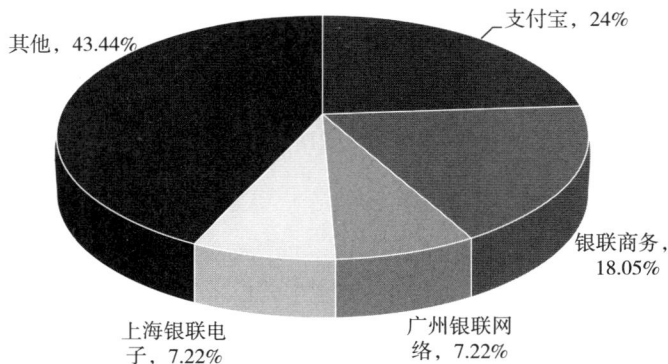

数据来源：中国支付清算协会。

**图4-9 第三方线下收单格局**

（三）数据分析创造价值

随着用户增加，第三方支付可以统计到庞大的交易数据，通过消费者的购买历史、个人浏览历史等，一方面向消费者提供个性化服务，推送符合消费者个人喜好的商品；另一方面向商家提供数据，使商家了解消费者的喜好、购买商品的类型等。第三方移动支付平台通过长信，在不损害消费者权益的情况下对消费者的行为数据进行分析，更好地满足消费者的需求，增强了其应用黏度，同时也完善了平台，创造出更大的利润空间。据相关机构预测，2018年中国大数据分析市场规模将达到327亿元，2020年将超过500亿元（见图4-10）。

亿元

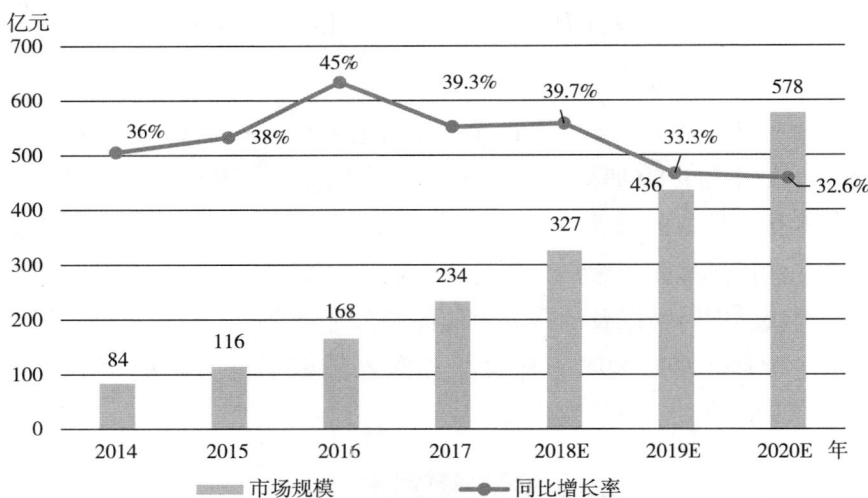

数据来源：中国信通院、中商产业研究院。

**图 4-10　中国大数据分析市场规模**

## 4.2　P2P 网络借贷

### 4.2.1　P2P 网络借贷行业整体发展情况

2015 年 7 月发布的《关于促进互联网金融健康发展的指导意见》明确指出，个体网络借贷（P2P 网络借贷）是指个体和个体之间通过互联网平台实现的直接借贷（金融脱媒）。个体网络借贷机构要明确信息中介性质，主要为借贷双方的直接借贷提供信息服务，不得提供增信服务，不得非法集资。以贷款余额看，P2P 网贷行业在经历了 2014 年增速达 287%、2015 年增速达 324% 的爆发增长后，2016 年回归到了 101% 的水平，绝对值达到了 8162 亿元。增速慢下来的背后是行业明确定位，转型调整的过程。

在平台数量方面，截至 2018 年 6 月底，P2P 正常运营平台数量下降至 2835 家，相比高峰期减少 1607 家，全年正常运营平台数量维持逐级减少的走势，与前两年数量大幅增加呈现截然相反的情况。其中，2017 年新上线平台 169 家，2016 年全年新上线平台为 756 家，甚至不足 2015 年全年新上线平台数量（2451 家）的三分之一（见图 4 – 11）。

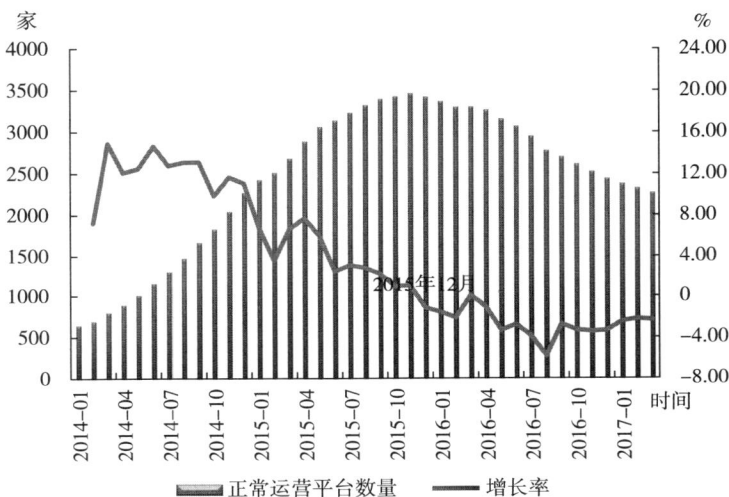

**图 4 – 11　全国 P2P 正常运营平台数量及增长率**

在成交量方面，2016 年全年网贷行业成交量达到了 20638.72 亿元，相比 2015 年全年网贷成交量（9823 亿元）增长了 110%。在 2016 年，P2P 网贷行业历史累计成交量接连突破 2 万亿元、3 万亿元两个大关，单月成交量更是突破了 2000 亿元；2016 年"网贷双十一"单日再次突破 100 亿元，实现了 116.07 亿元，这一系列的成绩都反映了 P2P 网贷行业仍然获得大量投资人青睐的事实（见图 4 – 12）。

2016 年 1 月至 2016 年 12 月网贷成交量以月均 5.15% 的速度增加，相比 2015 年增速有所放缓，这也反映了行业发展已经开始趋于平稳健康。从各月的成交量走势来看，除了 2 月、10 月假期因素的影响外，全年总体呈现一个上升的走势。由于假期开支较多，故用于投资 P2P 网贷平台的资金略有减少。

在异常平台方面，第三方网贷资讯平台网贷之家将异常平台分为两大类——停业平台和问题平台。停业平台特指平台完成资金清算后进行良性退出，投资人的利益并未受损，包括停业和停业（转型）事件。目前，不少平台无法满足监管层的要求，停业平台的占比上升，这也说明网贷平台行业正朝着良性的方向发展。而问题平台则主要包括提现困难、跑路和经侦介入三类情节较严重的事件，属于重点关注对象。

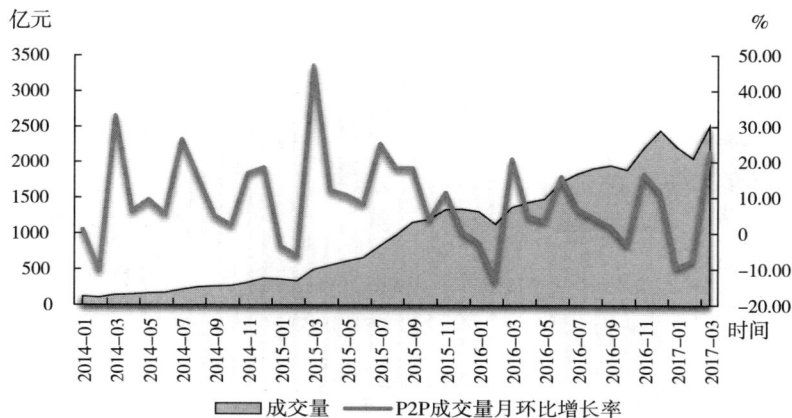

**图 4 - 12　全国 P2P 成交量及月环比增长率**

图 4 - 13 显示了 2014 年 1 月至 2017 年 2 月 P2P 行业累计成立的平台数量增长趋势，其中深色区域代表停业及问题平台的累计数量，浅色区域为留存的正常运营平台数量。

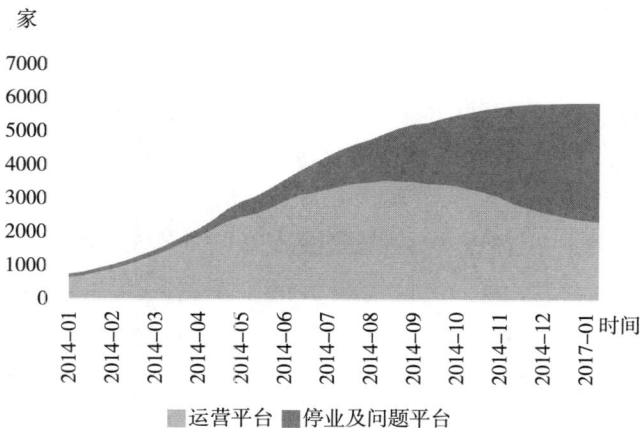

**图 4 - 13　P2P 平台累计数量分布**

可以看到，随着合规建设加强，监管细则落地，出现了一种明显的"良币驱逐劣币"的现象。2015 年 12 月，P2P 行业运营平台数开始下降，停业及问题平台数大幅上升，经历了优胜劣汰后生存下来的平台将更加优质。

图4-14以堆叠图的形式给出了每月新增停业及问题平台变化趋势及其事件类型分布。

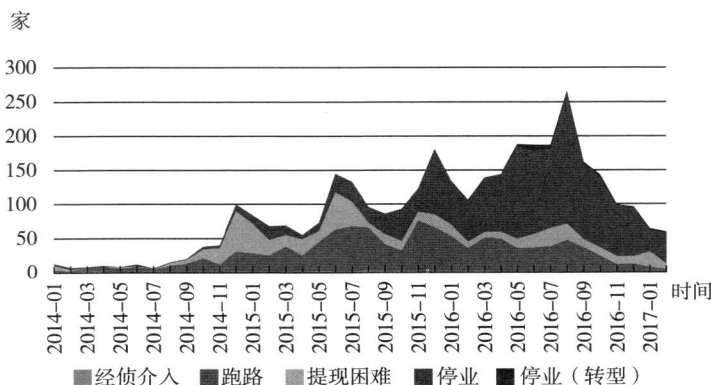

**图4-14　新增停业平台及问题平台类型分布**

从异常事件类型分布上看，2016年开始，停业平台在异常平台中的占比显著增加，而跑路等严重性较高的异常平台逐渐销声匿迹，意味着P2P行业逐渐走向良性的、规范化的发展道路，国家相关监管政策的出台和落实功不可没。

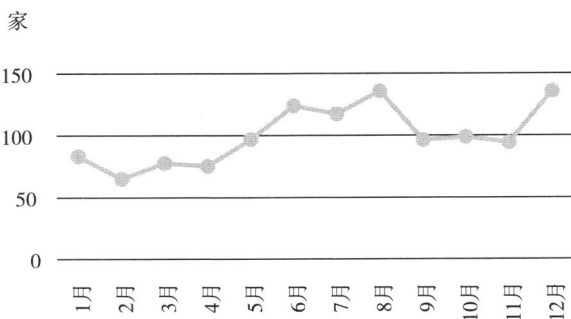

**图4-15　新增停业及问题平台的数量变化的季节指数**

此外，从总体上看，新增停业及问题平台的数量变化存在明显的季节性（见图4-15），在8月和12月集中爆发，原因可能在于投资人临近假期大量赎回资金，导致平台现金流断裂，暴露各种问题。

### 4.2.2 P2P 网络借贷行业分地区发展情况

首先，可以从成交量上了解 P2P 行业的区域发展趋势，如图 4 – 16 所示。

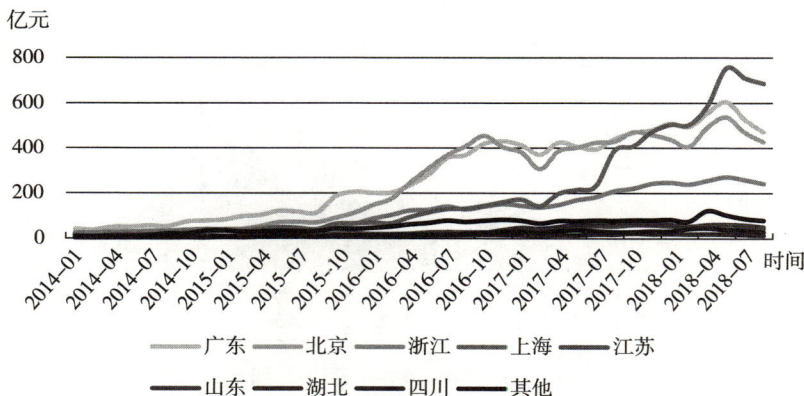

**图 4 – 16　P2P 行业区域成交量发展趋势**

从图 4 – 16 中可以看到，北京市、广东省的 P2P 行业月成交量在 2015 年飙升，超过 400 亿元，迅速与其他省份拉开了差距。上海市 P2P 行业则到 2016 年 5 月才开始发力，半年时间月成交量迅速从 231 亿元攀升到 753 亿元，超越了如今发展速度已趋平缓的北京市和广东省。另外，浙江省 P2P 行业发展水平也不低，且在稳健地提升，显著高于除北京市、上海市、广东省外的其他省市。观察各区域发展曲线末端不难发现，2017 年 1 月，各省市的 P2P 行业成交量均出现显著下降趋势，主要有以下两点原因：一是季节性因素，1 月、2 月属于春季期间，各 P2P 平台发标量比较少；二是政策性因素，2016 年 10 月开始，P2P 行业监管进一步加强，2016 年 11 月 28 日银监会更是联合工信部、工商局发布了《网络借贷信息中介机构备案登记管理指引》，P2P 平台的备案登记工作、工商变更、电信业务许可证办理和资金存管等工作正式全面启动，从而导致许多不合规的 P2P 平台停业或者转型，这无疑有利于 P2P 行业的健康发展。

为了更深入地了解各区域 P2P 行业的发展状况及差异化特征，本书选取了 2015 年 1 月至 2017 年 2 月的 P2P 行业区域数据做全局主成分分析，以成交量、待还余额、当月投资人数、当月借款人数、平均借款期限、综合预期收益率、当月停业及问题平台数、累计停业及问题平台数作为分析变量。提取两个主成分的累积贡献率达到 74.6%。旋转成分如图 4 - 17 所示。

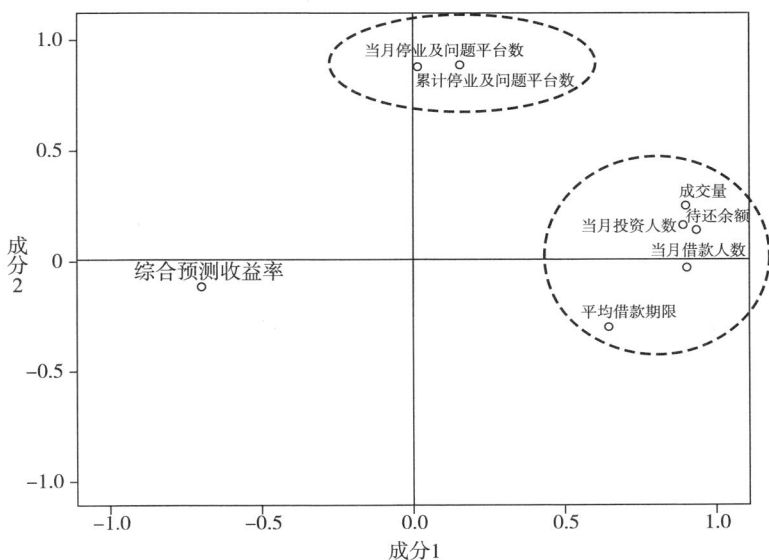

**图 4 - 17　旋转成分**

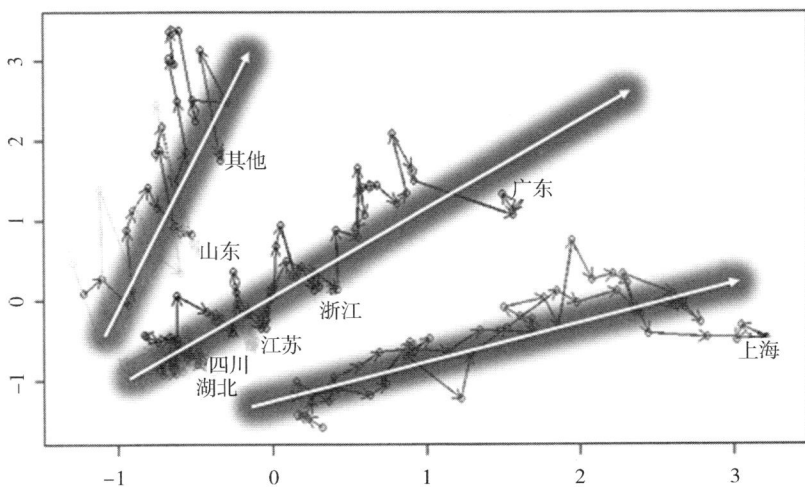

**图 4 - 18　各区域行业动态发展轨迹**

这里将第一主成分命名为行业规模，第二主成分则为问题平台数。图 4 - 18 为以两个主成分为轴画出各个区域 P2P 行业动态发展轨迹图。北京市和上海市的 P2P 行业规模大，问题平台数比较低，整体发展比较健康；广东、浙江、江苏、四川、湖北等南方省份次之；山东等其他地方的情况则比较差，这些地区的平台规模总体较小，但问题平台数量却相对很多。

### 4.2.3 P2P 行业规模、用户情况现状

#### 4.2.3.1 整体发展态势

（一）新增、消亡情况

根据技术平台监测，截至 2018 年 6 月 30 日，我国在运营 P2P 平台共 2835 家。今年上半年新增 P2P 平台 36 家，消亡 721 家。相关新增、消亡情况如图 4 - 19 所示。

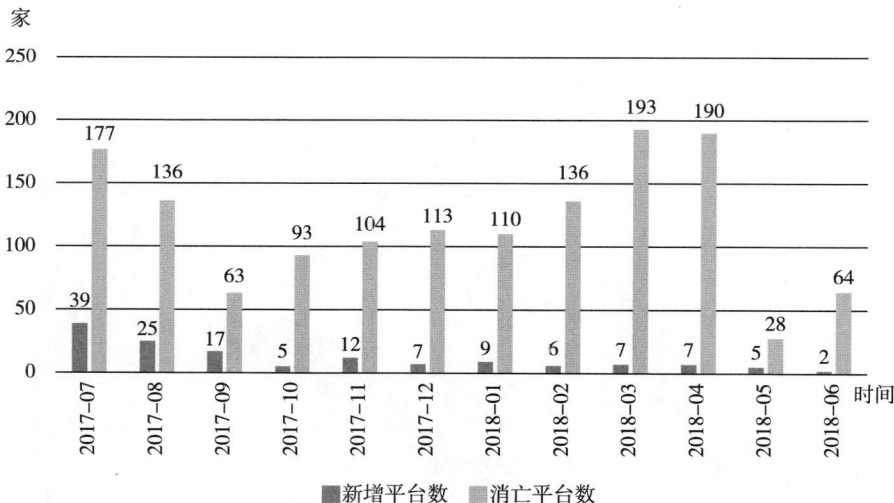

**图 4 - 19 P2P 平台每月新增消亡平台数**

累计消亡平台消亡类型包括长时间网站无法访问、僵尸网站（长时间网站不更新）、主动退出以及经侦立案等，其中网站无法访问居多等。

（二）地理位置分布情况

根据技术平台监测，我国 P2P 平台地理位置分布较为集中。2835 家在运营平台主要分布在广东、北京、浙江和上海地区，四省市共有 1720 家在运营 P2P 平台，占全部在运营平台 60.6%，头部效应明显（如图 4 - 20）。

家
600

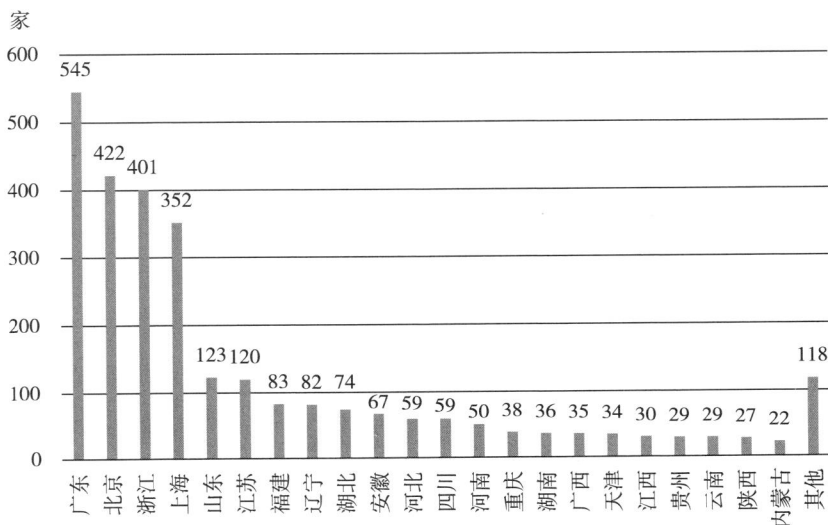

图 4 – 20　**P2P 平台地域分布情况**

#### 4. 2. 3. 2　P2P 平台运营情况

（一）投资用户情况

技术平台监测结果表明，我国 P2P 用户超 5000 万人，经各方统计分析得到，我国人均投资金额 22788 元，主要分布在广东、浙江、江苏等地。同时，技术平台对 P2P 投资用户的年龄进行分析，发现我国 P2P 投资者主要集中在 20～40 岁，其中 20～29 岁人数最多，占比 29. 73%（见图 4 – 21）。

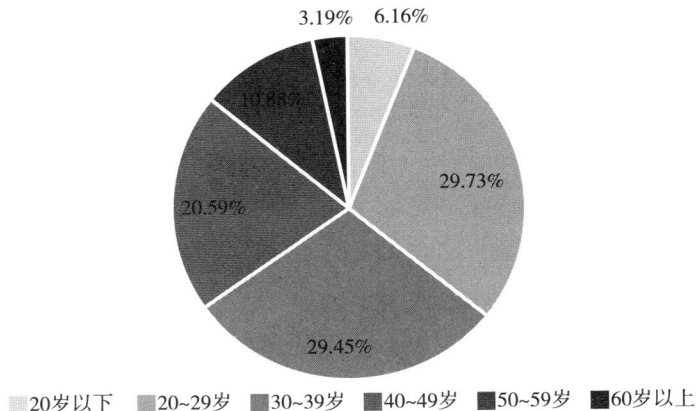

■ 20岁以下　■ 20~29岁　■ 30~39岁　■ 40~49岁　■ 50~59岁　■ 60岁以上

图 4 – 21　**P2P 投资者年龄分布**

技术平台对 P2P 投资者性别统计结果表明，投资者主要为男性，男性投资者占比超 6 成，远高于女性投资者（见图 4 - 22）。

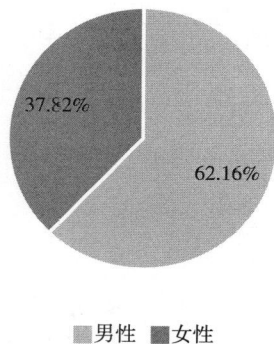

**图 4 - 22　P2P 投资者性别比例**

据统计，投资者主要分布在广东、浙江和江苏等地；四川、山东、河南等地也是我国 P2P 投资者的重要分布地域（见图 4 - 23）。

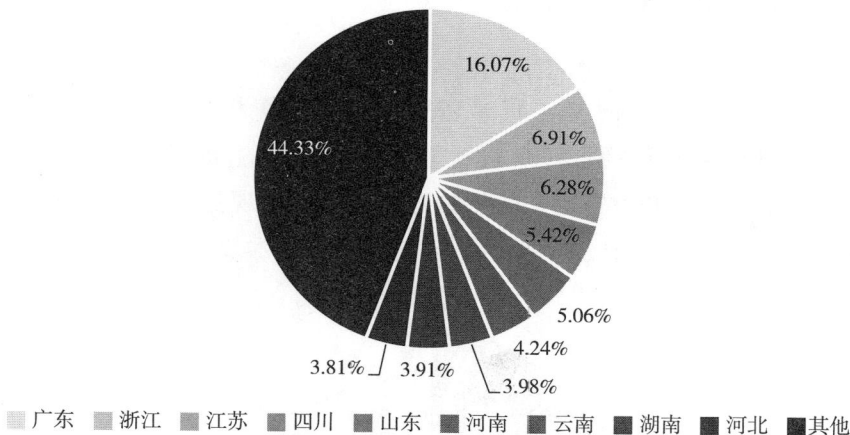

**图 4 - 23　P2P 投资者地域分布情况**

（二）收益率和借款期限情况

技术平台对 P2P 平台收益率和借款期限进行监测，2018 年上半年我国 P2P 平台项目平均收益率为 10.2%，其中 6 月平均收益率为 10.39%，环比上升 0.11 个百分点。近期 P2P 平均收益率有上升趋势（见图 4 - 24）。

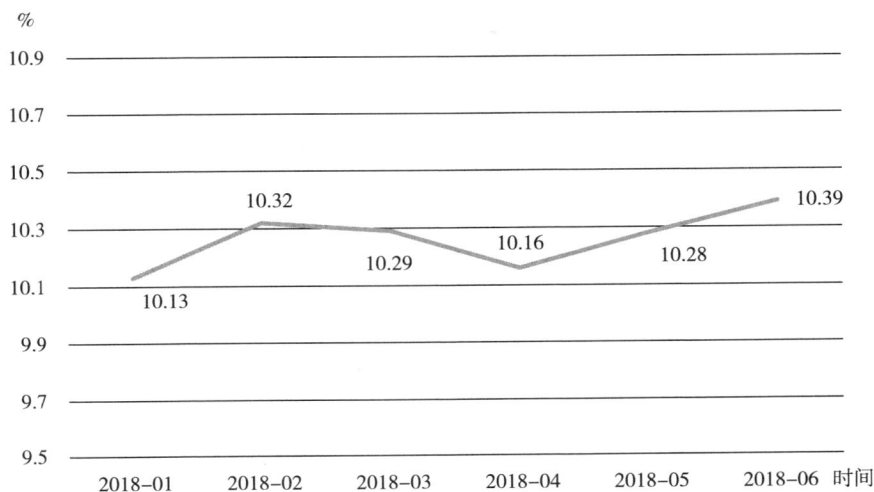

**图 4 - 24  P2P 平台项目收益率变化**

2018 年上半年，我国 P2P 平台平均借款期限为 198 天（算数平均值），6 月借款期限较 1 月延长 17 天，2018 年上半年平均借款期限呈现延长趋势（见图 4 - 25）。

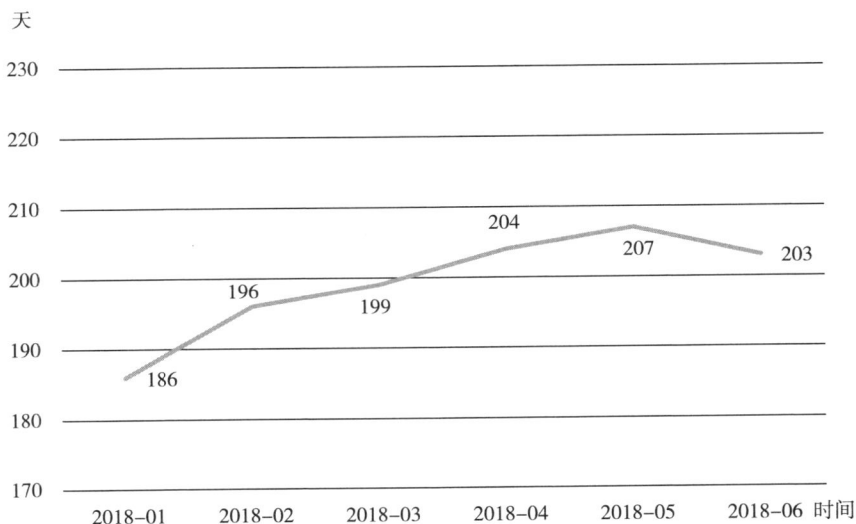

**图 4 - 25  P2P 平台借款期限**

### 4.2.4 P2P平台企业贷款分析

2018年7月，技术平台开展了全国P2P平台企业贷的分析工作。技术平台对229家6月发布企业贷的P2P平台进行监测（约占6月发布企业贷平台的20%），发现新增融资项目9017个，涉及金额44.03亿元，平均年化收益率约10.11%，平均贷款期限为131.67天。技术平台从企业贷款项目融资地域分布、资金行业流向、项目收益率、项目期限、项目担保、借款用途、还款来源及还款方式等维度进行深度分析，具体如下。

#### 4.2.4.1 融资地域分布

在监测的9017个项目中，公布融资方所在地的项目个数为7006个，占比约77.7%，涉及31个省市。其中，广东企业融资金额和融资项目最多，分别为5.59亿元和1103个；西藏企业的融资金额和融资项目最少，分别为40万元和2个。从平均融资项目金额看，山西最大，为127.3万元；甘肃最小，为16.2万元。各省份融资见表4-1。

表4-1　　　　　　　　　项目融资地域分布情况　　　　　　单位：个、万元

| 省份 | 项目总数 | 金额总数 | 平均项目金额 |
|------|---------|---------|-------------|
| 广东 | 1103 | 55896.3 | 52 |
| 江苏 | 639 | 46133.7 | 72.31 |
| 浙江 | 575 | 19849.3 | 36.22 |
| 上海 | 452 | 22457.2 | 51.39 |
| 广西 | 405 | 20190 | 49.85 |
| 安徽 | 395 | 13176.5 | 33.36 |
| 北京 | 392 | 18043.5 | 46.74 |
| 河南 | 331 | 12336.7 | 37.27 |
| 福建 | 249 | 9272.34 | 37.24 |
| 湖北 | 224 | 9356 | 41.96 |
| 山东 | 223 | 11811 | 52.96 |
| 湖南 | 216 | 8381.94 | 38.81 |
| 辽宁 | 215 | 5733.46 | 26.67 |
| 甘肃 | 206 | 3337.72 | 16.2 |

| 省份 | 项目总数 | 金额总数 | 平均项目金额 |
| --- | --- | --- | --- |
| 江西 | 204 | 10673 | 52.58 |
| 河北 | 176 | 8064.13 | 45.82 |
| 贵州 | 115 | 4794.27 | 41.69 |
| 天津 | 111 | 4657.15 | 41.96 |
| 吉林 | 110 | 5631.35 | 51.19 |
| 陕西 | 106 | 5117.52 | 48.28 |
| 山西 | 83 | 10565.9 | 127.3 |
| 新疆 | 71 | 5078.95 | 71.53 |
| 四川 | 71 | 3165 | 44.58 |
| 海南 | 67 | 3529.24 | 52.68 |
| 重庆 | 62 | 2879.78 | 46.45 |
| 云南 | 61 | 3099 | 50.8 |
| 内蒙古 | 50 | 2607 | 52.14 |
| 黑龙江 | 47 | 1420.2 | 30.22 |
| 青海 | 41 | 1832.5 | 44.7 |
| 宁夏 | 4 | 71 | 17.75 |
| 西藏 | 2 | 40 | 20 |

### 4.2.4.2 资金行业流向

在监测的 9017 个项目中，能有效分析出资金行业流向的 7506 个，占比 83.24%，涉及 20 个行业。企业贷款资金主要流向批发和零售业、租赁和商务服务业、建筑业，分别占比 54.95%、8.27% 和 7.75%。此外，企业贷款项目的平均金额一般在 30 万 ~ 60 万元。其中，采矿业最大，为154.34 万元；电力、热力、燃气及水生产和供应业最小，为 23.43 万元。具体如表 4-2 所示。

表4-2             项目资金行业流向             单位：万元

| 行业 | 项目总数 | 金额总数 | 平均项目金额 |
| --- | --- | --- | --- |
| 批发和零售业 | 4043 | 208893 | 52.35 |
| 租赁和商务服务业 | 638 | 31446.9 | 49.52 |

续表

| 行业 | 项目总数 | 金额总数 | 平均项目金额 |
|---|---|---|---|
| 建筑业 | 574 | 29448.2 | 51.3 |
| 信息传输、软件和信息技术服务业 | 443 | 19940.5 | 45.01 |
| 制造业 | 442 | 25741.3 | 58.24 |
| 住宿和餐饮业 | 243 | 12607.1 | 51.88 |
| 交通运输、仓储和邮政业 | 166 | 7250.63 | 43.68 |
| 农、林、牧、渔业 | 156 | 8285.76 | 53.11 |
| 科学研究和技术服务业 | 148 | 7500 | 50.68 |
| 房地产业 | 145 | 6449.07 | 44.48 |
| 居民服务、修理和其他服务业 | 101 | 2497.5 | 24.73 |
| 文化、体育和娱乐业 | 80 | 4606 | 57.58 |
| 水利、环境和公共设施管理业 | 62 | 2428 | 39.16 |
| 金融业 | 48 | 1146 | 39.52 |
| 消费 | 46 | 1490.2 | 32.4 |
| 公共管理、社会保障和社会组织 | 45 | 1092.62 | 24.28 |
| 采矿业 | 38 | 5865.01 | 154.34 |
| 卫生和社会工作 | 35 | 996 | 28.46 |
| 教育 | 30 | 1957 | 65.23 |
| 电力、热力、燃气及水生产和供应业 | 23 | 538.83 | 23.43 |

#### 4.2.4.3　项目收益率

从地域特征和行业特征两方面，对企业贷款平均项目收益率进行深入分析。

（一）项目收益率地域分布

企业贷款平均项目收益率呈现一定的地域特征，31 个省份的平均项目收益率一般在 8% ~ 12%，其中，云南省收益率最高，为 12.9%；山西省收益率最低，为 7.93%。如图 4 - 26 所示。

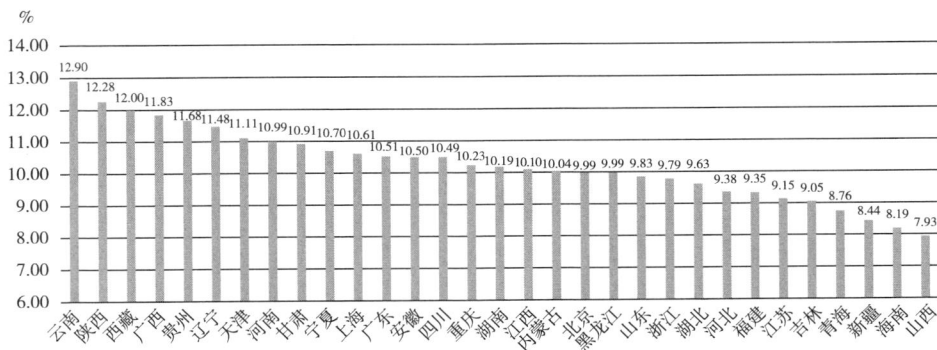

图 4 – 26　平均项目收益率地域分布

（二）项目收益率行业分布

企业贷款平均项目收益率具有行业特征，在 20 个行业中，平均项目收益率一般在 8% ~ 10%。其中，卫生和社会工作业最高，收益率为11.29%；采矿业最低，为 8.23%。如图 4 – 27 所示。

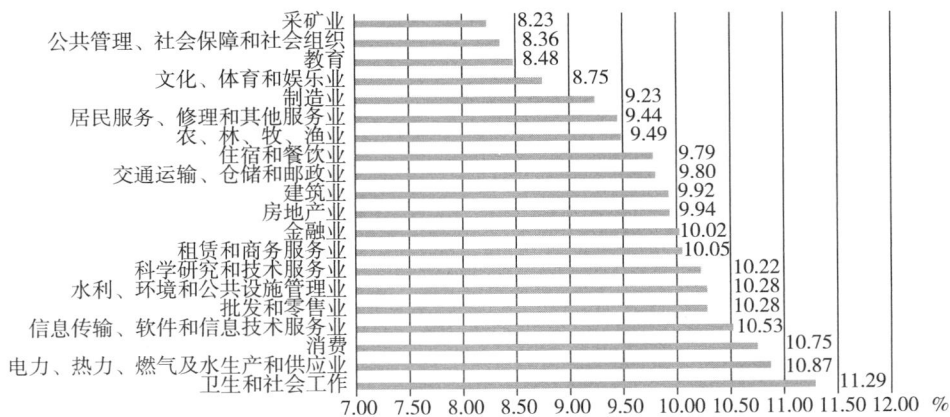

图 4 – 27　平均项目收益率行业分布

4.2.4.4　项目期限

从地域特征和行业特征两方面，深度分析企业贷款项目平均贷款期限情况。

（一）项目期限的地域特征

经统计，31 个省份的平均项目期限一般为 100～200 天，其中，西藏自治区平均项目贷款期限最长，为 360 天，浙江省平均项目期限最短，约为 82 天，如图 4－28 所示。

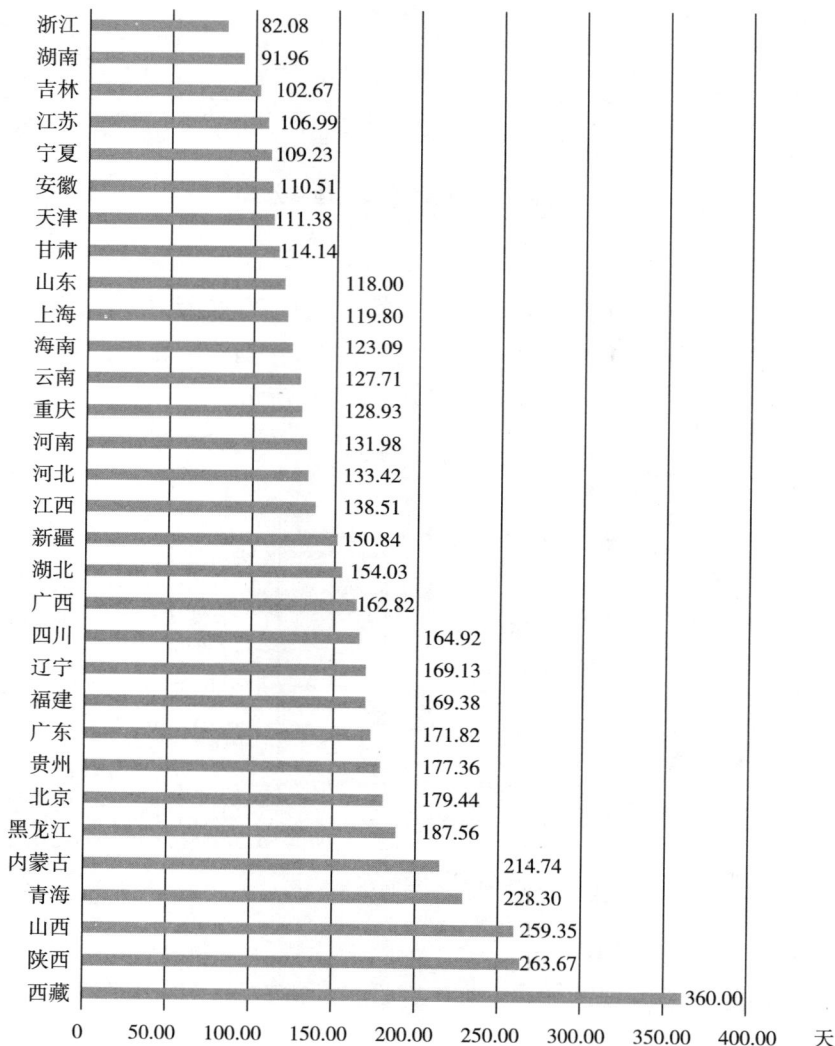

浙江　82.08
湖南　91.96
吉林　102.67
江苏　106.99
宁夏　109.23
安徽　110.51
天津　111.38
甘肃　114.14
山东　118.00
上海　119.80
海南　123.09
云南　127.71
重庆　128.93
河南　131.98
河北　133.42
江西　138.51
新疆　150.84
湖北　154.03
广西　162.82
四川　164.92
辽宁　169.13
福建　169.38
广东　171.82
贵州　177.36
北京　179.44
黑龙江　187.56
内蒙古　214.74
青海　228.30
山西　259.35
陕西　263.67
西藏　360.00

0　50.00　100.00　150.00　200.00　250.00　300.00　350.00　400.00　天

**图 4－28　平均贷款期限地域分布**

（二）项目期限的行业特征

企业贷款项目的平均贷款期限呈现明显的行业特征，一般来说，平均贷款期限为 100～150 天。其中，教育业平均贷款期限最长，约为 174.38 天，公共管理、社会保障和社会组织最短，约为 57 天，如图 4-29 所示。

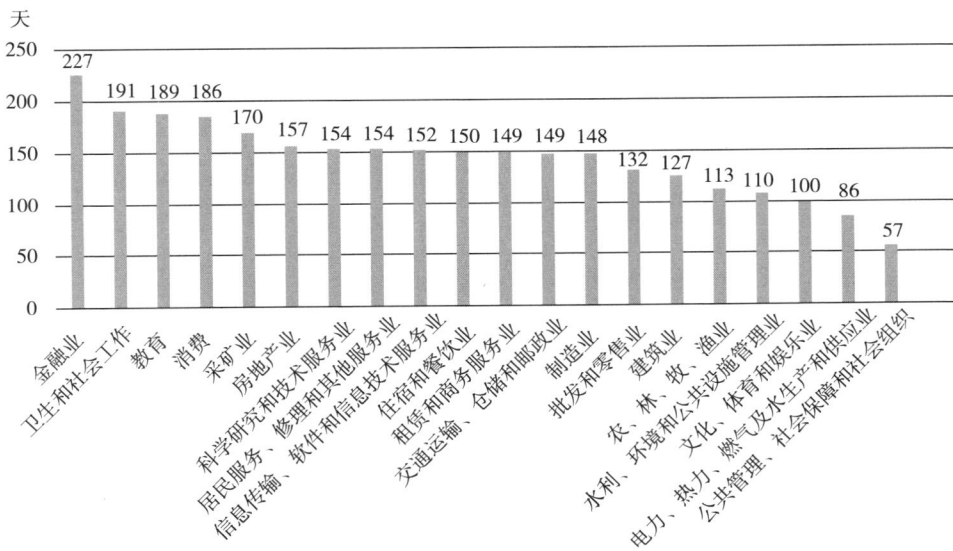

**图 4-29　平均贷款期限行业分布**

### 4.2.4.5　借款用途

由于各家平台的信息披露程度存在差异，技术平台监测的 9017 个企业贷款项目中，公布借款用途的项目有 4309 个，约占总数的 47.79%。技术平台在此基础上对企业借款用途进行分析，并尝试总结其行业特征。经过分析，在 4309 个企业贷款项目中，企业借款用途一般分为五种，即短期资金周转、扩大生产/经营规模、采购支付、日常生产经营和其他用途①。

———————————

①　其他用途包含工程保证金等。

（一）企业借款用途分布

经统计，用于短期资金周转的项目数量最多，为 2909 个，用于日常生产经营的数量最少，为 166 个。如图 4－30 所示。

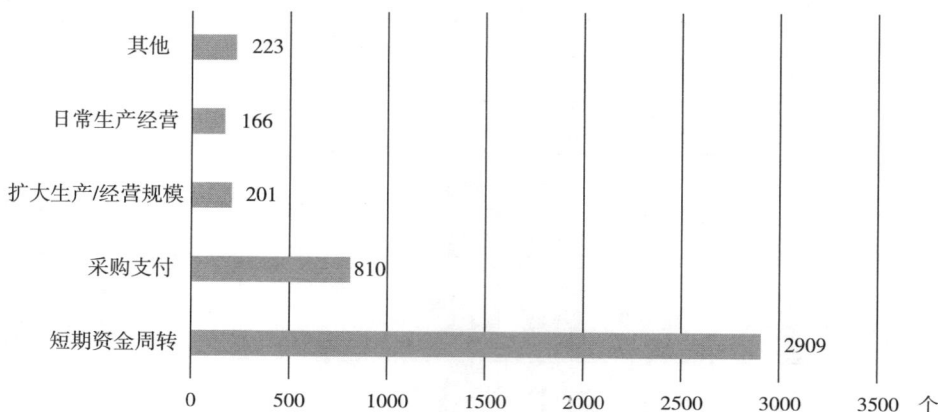

**图 4－30　企业借款用途项目分布**

（二）企业借款用途行业特征

企业借款用途呈现一定的行业分布特征，在公布借款用途的 4309 个项目中，共有 3823 个项目公布行业信息，涉及 20 个行业。

在各个行业中，企业借款用于短期资金周转的项目居多。以批发和零售业为例，有 1404 个企业贷款项目用于短期资金周转，有 504 个项目用于采购支付，有 103 个项目用于日常生产经营，有 73 个项目用于扩大生产/经营规模，另有 65 个项目用于其他。具体情况如表 4－3 所示。

表 4－3　　　　　　　　　借款用途行业分布　　　　　　　　　单位：个

| 行业 | 短期资金周转 | 采购支付 | 扩大生产/经营规模 | 日常生产经营 | 其他用途 | 总计 |
|---|---|---|---|---|---|---|
| 批发和零售业 | 1404 | 504 | 73 | 108 | 65 | 2154 |
| 建筑业 | 157 | 46 | 27 | 5 | 56 | 291 |
| 租赁和商务服务业 | 236 | 9 | 8 | 11 | 9 | 273 |
| 制造业 | 160 | 45 | 10 | 8 | 14 | 237 |
| 信息传输、软件和信息技术服务业 | 188 | 17 | 2 | 5 | 7 | 219 |

| 行业 | 短期资金周转 | 采购支付 | 扩大生产/经营规模 | 日常生产经营 | 其他用途 | 总计 |
|---|---|---|---|---|---|---|
| 交通运输、仓储和邮政业 | 59 | 27 | 9 | 6 | 0 | 101 |
| 房地产业 | 81 | 4 | 0 | 2 | 11 | 98 |
| 居民服务、修理和其他服务业 | 74 | 0 | 3 | 0 | 0 | 77 |
| 住宿和餐饮业 | 53 | 2 | 2 | 5 | 7 | 69 |
| 科学研究和技术服务业 | 56 | 0 | 0 | 1 | 5 | 62 |
| 农、林、牧、渔业 | 32 | 3 | 14 | 2 | 4 | 55 |
| 公共管理、社会保障和社会组织 | 40 | 0 | 0 | 0 | 3 | 43 |
| 文化、体育和娱乐业 | 25 | 1 | 3 | 1 | 3 | 33 |
| 金融业 | 20 | 3 | 0 | 1 | 3 | 27 |
| 水利、环境和公共设施管理业 | 20 | 3 | 3 | 0 | 0 | 26 |
| 消费 | 10 | 4 | 0 | 0 | 5 | 19 |
| 电力、热力、燃气及水生产和供应业 | 11 | 0 | 4 | 2 | 1 | 18 |
| 采矿业 | 5 | 2 | 3 | 0 | 0 | 10 |
| 卫生和社会工作 | 7 | 0 | 0 | 0 | 0 | 7 |
| 教育 | 1 | 0 | 0 | 1 | 2 | 4 |

## 4.3 互联网保险

互联网保险是指传统的保险公司或者具有销售保险资质的金融机构基于大数据、物联网技术搜集的海量信息满足消费者需求的保险产品，并通过互联网作为新型平台为消费者提供保险产品和服务，进而实现部分乃至全部保险业务的网络化、一体化的经济活动。它是一种新兴的以互联网作为媒介与平台、将传统保险业务部分或全部转移到该平台上进行营销的模式，旨在降低销售成本、增加利润、提升消费者的用户体验、满足不同消费者的个性化需求。

长期以来，作为高度依赖数据开展业务的行业，保险业很早就开始了互联网化的探索。1997 年，中国第一家互联网保险网站——中国保险信息网成立，诞生了第一张网销保单，标志着保险行业首次利用互联网进行销售，中国保险行业正式对互联网模式进行探索。2000 年 8 月，平安公司和太保公司建立了自己公司的全国性在线网站，意味着中国第一个全球保险网络系统和金融超市建成。随后 9 月，泰康人寿保险公司开通"泰康在线"网站，进一步实现保险的网络化发展。2005 年《电子签名法》的颁布实施为互联网保险的发展提供了更多的机遇，不断有保险公司加入网销行列，建立自己的保险网络体系，实现全面的网络化服务。但是这一时期的市场环境和网络技术都不够成熟，互联网普及度较低，网络用户较少，市场没有打开，并且相配套的法律法规不完善。因此，此阶段互联网保险发展的速度比较缓慢。

2008 ~ 2011 年是中国互联网发展的探索阶段。网购开始在中国兴起，出现的新兴支付手段更便利了网民的消费，降低了其消费成本。由于市场经济的不断发展，互联网保险开始出现市场细分，涌现出一批定位不同的保险机构，如保险产品中介网站、保险信息网站。同时，《互联网保险业务监管规定》向社会征求意见，表明政府通过法律法规进一步规范互联网行业并通过政策在保险行业信息化发展方面给予扶持。这个阶段，虽然各险种保费规模呈现高速增长的趋势，但各保险公司电子商务保费的成交规模总体较小，电子商务的战略价值并未完全体现，互联网保险的渠道资源配置不合理。并且政府对互联网保险的实际支持力度有限，并未大力扶持该产业的发展。

2012 ~ 2014 年是中国互联网保险的全面发展阶段。2013 年伴随"互联网金融元年"的到来，促使各保险机构纷纷依托官方网站、第三方电子商务平台、专业互联网保险公司等渠道开通互联网保险业务，逐渐形成了较为成熟的互联网保险营销模式。经过几年时间的产业布局，伴随着第三方支付以及移动支付场景的快速成熟，互联网保险在 2015 年迎来了爆发式的增长。根据《中国互联网保险研究报告》数据，2016 年中国共有117 家保险机构经营互联网保险业务，比 2015 年（110 家）增加了 7 家，

76%的保险公司通过自建网站、与第三方平台合作等不同经营模式开展了互联网保险业务。

从保费方面看，去年中国互联网保险保费收入达到2347亿元，较2015年（2234亿元）增长了113亿元，增幅5%。相较于2015年160%的增幅，2016年中国互联网保险的增长速度大幅度下滑。互联网保费增幅的下降和渗透率的下降，主要跟保监会对理财型保险产品监管收紧有关，而互联网车险也因为商车费改（深化商业车险条款费率管理制度改革），出现业务持续负增长，导致互联网财产险业务总体下滑，影响了总体互联网保费收入（见图4-31）。

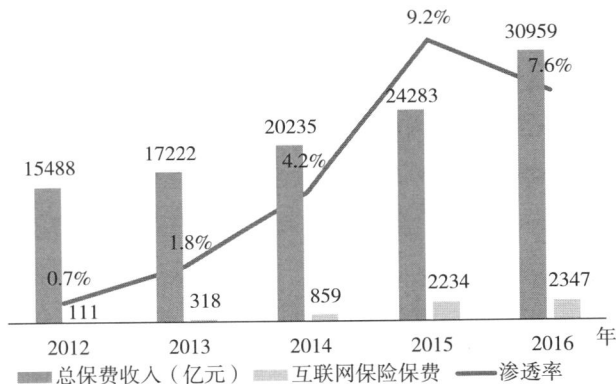

图4-31 2012~2016年中国互联网保险增长情况

按照产品结构划分，互联网保险包括互联网财产险和互联网人身险两种。2016年，互联网财产险和互联网人身险分别实现保费收入403亿元和1945亿元，在互联网保险保费总收入中占比分别是17%和83%。可以看出，互联网人身险保费收入远远高于互联网财产险保费收入（见图4-32）。

延续了上一年度政策收紧后的增长放缓状态，2017年上半年互联网人身险累计实现保费收入1010.5亿元，同比下滑10.9%；互联网财产险累计实现保费收入237.75亿元，同比负增长20.01%。其中，互联网人身险中以万能险、投连险及分红险为主的中短存续期理财型保险产品占比、增速下降明显，保险业回归保障的趋势越发清晰；互联网财产险中的车险保费占比、增速持续下降，非车险持续上升。可以看出，随着《互联网保险业务监管暂行办法》《关于加强互联网平台保证保险业务管理通知》的出台，一系列政策信号都表明中国的互联网保险目前已近进入调整期，向着规范化的方向改进。互联网高现金价值业务，保险机构依托互联网跨界开展业务以及非法经营则是现阶段的整治重点。

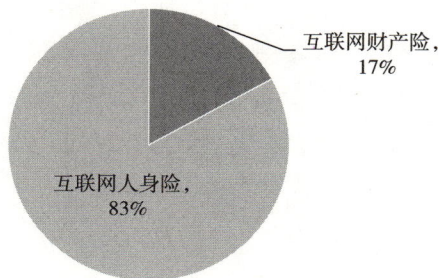

图 4-32　2016 年互联网财产险和互联网人身险比例

## 4.4　互联网基金销售

　　互联网基金销售是指基金销售机构与其他机构通过互联网平台进行宣传推介基金、发售基金份额、开设账户以及办理基金份额申购、赎回、查询等活动。依据《证券投资基金销售管理办法》的规定，基金公司之外的机构开展互联网基金销售业务需要取得基金销售牌照。

　　随着互联网技术在金融领域的不断渗透、金融创新的发展，互联网基金销售开始大行其道。截至目前，国内基金销售机构共有 435 家。其中代销数量超过 3000 只基金的有 5 家公司，分别是上海天天基金销售有限公司（3587 只）、上海好买基金销售有限公司（3340 只）、上海陆金所资产管理有限公司（3338 只）、浙江同花顺基金销售公司（3136 只）、蚂蚁（杭州）基金销售有限公司（3113 只）。这 5 家公司均为互联网基金销售机构。这与长期以来大银行垄断基金销售渠道的情况形成了鲜明对比，互联网在面对长尾效应时的威力又一次展现。

相较于传统的基金销售，互联网基金销售的主要客户是中小规模投资者，这一类投资者的风险承受能力偏低，投资金额偏小，对收益率及风险较为敏感。因此从最早的余额宝，到后来的跟随者零钱宝、理财通等都对接了低风险的货币基金作为主打产品，并在宣传时弱化基金投资风险、强化收益率，并采取与银行同期存款做比较的宣传方式。如今，这种方法涉嫌违规，已被证监会叫停，少数机构还因此收到了罚单。为了吸引客户，平台往往会对投资者进行补贴，因而在这个行业有：投资者收益＝基金实际收益＋机构补贴收益。由于货币基金的低风险和高复制性，宝宝类产品很快成为各大互联网公司与基金公司展开合作时的标配。这些产品降低了基金投资门槛，申购赎回操作方便，具备较好的流动性特征。受到了广大投资者的青睐，但平台则处于"赔本赚吆喝"的阶段，难以盈利。同时，此时的互联网公司通常没有相关牌照，用户的开户、基金申购、赎回等服务都由基金公司提供，互联网公司只作引流，因此实际上是基金公司借助互联网渠道进行销售。

后来，随着各大互联网公司先后取得基金销售牌照，各类基金超市纷纷上线，给投资者提供了更多选择。同时自 2013 年 8 月 1 日《开放式证券投资基金销售管理规定》施行后，各大平台为争夺客户，纷纷在认购、赎回费率上打折来吸引投资者，某些基金公司更是提出了"零费率"优惠活动。交易便利，费率优惠，互联网基金销售平台迅速吸引了大批的投资者。在 2012 年首批基金销售牌照发放时，基金销售市场格局依旧是银行一家独大，占比超六成，第三方基金代销机构占比不足 2%。经过几年的耕耘，如今这一格局发生了天翻地覆的变化。

但是，随着中国互联网金融行业进入调整阶段，证监会对第三方销售机构在销售、推广、结算、风控等层面要求越来越严格，直接导致 2016 年以来通过审批获得独立基金销售牌照的平台逐渐减少，而一张公募基金销售牌照的价格更是达到了 4000 万元。市场逐渐稳定后，几大互联网基金销售巨头纷纷强势出局希望占领市场，蚂蚁金服开放自运营平台"财富号"，帮助基金公司在蚂蚁聚宝中打造属于自己的品牌专区，直接到达和服务用户；东方财富面对近期发展的颓势以及来自竞争对手的挑战，宣布与工商银行签署资产托管业务合作协议，作为第三方基金销售与传统银行的首次联手，这一合作的成果值得期待。此外，京东金融、陆金所等平台在近期也有大动作，因此可以预计未来一段时间内，市场竞争将会愈发激烈，集中度也将进一步提升。

## 4.5 互联网资产管理

技术平台对互联网资产管理平台开展持续监测，具体信息如下。

（一）平台数量及分布

截至 2018 年 6 月，全国在运营互联网资产管理平台总数 231 家，环比降低 0.4%，平台总数继续呈下降趋势。从地域分布看，上海、浙江、北京、深圳、广东五省市平台数量最多，分别占比 20.78%、19.48%、19.48%、10.82%、7.79% 和 4.31%。全国在运营的互联网资产管理平台数量分布详细情况如表 4-4 所示。

表 4-4　　　全国在运营互联网资产管理平台数量分布

| 地区 | 在运营平台 | | |
| --- | --- | --- | --- |
| | 数量（家） | 占比 | 环比 |
| 北京 | 45 | 19.48% | 0.00 |
| 上海 | 48 | 20.78% | 0.00 |
| 广东 | 18 | 7.79% | 0.00 |
| 浙江 | 45 | 19.48% | 0.00 |
| 江苏 | 7 | 3.03% | 0.00 |
| 山东 | 9 | 3.90% | 0.00 |
| 深圳 | 25 | 10.82% | 0.00 |
| 广西 | 2 | 0.87% | 0.00 |
| 湖南 | 9 | 3.90% | -10.00% |
| 辽宁 | 2 | 0.87% | 0.00 |

续表

| 地区 | 在运营平台 | | |
|---|---|---|---|
| | 数量（家） | 占比 | 环比 |
| 湖北 | 6 | 2.60% | 0.00 |
| 四川 | 3 | 1.30% | 0.00 |
| 福建 | 2 | 0.87% | 0.00 |
| 天津 | 3 | 1.30% | 0.00 |
| 内蒙古 | 2 | 0.87% | 0.00 |
| 安徽 | 1 | 0.43% | 0.00 |
| 江西 | 1 | 0.43% | 0.00 |
| 山西 | 1 | 0.43% | 0.00 |
| 重庆 | 1 | 0.43% | 0.00 |
| 贵州 | 1 | 0.43% | 0.00 |
| 重点地区合计 | 197 | 85.28% | 0.00 |
| 全国合计 | 231 | 100.00% | -0.43% |

全国在运营互联网资产管理平台数量的地域分布如图 4-33 所示。

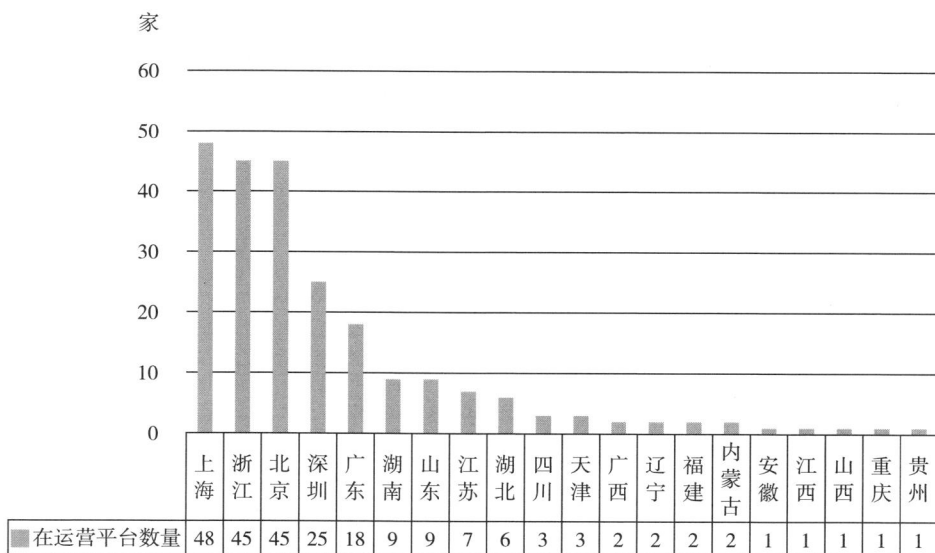

家

| | 上海 | 浙江 | 北京 | 深圳 | 广东 | 湖南 | 山东 | 江苏 | 湖北 | 四川 | 天津 | 广西 | 辽宁 | 福建 | 内蒙古 | 安徽 | 江西 | 山西 | 重庆 | 贵州 |
|---|---|---|---|---|---|---|---|---|---|---|---|---|---|---|---|---|---|---|---|---|
| 在运营平台数量 | 48 | 45 | 45 | 25 | 18 | 9 | 9 | 7 | 6 | 3 | 3 | 2 | 2 | 2 | 2 | 1 | 1 | 1 | 1 | 1 |

**图 4-33 全国在运营互联网资产管理平台数量的地域分布**

自 2017 年 9 月以来，全国在运营互联网资产管理平台数量持续下降，整体数量变化趋势如图 4-34 所示。

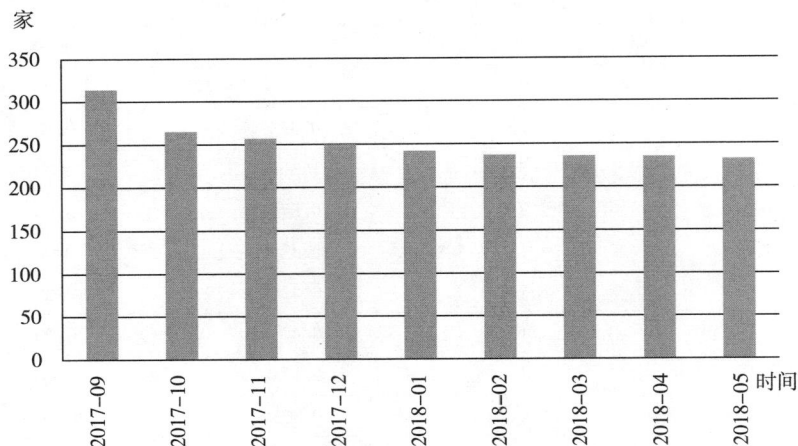

图 4-34　2017 年 9 月至今全国在运营互联网资产管理平台数量情况

（二）在运营平台交易量

技术平台监测发现 19 家在运营互联网资产管理平台新上线项目 1255 个，项目成交总额 56473.9.2 万元，存在多个平台发标频率高于往月的情况。全国在运营平台当月项目成交金额排名前 5 的平台如表 4-5 所示。

表 4-5　　　项目成交金额最高的互联网资产管理平台 Top 5

| 序号 | 平台名称 | 当月项目金额（万元） |
|------|----------|----------------------|
| 1 | 泰然金融 | 30505 |
| 2 | 晋金所 | 6548 |
| 3 | 青蓝金服 | 3954 |
| 4 | 发财猪 | 3340 |
| 5 | 好麦金融 | 3005 |

（三）平台用户量

监测发现 145 家互联网资产管理平台的用户量情况，相关平台累计用户量达超 1000 万人，环比增长 2.77%。其中，监测发现 123 家平台存在活跃用户，平台的活跃用户总量环比降低 5%。其中，活跃用户量最大的平台所在省份分别是：上海、江苏及广东。

（四）收益率与投资期限

监测发现 19 家在运营互联网资产管理平台披露完整信息（项目信息含"项目金额、预期收益率和投资期限"）的新上线项目为 1255 个，这些项目的综合年化收益率为 9.71%，环比下降 1.01%，项目平均投资期限为 121 天，环比下降 11.7%，存在多个平台其平均投资期限集中缩短情况。

据监测结果来看，全国在运营互联网资产管理平台的项目综合年化收益率及平均投资期限出现双降情况。自 2017 年 9 月以来项目综合年化收益率与投资期限的变化趋势如图 4-35 所示。

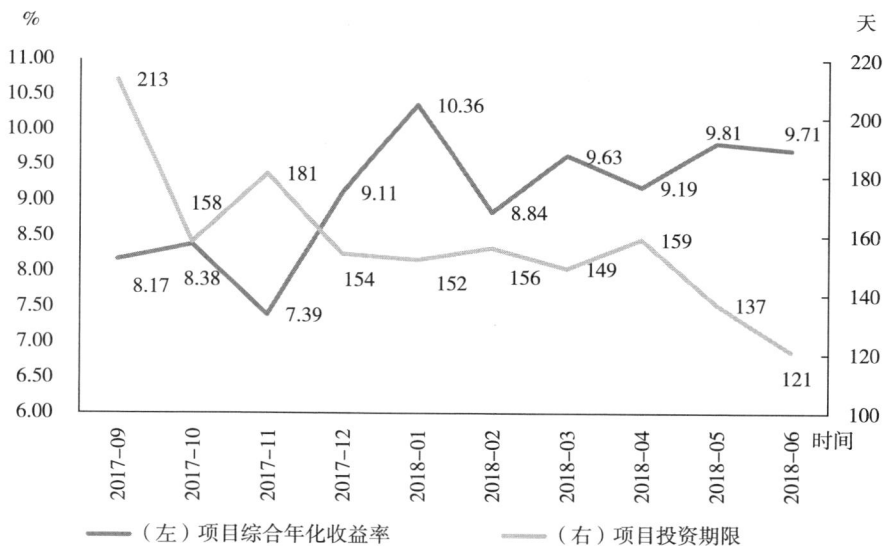

图 4-35 互联网资产管理平台项目收益率与投资期限变化趋势

## 4.6 持牌交易所

按照牌照分类，这里将交易所分为持牌类和非持牌类两类，其中持牌是指持有国家或各省级以上监管部分颁发的交易所牌照，允许开展相关业务。非持牌则指的是未取得相关经营牌照。其中，由于非持牌交易所涉及微盘等新业态，相关内容在下一节讨论。

### 4.6.1 经营主体分析

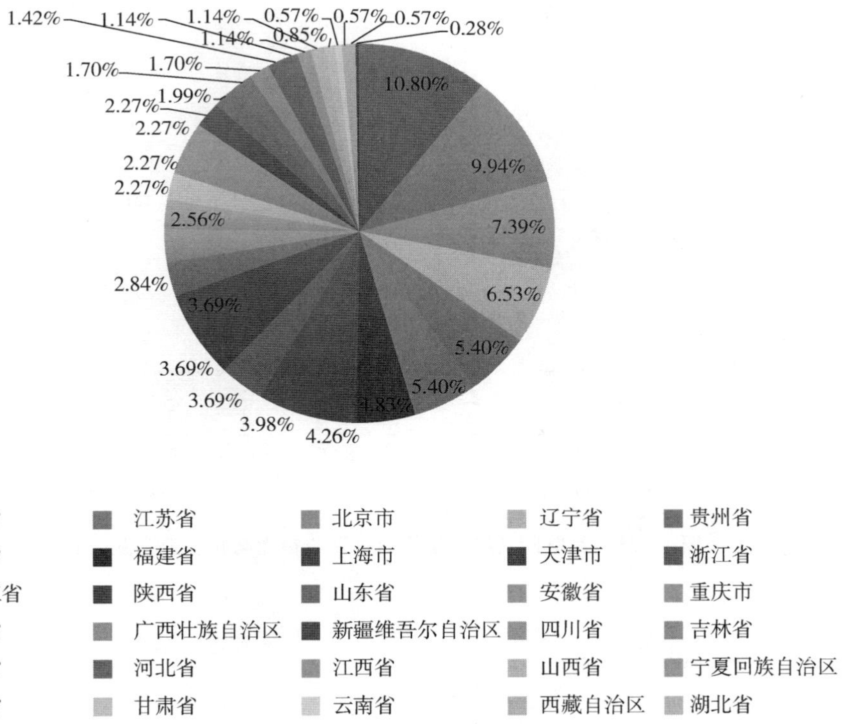
1.42%
1.14%
1.14%
0.57%
0.57%
0.57%
0.28%
1.14%
0.85%
1.70%
1.70%
10.80%
1.99%
2.27%
2.27%
9.94%
2.27%
2.27%
2.56%
7.39%
6.53%
2.84%
3.69%
5.40%
3.69%
5.40%
3.69%
4.83%
3.98%
4.26%
广东省
江苏省
北京市
辽宁省
贵州省
湖南省
福建省
上海市
天津市
浙江省
黑龙江省
陕西省
山东省
安徽省
重庆市
河南省
广西壮族自治区
新疆维吾尔自治区
四川省
吉林省
青海省
河北省
江西省
山西省
宁夏回族自治区
海南省
甘肃省
云南省
西藏自治区
湖北省
内蒙古自治区

**图 4-36　已批准设立交易所经营主体分布**

技术平台通过对 792 家已批准设立交易所经营主体进行监测，6 月发现 967 家网站、对应 352 家经营主体，包括 150 家大宗商品类、203 家权益类、8 家邮币卡类、51 家贵金属类和 68 家金融资产权益类。上述 352 家经营主体覆盖 31 个省份，主要分布在广东、江苏、北京、辽宁和贵州，数量分别为 38 家、35 家、26 家、23 家和 19 家，其总占比 40%。具体分布见图 4-36。

## 4.6.2 分支机构情况分析

技术平台从 352 家经营主体中发现 44 家有分支机构。表 4-6 显示了分支机构数量最多的前十大交易所。

表 4-6　　　前十大拥有数量最多分支机构的已批准设立交易所主体

| 序号 | 平台名称 | 经营主体名称 | 分支机构数量（家） |
|------|----------|--------------|---------------------|
| 1 | 北京黄金交易中心 | 北京黄金交易中心有限公司 | 47 |
| 2 | 西南联合产权交易所 | 西南联合产权交易所有限责任公司 | 13 |
| 3 | 长江产权交易所 | 安徽长江产权交易所有限公司 | 10 |
| 4 | 中黔金交 | 贵州中黔金融资产交易中心有限公司 | 10 |
| 5 | 广州产权交易所 | 广州产权交易所 | 6 |
| 6 | 安徽省产权交易中心 | 安徽省产权交易中心有限责任公司 | 5 |
| 7 | 上海华通铂银交易市场 | 上海华通铂银交易市场有限公司 | 4 |
| 8 | 福建省产权交易中心 | 福建省产权交易中心 | 3 |
| 9 | 江苏股权交易中心 | 江苏股权交易中心有限责任公司 | 3 |
| 10 | 北京农村产权交易所 | 北京农村产权交易所有限公司 | 2 |

## 4.6.3 用户情况分析

抽样分析显示，在上述新增的样本中，女性用户数量是男性用户数量的 1.03 倍。用户年龄段主要分布在 30~39 岁、40~49 岁和 20~29 岁，分别占比为 28%、24% 和 20%。具体年龄段分布见图 4-37。

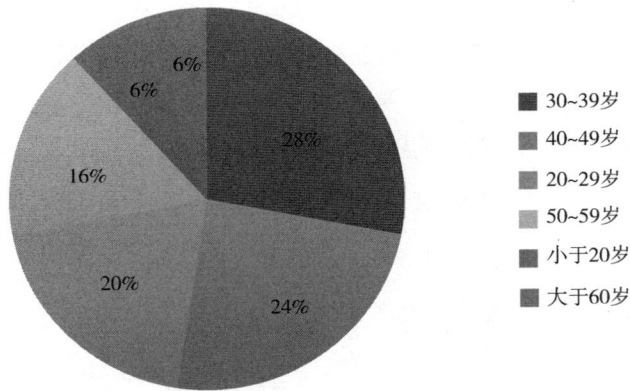

**图 4 - 37　已批准设立交易所新增累计用户的年龄段分布情况**

### 4.6.4　关联网站访问情况分析

技术平台通过对已批准设立交易所网站的用户访问情况进行监测，6月发现 6 家网站的用户访问情况，日均独立用户访问量如表 4 - 7 所示。

表 4 - 7　　　　　日均独立用户访问量最大的已批准设立交易所网址

| 经营主体名称 | 平台名称 | 网址 | 访问量 PV | 访问量 UV |
|---|---|---|---|---|
| 中关村股权交易服务集团有限公司 | 北京四板市场 | http：//beijingotc. cn | 1920000 | 96000 |
| 天津渤海商品交易所股份有限公司 | 渤海商品交易所 | http：//www. boceworld. com | 217600 | 22400 |
| 青岛大宗商品交易中心有限公司 | 青岛大宗商品交易中心 | http：//www. qdctc. net | 76800 | 19200 |
| 南宁（中国—东盟）商品交易所有限公司 | 南宁（中国—东盟）商品交易所 | http：// www. kms. tjctce. com | 32000 | 16000 |
| 成都农村产权交易所有限责任公司 | 成都农村产权交易所 | http：// www. jiti. cdaee. com | 12000 | 640 |
| 广州商品交易所有限公司 | 广州商品交易所 | http：//www. gzcmex. com | 3840 | 1920 |

### 4.6.5 关联移动 APP 情况分析

技术平台通过对已批准设立交易所关联 APP 用户下载情况进行监测分析。技术平台提取了华为应用市场、腾讯应用宝、360 手机助手、百度助手、豌豆荚、小米、vivo、安卓市场、PP 助手、乐商店、APP store 11 家应用商店披露的下载量数据。经统计，6 月发现 55 个移动 APP，用户总下载量达 268 万人次，新增下载次数为 23 万人次。下载增量最大的 3 个移动 APP 分别为浙金中心（11 万人次）、久丰国际文交中心（3.6 万人次）和晋金所（1.6 万人次）。

## 4.7 当前互联网金融典型风险

### 4.7.1 涉嫌诱导性宣传

《中华人民共和国广告法》第二章第二十五条第一款规定："招商等有投资回报预期的商品或者服务广告，不得含有对未来效果、收益或者与其相关的情况做出保证性承诺，明示或者暗示保本、无风险或者保收益等。"《网络借贷信息中介机构业务活动管理暂行办法》第三章第十条第三款规定："网络借贷信息中介机构不得从事或者接受委托从事—直接或变相向出借人承诺保本保息。"

根据国家互联网金融风险分析技术平台 2017 年 8 月发布的巡查报告，大量互联网金融网站涉嫌诱导性宣传，部分网站具体情况如下。

1. "百宝汇"官网（http：//www.baibaohui.net）标识"100% 本息保障""100% 保证您的本息安全"等宣传用语。该网站违反上述规定，未对可能存在的投资风险及风险责任承担有合理的提示或警示，涉嫌诱导性宣传。

2. "抓钱猫"官网（https：//www.zhuaqianmao.com）关于"安全保障"描述内容中标识"到期银行无条件 100% 兑付"等宣传用语。该网站违反上述规定，未对可能存在的投资风险及风险责任承担有合理的提示或警示，涉嫌诱导性宣传。

3. "爱贷金服"官网（http：//www. aidai. cc）首页标识"担保机构本息担保"等宣传用语。该网站违反上述规定，未对可能存在的投资风险及风险责任承担有合理的提示或警示，涉嫌诱导性宣传。

4. "余钱宝"官网（http：//www. yuqbao. com）关于"安全保障"描述内容中标识"100%本金保障""所有投资标的100%享有本息保障计划"等宣传用语。该网站违反上述规定，未对可能存在的投资风险及风险责任承担有合理的提示或警示，涉嫌诱导性宣传。

5. "鑫亚普惠"官网（http：//www. p2pxinya. com）关于"安全保障"描述内容中标识"本息保障"等宣传用语。该网站违反上述规定，未对可能存在的投资风险及风险责任承担有合理的提示或警示，涉嫌诱导性宣传。

### 4.7.2 收益率过高

收益率过高是指互联网金融平台发布的产品明显高于市场平均水平，平台有可能违规发标，或者存在较大违约风险，需特别注意。2017年8月3日，国家互联网金融风险分析技术平台发布巡查公告，对部分互联网金融平台收益率过高的情况进行了分析，这些平台都存在日化收益率，具体如下。

"洋泰投资"平台（经营主体：上海洋泰科技集团有限公司）在网站（http：//www. mrvzx. com，网站备案主体：北京美仁微整形美容咨询中心）、微信公众号（洋泰科技，账号主体：潍坊珊红电子商务有限公司）、移动APP（洋泰投资）等互联网渠道发布"沪深创业板优质股合约项目（Ⅱ）期产品""巴黎体育馆建设投标工程合约产品"等互联网资产管理产品。技术平台发现该平台披露的项目日化收益率均超0.86%、部分项目日化收益率高达6.38%，其所宣称的综合日化收益率甚至可达8.88%，该平台收益率过高。

1. "鼎力财富"平台（经营主体：鼎力财富管理有限公司）在网站

（http：//www.dinglilicai.com,）、微信公众号（鼎力 CF，账号主体：潍坊珊红电子商务有限公司）、移动 APP（鼎力财富）等互联网渠道发布"恒生指数合约产品一期""泰国 SET 指数产品一期"等互联网资产管理产品。技术平台发现该平台披露的项目日化收益率均超 0.89%、部分项目日化收益率高达 7.18%，其所宣称的综合日化收益率甚至可达 9.86%，该平台收益率过高。

2. "寅平投资"平台（经营主体：上海寅平投资管理有限公司）在网站（http：//www.yinpingzichan.com）、微信公众号（寅平 zichan，账号主体：潍坊妃蓝电子商务有限公司）、移动 APP（寅平投资）等互联网渠道发布"顺丰控股 B－081 项目（二）""Comex 黄金期货合约产品"等互联网资产管理产品。技术平台发现该平台披露的项目日化收益率均超 1.26%、部分项目日化收益率高达 6.66%，其所宣称的综合日化收益率甚至可达 9.86%，该平台收益率过高。

3. "北方兴业财富"平台（经营主体：黑龙江北方兴业投资管理有限公司）在网站（http：//www.huifengfund.com，网站备案主体：汇奉股权投资基金管理（上海）有限公司）、微信公众号（北方兴业财富，账号主体：芝罘区优产商务信息咨询服务部）、移动 APP（北方兴业财富）等互联网渠道发布"台湾加权""墨西哥 BOLSA"等互联网资产管理产品。技术平台发现该平台披露的项目日化收益率均超 1.31%、部分项目日化收益率高达 10.06%，其所宣称的综合日化收益率甚至可达 13.51%，该平台收益率过高。

4. "香港黑格尔资本"平台（所宣称经营主体：黑格尔资本集团有限公司）在网站（http：//www.henglin88.com，网站备案主体：东莞市恒林塑胶包装制品有限公司）、移动 APP（黑格尔资本）等互联网渠道发布"德国法兰克福 DAX 指数合约产品""沪深 300 指数期货合约产品"等互联网资产管理产品。技术平台发现该平台披露的项目日化收益率均超 1.46%、部分项目日化收益率甚至高达 16.88%，该平台收益率过高。

### 4.7.3 涉嫌自融自保

自融是指平台通过发标或发假标的方式将资金融通给自己或与自己相关联的企业,自保自己给自己担保,实际上风险并未隔离,一旦出事,担保形同虚设。自融自保都是非常严重的违规行为。

(一)自融情况

2017年1月,国家互联网金融风险分析技术平台(以下简称技术平台)巡查发现,部分互联网金融平台产品与其疑似关联公司进行交易,涉嫌自融,具体如下:"广富宝"(http://www.gofobao.com)"车贷标"系列产品披露的资产方来源为"深圳市广富宝融资租赁有限公司",经技术平台监测发现该资产方与其经营主体(深圳市广富宝金融信息服务有限公司)存在关联嫌疑。

(二)自保情况

1. "吉鑫贷"官网(http://www.jixinloan.com)披露"吉林省吉晨投资有限公司"为"抵押标""担保标"等产品的担保方,但技术平台监测发现该担保方与其经营主体(吉林省吉东方金融信息咨询服务有限公司)存在关联嫌疑,该平台涉嫌自保。

2. "汉金所"官网(http://www.hanxinbank.com)披露"武汉信用担保(集团)股份有限公司"为"樱花系列"定期理财产品的担保方,但技术平台监测发现该担保方与其经营主体[汉信互联网金融服务(武汉)股份有限公司]存在关联嫌疑,该平台涉嫌自保。

3. "理想宝"官网(http://www.id68.cn)披露"深圳市保兴融资担保有限公司"为"收益保""U享理财"等产品的担保方,但技术平台监测发现该担保方与其经营主体(深圳市理想电子商务有限公司)存在关联嫌疑,该平台涉嫌自保。

### 4.7.4 网贷平台突破借款余额上限

根据《网络借贷信息中介机构业务活动管理暂行办法》第十七条第

二款规定："同一自然人在同一网络借贷信息中介机构平台的借款余额上限不超过人民币 20 万元；同一法人或其他组织在同一网络借贷信息中介机构平台的借款余额上限不超过人民币 100 万元；同一自然人在不同网络借贷信息中介机构平台借款总余额不超过人民币 100 万元；同一法人或其他组织在不同网络借贷信息中介机构平台借款总余额不超过人民币 500 万元。"

2017 年 9 月，国家互联网金融风险分析技术平台发布巡查公告，披露了部分网贷平台未严格控制同一借款人在同一网贷平台的借款余额上限，涉嫌突破借贷余额上限的情形，具体如下。

1. "房金所"官网（http：//www.fangjinsuo.com）旗下"房金 3 号""房金 4 号""房金 6 号"等项目涉嫌突破借款余额上限，同一自然人在其平台借款余额超过人民币 20 万元。

2. "道口贷"官网（https：//www.daokoudai.com）旗下部分"供应链金融"项目涉嫌突破借款余额上限，同一法人或企业在其平台借款余额超过人民币 100 万元。

3. "钱多多"官网（https：//d.com.cn）旗下"多易转"项目涉嫌突破借款余额上限，同一法人或企业在其平台借款余额严重超过人民币 100 万元。

4. "海吉星金融"官网（https：//www.apcgc.com）旗下部分"健康贷"项目涉嫌突破借款余额上限。技术平台发现同一法人或企业在其平台借款余额严重超过人民币 100 万元。

5. "房易贷"官网（http：//www.fangyidai.com）旗下部分"房产贷"项目涉嫌突破借款余额上限。技术平台发现同一自然人在其平台借款余额超过人民币 20 万元。

### 4.7.5 涉嫌虚假国资背景和银行存管

部分平台为了吸引用户，对外宣称自己具有国资背景，或者对外宣称开通了银行存管业务，这属于虚假宣传，也是监管部门重点打击的违规行为。根据国家互联网金融风险分析技术平台（以下简称技术平台）2017

年5月发布的巡查报告，技术平台巡查发现部分互联网金融平台所宣称的国资背景与银行存管情况存疑，具体如下。

（一）涉嫌虚假国资背景情况

"紫薇金融"官网（http：//zw－jr.com）、"万达基金"官网（http：//jingkaiwanda.com）、"一鼎网"官网（http：//www.zjydw.com）3家平台在其官网首页宣称具有国资背景，但技术平台发现这些平台对应的经营公司股权架构中不存在国资类型法人，这3家平台涉嫌虚假国资背景。

（二）涉嫌虚假银行存管情况

技术平台发现，"车投宝"官网（http：//www.chetobao.com）、"兔子金服"官网（http：//tuzjf.com）两家平台在官网宣称其已银行存管，但技术平台发现平台官网及其他互联网渠道均未披露其"具体什么时间、与哪家银行达成存管协议"，这两家平台涉嫌虚假银行存管。

### 4.7.6 服务器部署在境外

根据《中华人民共和国网络安全法》第三章第二节第三十一条规定："国家对公共通信和信息服务、能源、交通、水利、金融、公共服务、电子政务等重要行业和领域，以及其他一旦遭到破坏、丧失功能或者数据泄露，可能严重危害国家安全、国计民生、公共利益的关键信息基础设施，在网络安全等级保护制度的基础上，实行重点保护。"第三章第二节第三十七条规定："关键信息基础设施的运营者在中华人民共和国境内运营中收集和产生的个人信息和重要数据应当在境内存储。"

根据2017年7月国家互联网金融风险分析技术平台发布的巡查报告，部分面向国内用户的互联网金融网站服务器部署在境外，具体如下。

1. "桂海融资租赁"官网（http：//www.wplqs.com）发布了"国际环境伦敦金HUI指数""冀北青秦皇岛新区项目"等互联网资产管理产品。技术平台发现该网站相关业务面向中国境内用户，但其服务器部署在美国。

2. "启富宝"官网（http：//www. qfb99. com）发布了"启富宝日宝—俄罗斯阿穆尔天然气处理厂""启富宝月宝—印尼兴建工业园区建设工程"等互联网资产管理产品。技术平台发现该网站相关业务面向中国境内用户，但其服务器部署在韩国。

3. "磐金财富"官网（http：//www. gqtzt. com）提供"阿根廷 MERVAL 指数期权合约产品""西班牙 35 指数期货合约产品"等互联网资产管理产品。技术平台发现该网站相关业务面向中国境内用户，但其服务器部署在美国。

4. "点量金服"官网（https：//www. vpdax. com）提供"虚拟货币交易""ICO"等互联网金融产品。技术平台发现该网站相关业务面向中国境内用户，但其服务器部署在韩国与美国。

### 4.7.7　网站未备案及备案造假

2017 年 7 月 1 日，国家互联网金融风险分析技术平台发布《关于部分互联网金融网站未备案及涉嫌备案造假的巡查公告》，该公告披露了部分网站未备案及备案造假的平台，具体情况如下。

（一）网站未备案情况

1. "云木基金"官网（http：//www. fundsafe. cn）首页底部未标识网站备案号，技术平台发现该网站经营主体（深圳前海云木基金管理有限公司）为中国境内工商注册企业，但该网站未备案。

2. "新车一族"官网（http：//www. xinche1zu. com）首页底部未标识网站备案号，技术平台发现该网站经营主体（上海佩祺贸易有限公司）为中国境内工商注册企业，但该网站未备案。

（二）网站备案造假情况

"熊猫贷"官网（http：//www. pandadai. com）、"聚人口袋"官网（http：//www. jurenkoudai. com）、借贷网"官网（http：//www. 517jiedai. com）3 家平台官网首页底部标识其网站备案号分别为"京 ICP 备 14024103 号""新 ICP 备 15002985 号－1""沪 ICP 备 15054300"，但技术平台发现这 3 家

平台其实际未备案，涉嫌网站备案造假。

### 4.7.8 涉嫌无资质开展业务

无资质开展业务是指平台没有获得准入许可，如相关牌照，而开展业务的情形，比如未获得支付牌照开展第三方支付业务的情形。2017 年 8 月中旬，国家互联网金融风险分析技术平台（以下简称技术平台）巡查发现，部分互联网金融平台涉嫌无资质开展相关金融业务，具体如下。

1. "艾米金服"官网（http：//www. aimijinfu. com）宣传其提供的无卡支付收单服务，疑似从事第三方支付业务。技术平台发现其经营主体"福建艾米电子支付有限公司"并未具备第三方支付牌照，该平台涉嫌无资质开展第三方支付业务。

2. "吉米钱包"官网（http：//www. jimipay. com）宣称其提供顶级无卡支付 APP，支持银联、VISA、MASTER、JCB 等国际主流卡种结算，疑似从事第三方支付业务。技术平台发现其经营主体"福建中融汇电子支付有限公司"并未具备第三方支付牌照，该平台涉嫌无资质开展第三方支付业务。

3. "一篮子金融"官网（http：//www. e－lanzi. com）宣称其为国内首家 A 股场外期权平台，提供"买涨买跌"模式的二元期权业务。技术平台发现其经营主体"广州一篮子信息科技有限公司"并未具备从事相关业务资质，该平台涉嫌无资质开展证券业务。

4. "红日财富"官网（http：//hy0188.com）宣传其提供的股票操盘、期货操盘及国内与国际期货开户等业务。技术平台发现其经营主体"红日财富（深圳）资产管理有限公司"并未具备从事相关业务资质，该平台涉嫌无资质开展证券业务。

5. "兆云国际理财"官网（http：//hkzy278.com）宣传其分红股激励计划，公开向社会发行原始股份，并承诺相关收益。技术平台发现其经营主体"陕西兆云联盟网络科技有限公司"并未经证监会核准公开发行，该平台涉嫌违法违规开展业务。

### 4.7.9 仿冒网站

仿冒网站是指通过山寨冒充知名互联网金融平台的官方网站，诱使用户访问假站点，骗取或窃取用户的账号、密码等信息，进而盗取用户钱财等，此类网站风险突出。2018 年 4 月，国家互联网金融风险分析技术平台（以下简称技术平台）巡查发现，互联网上存在针对互联网金融平台的大量仿冒网站，部分巡查情况如下。

经技术平台监测发现，网址为 http：//www.hptzs.com 的网站为仿冒网站，其仿冒"红岭创投"的官方网站（https：//www.my089.com）；网址为 http：//www.zhenjiangjixie.com 的网站为仿冒网站，其仿冒"宜信惠民"的官方网站（https：//www.creditease.cn）；网址为 http：//www.jininggeyin.com 的网站为仿冒网站，其仿冒"马上消费金融"的官方网站（https：//www.msxf.com）。

截至目前，技术平台已累计监测发现 4.6 万余个针对互联网金融平台的仿冒网站。此类仿冒网站具有以下特点：虽然对正规官网进行了山寨，大多数仿冒网站在网站布局、内容、专业性等方面存在不同程度的瑕疵或破绽；正规官网的域名一般具有一定意义，部分仿冒网站的域名杂乱无章；大量仿冒网站的 IP 属于境外 IP 地址；针对知名互联网金融平台的仿冒网站较多。

互联网金融网站涉及用户身份信息、信用信息、资金信息等敏感隐私数据，国家互金专委会提醒广大投资者注意防范仿冒网站的风险，访问网站时仔细甄别网站真伪，切实保障自身权益。

### 4.7.10 涉嫌非法外汇交易平台情况

2018 年 6 月，国家互联网金融风险分析技术平台（以下简称技术平台）对非法从事外汇交易的平台进行了巡查监测工作，涉嫌非法外汇交易的平台主要包括网站、移动 APP 及微信公众号三类互联网渠道。截至 2018 年 6 月 30 日，技术平台监测累计发现 1138 家在运营的涉嫌从事非法外汇交易业务平台，较 5 月新发现平台数 25 家。

（一）网站情况分析

截至 2018 年 6 月 30 日，技术平台累计监测发现 454 家在运营的涉嫌从事非法外汇交易网站，较 5 月新发现网站 15 家，15 家新发现平台披露的经营主体都为企业法人。对于新发现 15 家涉嫌经营从事非法外汇交易网站的企业，8 家位于中国境内，7 家位于中国香港特别行政区。

表 4-8　　　2018 年 6 月新发现涉嫌从事非法外汇交易网站

| 序号 | 网站名称 | 网址 | 经营主体 | 经营主体所在地 | ICP 备案主体 | ICP 备案号 | IP 地址 | 服务器部署地 |
|---|---|---|---|---|---|---|---|---|
| 1 | IG | http://www.yccjforex.com | IG MARKETS LIMITED | 香港特别行政区 | 深圳市盈合携力智能咨询投资教育有限公司 | 粤 ICP 备 18049104 号 -1 | 106.75.130.114 | 中国 |
| 2 | Sangreal FX | http://www.sangrealfx.com | 烟台宽腾网络科技有限公司 | 山东省 | 威海宽腾网络科技有限公司 | 鲁 ICP 备 18024915 号 -1 | 47.94.12.82 | 中国 |
| 3 | 华尔亚汇 | http://www.chinaheyh.com | 天津华尔亚汇投资咨询有限公司 | 天津市 | 天津华尔亚汇投资咨询有限公司 | 津 ICP 备 16004675 号 -2 | 43.227.197.141 | 中国 |
| 4 | 志晟资本 | http://www.zjxhzs.com | 浙江志晟投资管理有限公司 | 浙江省 | 浙江志晟投资管理有限公司 | 浙 ICP 备 18017953 号 -1 | 47.92.67.103 | 中国 |
| 5 | 予农 | http://www.dongfangjiandu7.com | 吉林叮当农科技有限公司 | 吉林省 | 北京丰台建都中西医结合医院 | 京 ICP 备 15058449 号 -14 | 47.94.84.222 | 中国 |
| 6 | 百丽贵金属有限公司 | http://www.lender007.top | 百丽贵金属有限公司 | 香港特别行政区 | 无 | 无 | 43.255.154.28 | 新加坡 |
| 7 | 天誉国际 | http://www.posangfutures.cn | 深圳市曼克顿投资咨询有限公司 | 广东省 | 无 | 无 | 218.247.79.239 | 中国 |
| 8 | 京储街 | http://prev.jingchujie.com | 东方合信（北京）金融服务外包有限公司 | 北京市 | 东方合信（北京）金融服务外包有限公司 | 京 ICP 备 15055317 号 -1 | 101.201.109.254 | 中国 |
| 9 | 世投商务信息咨询有限公司 | http://www.sttzkj.cn | 抚顺世投商务信息咨询有限公司 | 辽宁省 | 沈阳韵枫苗木有限公司 | 辽 ICP 备 17003802 号 -2 | 125.39.174.159 | 中国 |

| 序号 | 网站名称 | 网址 | 经营主体 | 经营主体所在地 | ICP 备案主体 | ICP 备案号 | IP 地址 | 服务器部署地 |
|---|---|---|---|---|---|---|---|---|
| 10 | SLHFINANCE 浅丘金融 | http：//en. slhfinance. com. cn | 浅丘金融集团有限公司 | 香港特别行政区 | 无 | 无 | 119. 28. 133. 163 | 未知 |
| 11 | 众派信息 | http：//mam-fx. com | 众派（唐山）信息咨询有限责任公司 | 河北省 | 众派（唐山）信息咨询有限责任公司 | 冀 ICP 备18014187 号-1 | 39. 105. 39. 127 | 中国 |
| 12 | TP | http：//www. datongguoji1688. cn | 得宝寰宇有限公司 | 香港特别行政区 | 上海毓君投资管理有限公司 | 沪 ICP 备17051550 号-1 | 121. 199. 51. 224 | 中国 |
| 13 | 天华金号 | http：//www. thjh99. com | 天华金号有限公司 | 香港特别行政区 | 黄伟 | 鄂 ICP 备18002786 号-2 | 122. 14. 217. 100 | 中国 |
| 14 | Forex Market Limited | http：//www. global-fxmarket. cn | FOREX MARKET LIMITED | 香港特别行政区 | 深圳云汇科技研发有限公司 | 粤 ICP 备17103447 号-3 | 120. 25. 58. 176 | 中国 |
| 15 | 征普有限公司 | http：//www. hkzapa. com | 征普有限公司 | 香港特别行政区 | 垣曲县晋杰商贸有限公司 | 晋 ICP 备18003412 号-5 | 59. 188. 181. 149 | 中国 |

（二）移动 APP 情况分析

（1）数量与地域分布

截至 2018 年 6 月 30 日，技术平台累计监测发现 146 个在运营的涉嫌从事非法外汇交易移动 APP，较 5 月新发现 APP 8 个。

表 4 – 9　　　2018 年 6 月新发现涉嫌从事非法外汇交易 APP

| 序号 | 移动 APP 名称 | 所宣称的经营主体 | 所在地 | 下载量 |
|---|---|---|---|---|
| 1 | 外汇原油讲堂 | 上海技宇网络科技有限公司 | 上海市 | 10000 |
| 2 | 外汇模拟 | 石家庄激流信息技术服务有限公司 | 河北省 | 10000 |
| 3 | 汇富智投期货外汇 | 北京超讯科技有限公司 | 北京市 | 160000 |
| 4 | 八元淘金小微金融外汇期货投资交易 | 华夏优意（北京）科技有限公司 | 北京市 | 2682151 |
| 5 | 外汇交易 | 上海协畅投资管理有限公司 | 上海市 | 163602 |

| 序号 | 移动 APP 名称 | 所宣称的经营主体 | 所在地 | 下载量 |
|---|---|---|---|---|
| 6 | 口袋外汇 | POCKETECH | 未知 | 1255588 |
| 7 | 外汇 | 湖南型者信息科技有限公司 | 湖南省 | 110000 |
| 8 | 普罗汇外汇 | 普罗汇集团有限公司 | 香港特别行政区 | 2170000 |

（2）移动 APP 下载情况

技术平台对涉嫌非法从事外汇交易移动 APP 用户下载情况进行了监测分析。目前，技术平台提取了华为应用市场、腾讯应用宝及 360 手机助手 3 家应用商店披露的下载量数据。经统计，146 个涉嫌非法从事外汇交易移动 APP 总用户下载量超亿人次。下载量最大的 10 个移动 APP 如表4-10所示。

表 4-10　　下载量最大的涉嫌从事非法外汇交易移动 APP Top 10

| 序号 | 移动 APP 名称 | 所宣称的经营主体 | 所在地 | 下载量 |
|---|---|---|---|---|
| 1 | 金融圈 | FORMAX INTERNATIONAL MARKET LIMITED | | 22387010 |
| 2 | 老虎外汇 | 北京老虎智汇科技有限公司 | 北京市 | 8356702 |
| 3 | 掌上交易微赚白银现货期货金融贵金属投资 | 北京络奇时代信息技术有限公司 | 北京市 | 8300000 |
| 4 | 现货白银外汇期货微商品交易 | 华夏优意（北京）科技有限公司 | 北京市 | 7440000 |
| 5 | MetaTrader 4 外汇交易平台 | 上海播德投资管理有限公司 | 上海市 | 7238819 |
| 6 | 外汇期货现货赚钱投资爱交易软件 | 北京赛为嘉信技术有限公司 | 北京市 | 7150000 |
| 7 | 优顾理财 | 北京金汇盛世移动科技有限公司 | 北京市 | 6784101 |
| 8 | 口袋贵金属 | 南京金贝网络科技有限公司 | 江苏省 | 6268045 |
| 9 | 金道外汇投资 | 金道环球投资（新西兰）有限公司 | 香港特别行政区 | 5613733 |
| 10 | 鑫汇金服贵金属 | 北京虎贝网络科技有限责任公司 | 北京市 | 5136034 |

（三）微信公众号情况分析

截至 2018 年 6 月 30 日，技术平台累计监测发现 538 家在运营的涉嫌从事非法外汇交易微信公众号，新发现微信公众号两个。

表 4 – 11　　2018 年 6 月新发现涉嫌从事非法外汇交易微信公众号

| 序号 | 公众号名称 | 微信号 | 认证主体 |
|------|-----------|--------|----------|
| 1 | 微盘外汇指导 | fwp0804 | 个人 |
| 2 | 云交易运营 | mhzf9999 | 个人 |

# 第五章
## 互联网金融格局（下）——
### 互联网金融的新业态

## 5.1 互联网股权众筹

互联网股权众筹是当下新兴起的一种融资模式，投资者通过互联网众筹平台挑选项目，并通过该平台进行投资，进而获得被投资企业或项目的股权。互联网股权众筹是一种依托互联网发展起来的新兴互联网金融业态。

### 5.1.1 互联网股权众筹整体发展情况

自 2011 年众筹的概念进入中国以来，国内股权众筹平台不断发展。从平台数量来看，在经历了 2011～2013 年的 3 年缓慢发展后，国内股权众筹平台数量在 2014 年迎来了"井喷式"增长，并于 2016 年增长放缓。虽然平台数量持续增长，但不断有平台倒闭或转型，截至 2016 年底，正常运营的互联网非公开股权融资平台仅剩 118 家（见图 5 - 1）。

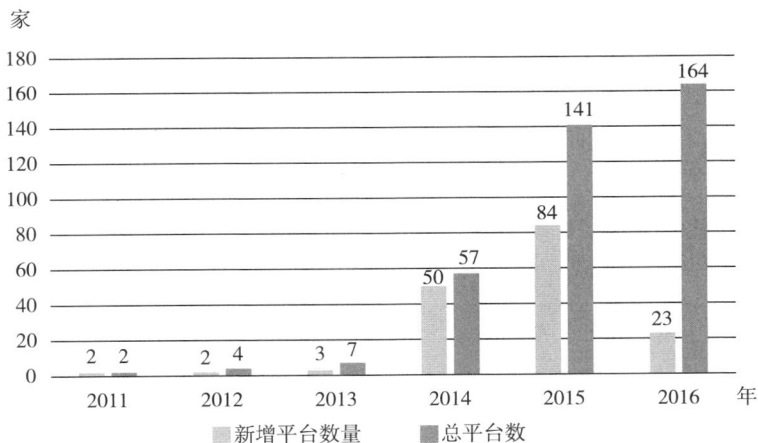

**图 5 - 1　2011～2016 年中国互联网非公开股权融资平台数量**

从融资规模来看（见图 5 - 2），2015 年中国互联网非公开股权融资平台融资金额大幅增长，增长率达 636.9%，为快速增长期；而 2016 年融资金额增速大幅放缓，增长率仅为 2.08%，股权众筹融资规模受 2016 年 4 月推出的《股权众筹风险专项整治工作实施方案》（以下简称《实施方案》）影响较大。《实施方案》对股权众筹的检查内容又做了更为细致的分类，重点整治以股权众筹名义进行股权融资、私募股权基金、公开或变相公开发行股票；虚构或夸大平台实力、项目及回报；非法经营证券业务；挪用或占用投资者资金等进行分类处置等不良现象，使股权众筹行业进入理性发展阶段。同样地，2016 年的股权众筹项目数量及投资人次均有所下降，考虑为部分平台不合规的众筹项目被整治后的结果（见图 5-3）。

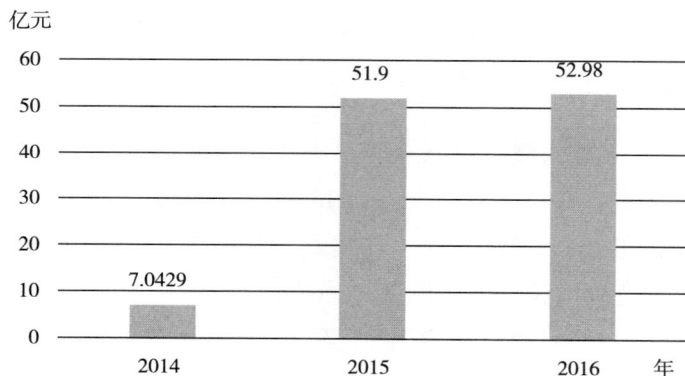

注：数据来自上海交通大学互联网金融研究所、云投汇云天使研究院、盈灿咨询。

**图 5 - 2　2014~2016 年中国互联网非公开股权融资平台融资金额**

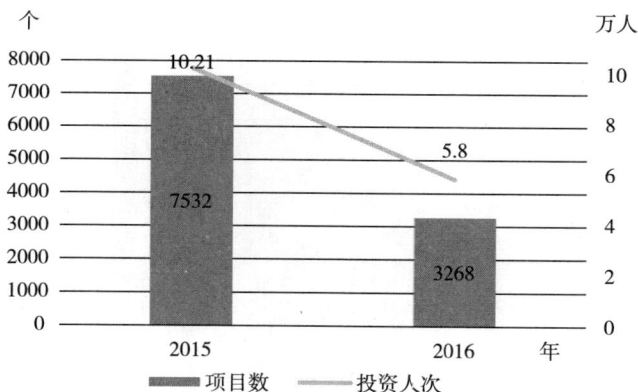

注：数据来自上海交通大学互联网金融研究所、云投汇云天使研究院、盈灿咨询。

**图 5 - 3　2015~2016 股权众筹项目及投资人数规模**

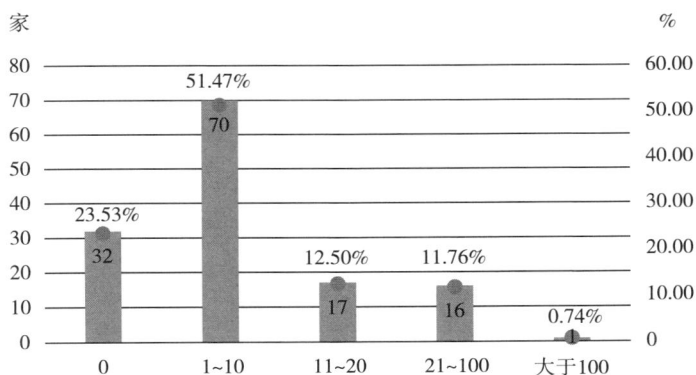

注：数据来自上海交通大学互联网金融研究所。

**图 5 – 4　2015 年股权众筹平台成功项目分布**

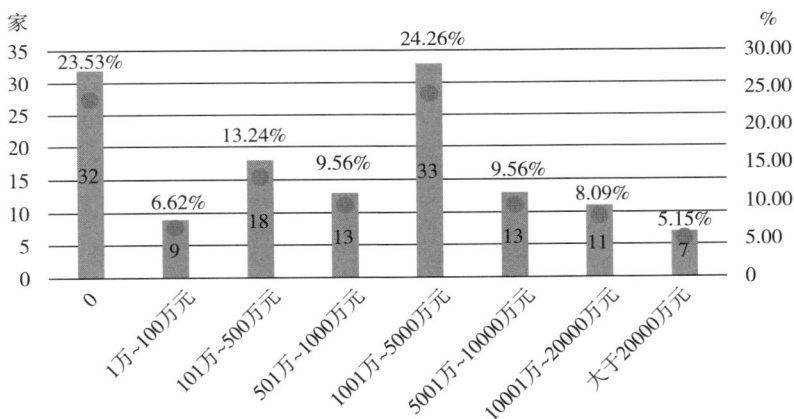

注：数据来自上海交通大学互联网金融研究所。

**图 5 – 5　2015 年股权众筹平台成交金额分布**

　　根据图 5 – 4 可以看出，股权众筹平台融资能力良莠不齐。项目成功数量为 0 的有 32 家平台，占比 23.53%，项目成功数量大于 100 的只有 1 家，即人人投（成交项目数为 256）；有 33 家平台的成交金额在 1001 万 ~ 5000 万元，占比 24.26%，有 11 家平台的成交金额处于在 10001 万 ~ 2 亿元，突破 2 亿元大关的平台共计 7 家（见图 5 –5）。融资能力差距大的原因主要在于股权众筹项目风险高、不确定性大，并且股权众筹对投资人的财务和风险承受能力要求较高（个人投资者需金融资产超过 100 万元或连续 3 年年收入超过 30 万元），所以对于小规模、低名气的平台，或者高融资金额的项目，失败的可能性往往较大，而大平台往往具有品牌效应，对项目方和投资人均有较强吸引力。

### 5.1.2　股权众筹行业分地区发展情况

截至 2015 年 8 月，中国 102 家互联网非公开股权融资平台主要集中在广东、北京和上海三地，其次为江苏和浙江，其中广东 29 家，北京 28 家，上海 20 家，浙江 7 家，江苏 4 家，共占全国平台总数 86.27%；其他 14 家平台主要分布在中西部地区，其中四川以 3 家平台领先。统计结果显示，目前有 18 个省份还没有互联网非公开股权融资平台，这些省份主要集中在东北、西北等地，西部地区无一家平台，平台的分布呈现很高的集中度。从全国股权众筹平台地区分布图（见图 5 - 6、图 5 - 7）中可以看出，平台多集中于长三角、珠三角地区。北京、上海、深圳等经济发达城市，既是股权众筹平台集聚的中心，也是创业热门地区。

中国创新背景下互联网金融新发展

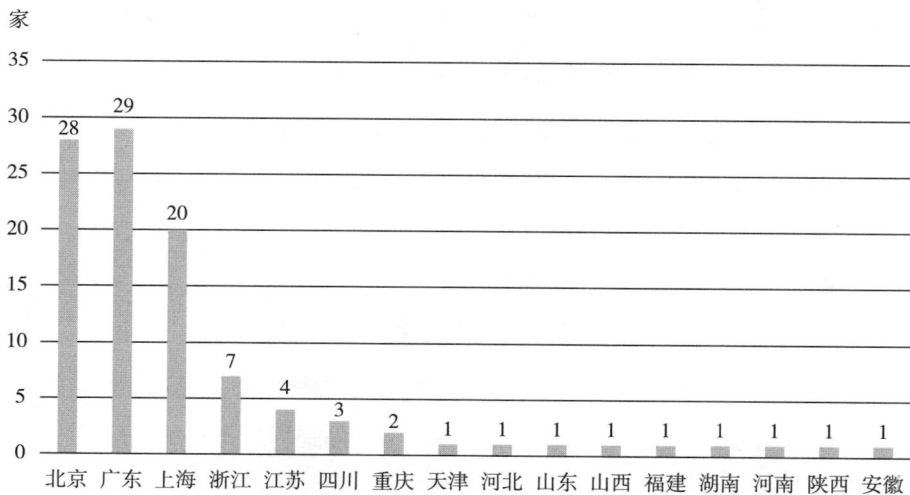

注：数据来自众筹家。

**图 5 - 6　2015 年 8 月中国互联网非公开股权融资平台地区分布**

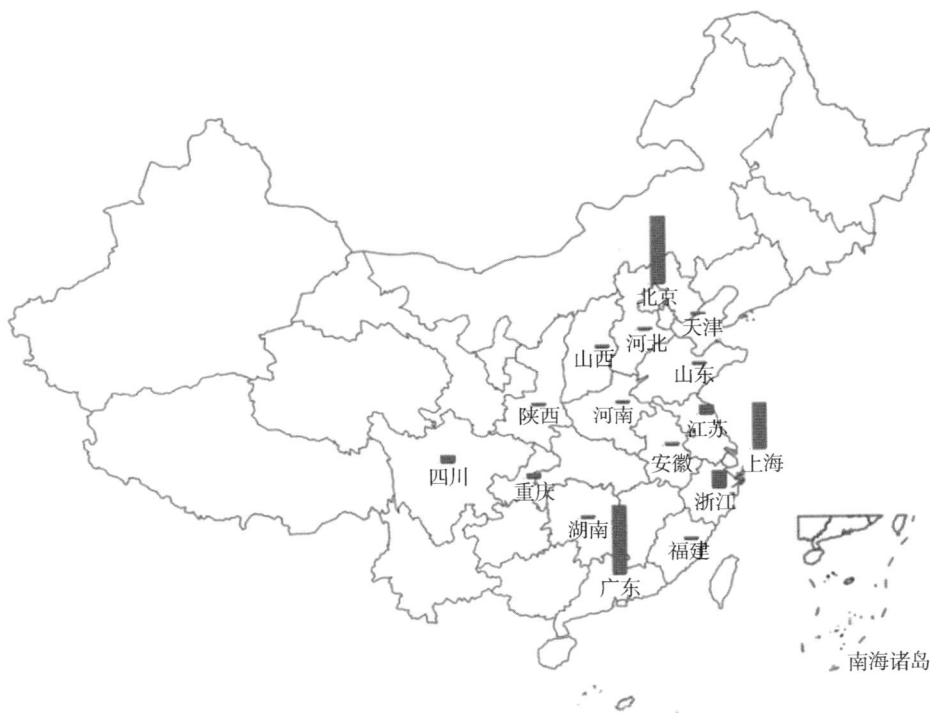

注：数据来自众筹家。

**图 5 – 7 2015 年 8 月中国互联网非公开股权融资平台地区分布**

在 2015 年全国众筹平台成功筹资金额地区分布上，北京、广东和浙江的融资额占据前三位，上海地区排名第四，江苏位居第五。上述五个省市成功总筹资金额为 100.93 亿元，占全国总筹资金额的 88.35%，其他18 个省市的股权众筹平台，融资额加起来仅为 13.31 亿元，地区差异十分明显（见图 5 –8）。

股权众筹平台发展规模的地域差异源于多种因素，如各地区经济发展程度、互联网金融发展程度、投融资环境、社会认知度、创业氛围等都有很大的关系。沿海地区的地理位置优势和政策支持，以及较高思想意识开放程度为股权众筹行业的发展创造了良好的环境。此外，地区经济的发展程度高意味着该地区有更多的投融资需求和资本流动性，股权众筹的产生使资源能得到有效配置并满足市场需求。

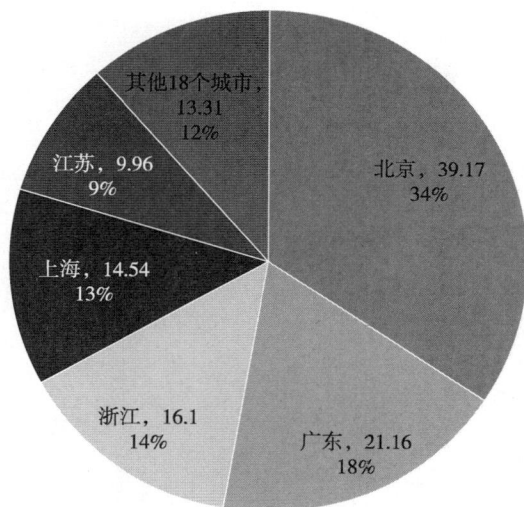

其他18个城市，13.31 12%

江苏，9.96 9%

北京，39.17 34%

上海，14.54 13%

浙江，16.1 14%

广东，21.16 18%

注：数据来自盈灿咨询。

**图 5 - 8　2015 年中国股权众筹平台融资金额地区分布（亿元）**

### 5.1.3　中国互联网股权众筹发展现状

#### 5.1.3.1　互联网股权融资总体情况

（一）互联网股权融资平台地区分布

截至 2018 年 6 月 30 日，国家互联网金融风险分析技术平台共发现 86 家平台开展互联网股权融资业务，比上月减少了 5 家。本月互联网股权融资网站转异常网站（无法访问或变更业务）共 6 家，异常网站转正常可访问股权融资平台共 1 家。这 86 家平台分布于全国 16 个省市地区，其中北京、深圳、上海这三个地区的平台数量最多，占全部平台的 67.4%（见图 5 - 9）。

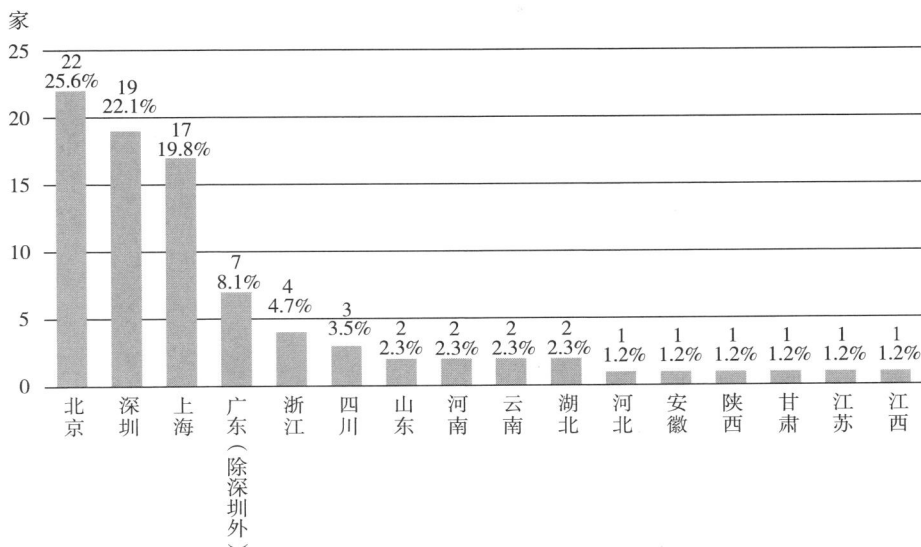

**图 5－9　全国各地区互联网股权融资平台数量（截至 2018 年 6 月）**

（二）互联网股权融资平台上线时间分布

中国不同年份互联网股权融资平台上线数量如图 5－10 所示。

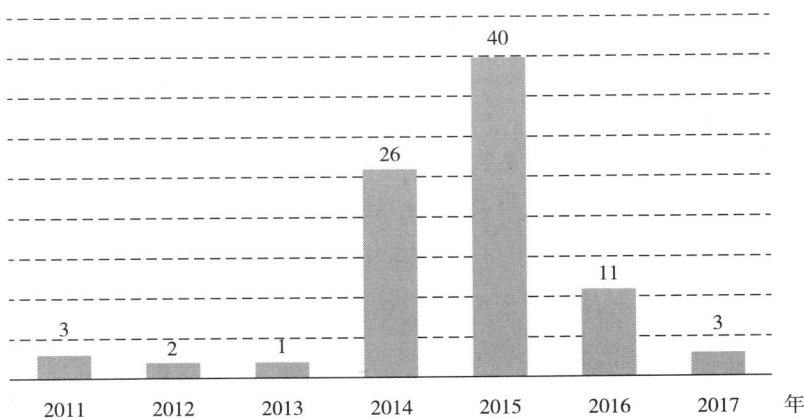

**图 5－10　全国不同年份互联网股权融资平台上线数量（家）**

　　其中，2015 年中国互联网股权融资迅猛发展，上线数量占比高达
46.51%（见图 5－11）。

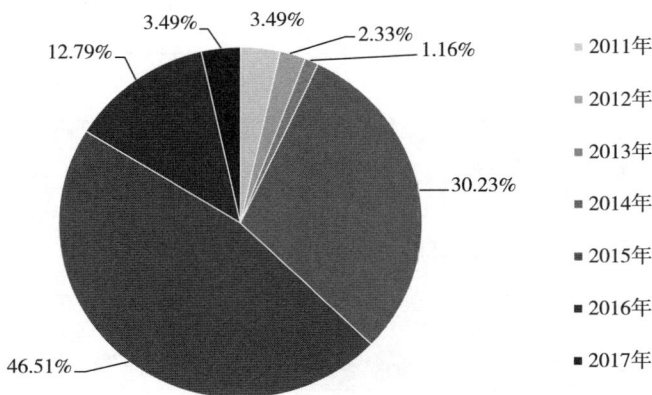

**图5－11　2011—2017年全国互联网股权融资平台上线占比**

### 5.1.3.2　互联网股权融资项目总体情况

截至2018年6月30日，在86家互联网股权融资平台中，有83家平台在网站公布已发布的融资项目（其中包含已完成融资项目、正在融资项目及预热中融资项目），项目累计达23553个。剩余3家平台未发布项目，或仅对投资者开放，需登录查看。83家平台中有68家公布了融资项目金额，累计金额约449亿元，15家平台未公布其项目融资金额，或仅对投资人开放，需登录查看。

（一）融资项目数

各家互联网股权融资平台发展程度各不相同，融资项目上线数量也差异较大。在83家平台中，项目数为0的有3家，项目数为1～10个的有22家，11～100个的有36家，项目数为1～100个的仍为互联网股权融资的主要范围；项目数为101～1000个的平台有18家；项目数1000个以上有4家（见图5－12）。

与2018年5月相比，项目数为0的持平，项目数为1～10个的减少了3家，项目数为11～100个的持平，项目数为101～1000个的减少了1家，项目数1000个以上的持平。

与2018年5月相比，发布融资项目的互联网股权融资平台总数有所减少。从项目发布数量来看，退出市场的互联网股权融资平台多为项目数低于 100 个的平台，侧面反映出市场对平台自身的要求在不断提升，竞争力小的平台不断被淘汰，行业洗牌进一步加剧。

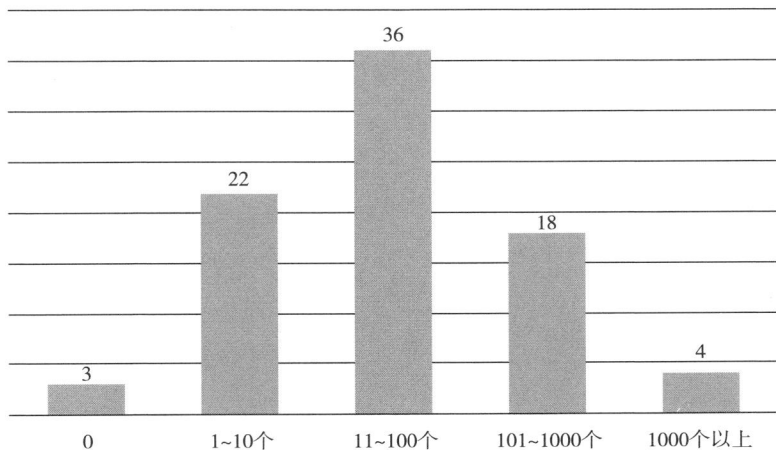

**图 5 – 12    2018 年 6 月互联网股权融资平台融资项目数分布（个）**

（二）融资项目金额情况

监测显示，平台项目总金额仍集中于千万元以上项目，1001 万 ~ 5000 万元及 1 亿元以上项目数量较多（见图 5 – 13）。

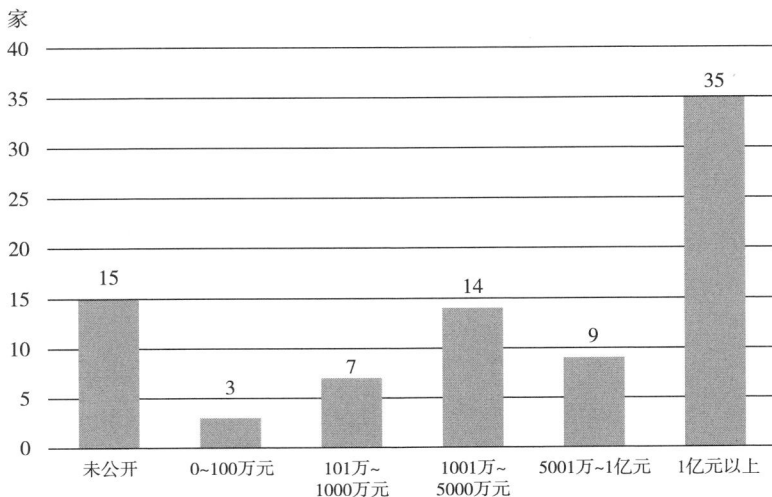

**图 5 – 13    2018 年 6 月平台项目总金额分布情况**

与 2018 年 5 月相比融资金额分布情况基本保持一致，起伏不大。这也从侧面表明了在当前市场日趋规范的前提下，平台和投资者也日趋冷静。

### 5.1.3.3 互联网股权融资运营公司情况

（一）平台主营业务

86 家互联网股权融资平台中，39 家经营单一互联网股权融资业务，47 家平台为同时经营两个及以上的互联网金融业务。其中，36 家平台同时经营互联网股权融资、产品众筹、公益众筹等多种形式的众筹业务，11 家平台同时经营互联网股权融资及网贷、私募基金、资产管理、信托销售等其他业务。此外，还有 3 家平台在互联网股权融资以外经营股权转让业务（见图 5 - 14）。

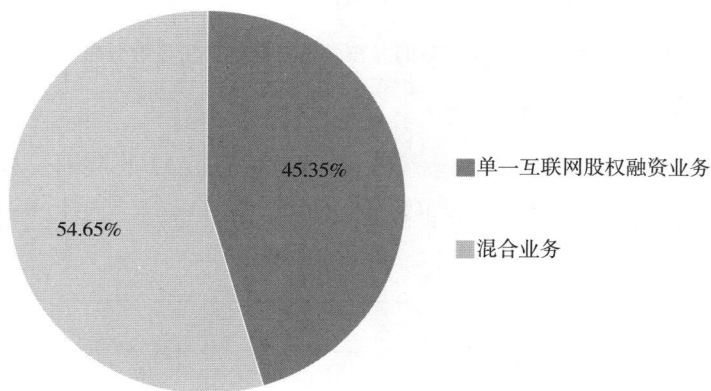

**图 5 - 14　平台业务情况**

与 5 月相比，开展单一互联网股权融资业务及混合业务的平台数均有所减少，但开展混合业务的平台数一直高于开展单一业务的平台数，这表明互联网金融综合化经营占主导地位，互联网股权融资、产品众筹、P2P 网贷、基金业务等多种业态混合经营受到更多平台的青睐。

（二）平台融资情况

截至 2018 年 6 月底，发现中国互联网股权融资平台中 24 家平台有天使轮投资，其中京北众筹、天使汇、多彩投等 6 家平台融资金额较多，达到千万元级以上；15 家有 A 轮投资，其中获得千万元以上的平台 11 个；4 家有 B 轮投资，包括众投邦、金斧子等，其中，获得亿元级平台 2 个；2 家处于 C 轮及 C 轮以上阶段，C 轮中获得亿元级以上平台 2 个。

与 2018 年 5 月相比，进入天使轮/B/C 轮融资的平台数持平，这也表明了互联网权融资行业的近期发展较为缓慢。

（三）股权项目推介方式

现阶段互联网股权融资平台的推介方式主要集中于微信公众号、微博营销，APP 推广及 QQ 线上沟通四种。其中，使用微信公众号作为唯一推介方式的平台数量较多（31 家）。同时使用两种推介方式的平台为 31 家，其中最主要的推介方式是微信和 APP，其次是微信和微博，使用频次最少的组合方式是 QQ 和 APP。同时使用其中 3 种以上推介方式的平台为 19 家。与使用推介方式宣传各自平台相对比，未使用任何推介方式的平台存在 1 家。

与 2018 年 5 月相比，微信公众号仍然是各平台首选的推介方式。微信、微博和 QQ 也仍然是三大最主要的平台推介方式。值得注意的是，大部分平台都选择两种或两种以上的推介方式。这也表明了多种推介方式更有利于拓宽各平台的宣传广度。

（四）收费方式

中国互联网股权融资平台主要采用向融资方收费、向投资方收费、从投资收益中收费三种方式。在明确告知收费方式及收费标准的平台中，6 家平台提供完全免费服务；19 家平台向融资方收取服务费，为融资方融资金额的 2%～5%；3 家平台向投资方收取认购额 1%～5% 的服务费；7 家平台从投资收益当中抽取 5%～20% 的服务费。20 家未明确告知具体收费标准，只告知平台存在收费情况。其他平台则未提及是否收费。

可以看出，仅有少数的平台明确告知收费方式及收费标准等相关事宜。与 5 月相类似，明确告知收费方式及收费标准的平台数占总平台数的比值依然很低，从侧面反映出平台在一定程度上担心因服务费而产生的投资者流失。

根据互联网股权融资平台对合格投资者资格的认定要求来看，35 家平台要求对个人投资者的身份资格进行认证，22 家平台要求对机构投资者的身份资格进行认证，20 家对个人和机构两种投资者的身份都需要认证，49 家平台对个人和机构投资者都不需要身份资格认证（见图 5 – 15）。

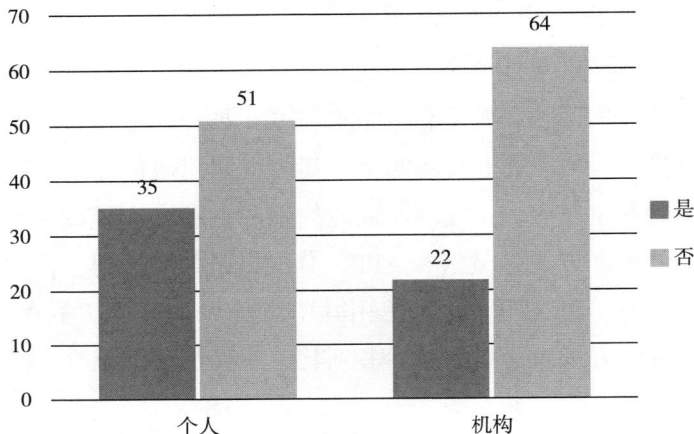

**图 5 – 15  是否进行投资者身份认证情况**

27 家平台对个人投资者资产设置了明确认定标准，其中 26 家平台要求个人投资者资产不少于 100 万元，25 家平台要求个人投资者年收入不低于 30 万元。15 家平台对机构投资方的资产或年利润有明确认定标准。

35 家平台规定了自然人投资的具体最低金额，其中 19 家的最低金额在 0 ~ 1 万元，7 家为 2 万 ~ 5 万元，6 家为 5 万元以上，其他平台则根据具体项目等设定最低金额。另有 10 家平台规定了机构投资的具体最低金额。此外，共有 65 家平台在网站页面中明确股权投资风险提示或者提供风险揭示书。

互联网股权融资平台对合格投资人的认定依然比较严格。对个人和机构两种投资者的身份都需要认证的平台数占总平台数约 23.3%，比上月增加了约 1.3%。互联网股权融资平台对风险防控的重视程度依然较高。主动发布投资风险提示书的平台数量占比达到了 75.6%。

（五）资金安全保护措施

中国互联网股权融资平台资金划转方式主要是平台代收、投资者直接交付企业和其他方式。除未明确告知资金划转方式的平台外，采用平台代收方式的有 33 家，数量最多；采用资金直接交付企业的平台有 17 家。采用其他方式的有 19 家。

资金付款方式主要采用第三方支付和网银两种方式。在各平台中，第三方支付的有 21 家，网银支付的有 22 家。12 家平台同时允许使用第三方支付和网银。

仅 6 家平台明确告知会采取银行存管的方式管理募集阶段投资者的资金；大部分平台是采用自身存管方式，数量高达 49 家；还有 26 家平台则采取第三方存管的方式。

与 2018 年 5 月相比，股权融资资金划转方式采用平台代收的数量减少了，采用直接交付企业的数量持平，但采用平台代收的数量一直高于直接交付企业的数量。这也表明投资者对于平台的信任度高于企业。从资金付款方式的数据可以看出，互联网股权融资平台没有自身的一个安全支付体系，平台的资金安全问题还有待重视。

5.1.3.4　互联网股权融资平台用户和成功融资状况

根据抽样结果，互联网股权融资作为高风险性的投资活动，投资者年龄主要分布在 20～49 岁，其中，30～39 岁投资者数量最多（见图 5 - 16）。

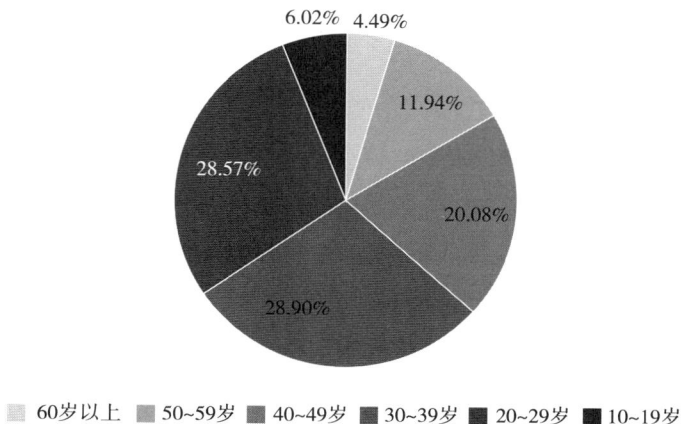

图 5 - 16　互联网股权融资投资者年龄分布

本月女性投资者和男性投资者数量和上月比有所减少，但男性投资者仍旧较为活跃（见图5-17）。

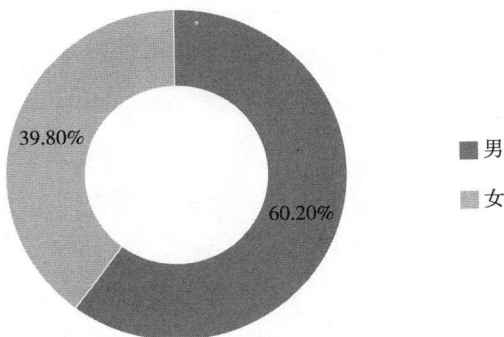

39.80%

60.20%

■ 男
■ 女

**图5-17 互联网股权融资投资者性别分布**

在86家运营平台中，有68家成功融资1个以上项目，成功项目共计3020个；另有2家虽无成功融资项目，但已融到部分资金。剩余平台既无运营成功的项目，也未融到资金或未公开成功项目数量。在68家有成功融资项目的平台中，有61家公布其成功融资项目金额，共计约295亿元；7家未公布其项目融资额，或仅对投资者开放。

从目前成功融资项目数以及金额看，互联网股权融资平台成功融资的项目数仍与已发布项目数差异明显，在总金额方面也有差距。成功融资项目数占全部项目数的12.8%；成功融资金额占全部项目融资金额的约65.7%。

（1）成功融资项目数

70家成功融到资金的平台中，项目数为0的是2家，项目数为1～10个的平台为25家，项目数为11～50个的平台是23家。目前大多数互联网股权融资平台的成功融资项目数多集中在50个以下，以1～10个项目居多（见图5-18）。

在83家公布已发布项目的平台中，有12家平台在本监测时段有新增项目，新增项目总数共83个，比上月同期减少了24个。

成功融到资金的运营平台数，在本时段比上月同期有所减少。有新增项目的平台数及新增项目总数比上月减少。在市场规律作用下，表明各平台进入了稳定发展的阶段。

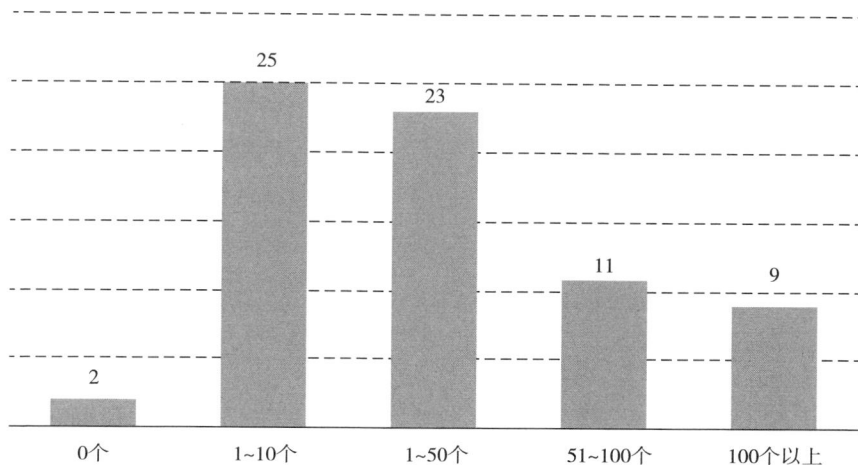

家

25    23    11    9    2

0个    1~10个    1~50个    51~100个    100个以上

**图 5 – 18   成功融资项目数分布情况**

（2）成功融资项目金额

在目前有成功融到资金的 70 家平台中，7 家未公布其融资额，占比约 10%。剩余 63 个公布融资金额的平台中，融资金额以 1 亿元以上金额为主（见图 5 – 19）。

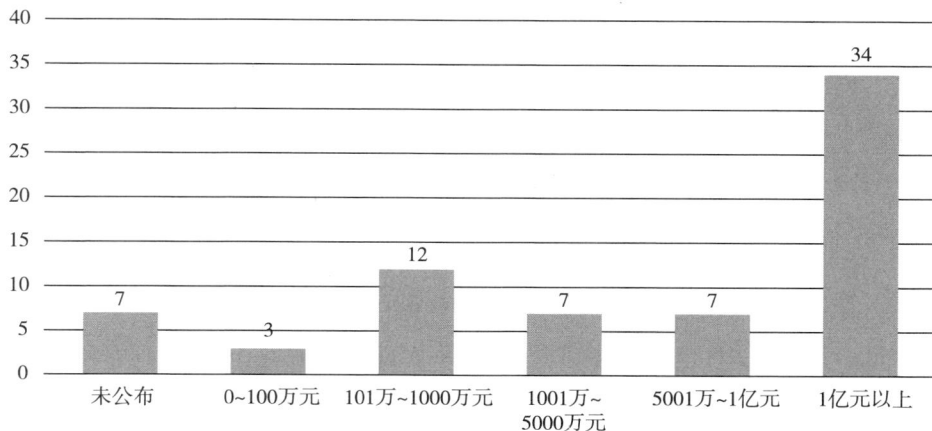

家
40
35
30
25
20
15
10
5
0

7    3    12    7    7    34

未公布    0~100万元    101万~1000万元    1001万~5000万元    5001万~1亿元    1亿元以上

**图 5 – 19   成功融资项目金额分布情况**

（3）新增融资项目的行业及地理位置分布

本月对新增的 12 家平台 83 个项目，提取项目描述中的行业描述信息，并对应到相关行业。针对 83 个项目发现结果如图 5-20 所示。

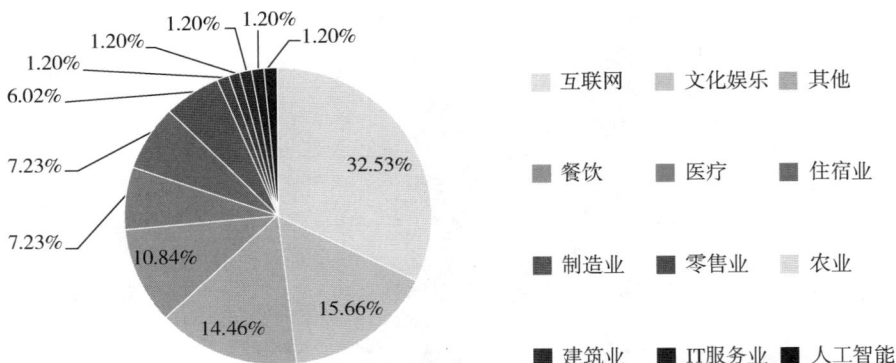

**图 5-20　新增融资项目资金流向行业分布情况**

可以看出，本月新增融资项目资金流向行业属互联网（约 32.5%）和文化娱乐（约 15.7%）占比较高。

同时，对 83 个项目的地理位置也进行了提取，如图 5-21 所示。

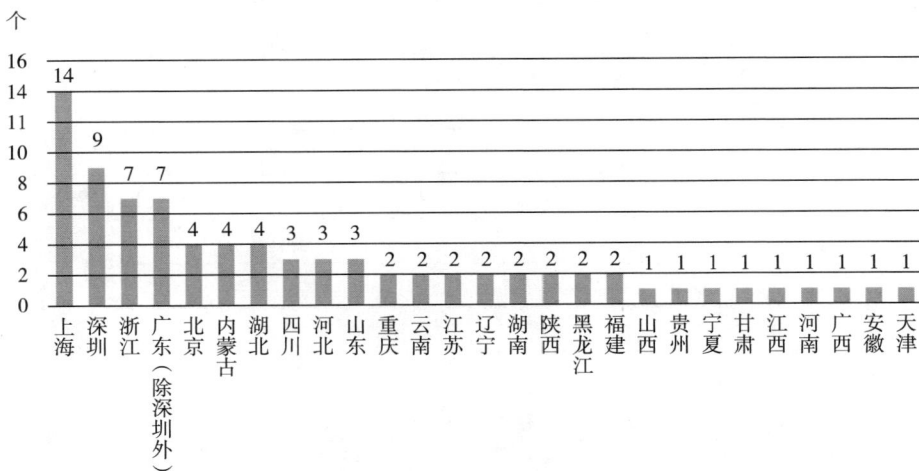

**图 5-21　新增成功融资项目区域分布**

## 5.2 互联网催收

互联网催收属于互联网金融的社会化外溢，但近年来互联网催收引起了社会的广泛关注。因此技术平台对此开展监测工作，具体如下。

（一）整体情况

截至 2018 年 3 月 31 日，技术平台累计发现网络催收平台 364 家，发现运营中的催收项目数超 94 万个，按照各平台公布金额涉及催收资金近1.14 万亿元，平均催收佣金超 25%。

网络催收平台分布在全国 20 个省市，其中北京、广东、上海等省市数量较多。具体地理位置分布如图 5－22 所示。

家

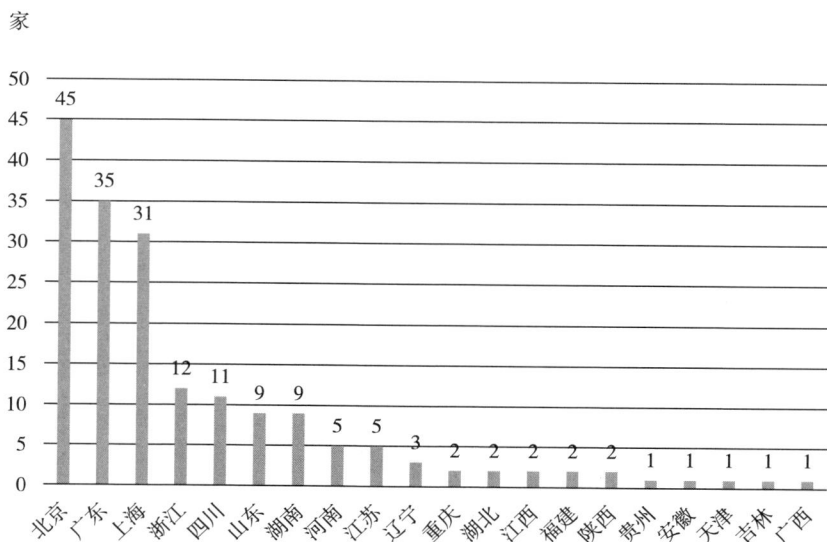

**图 5－22　催收平台地理位置分布**

（二）平台监测

技术平台对网络催收平台上线和消亡情况进行了统计，发现网络催收平台上线时间主要集中在 2016 年和 2017 年初。2017 年 1 月至今累计发现新上线平台 106 家，消亡平台 35 家，网络催收平台数量处于增长阶段（见图 5 - 23）。

家

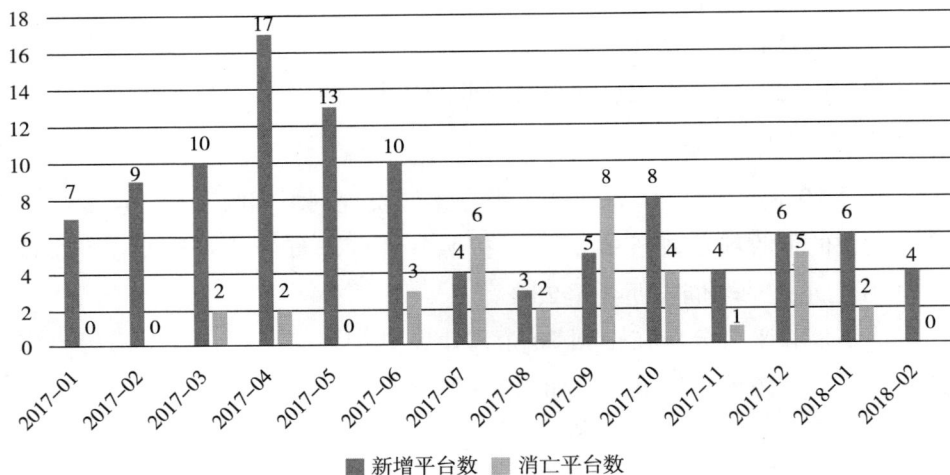

图 5 - 23  催收平台上线和消亡时间

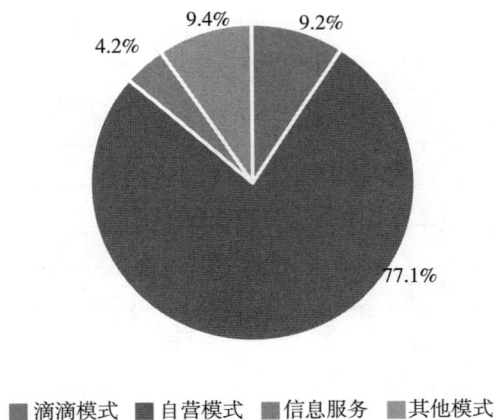

图 5 - 24  各模式催收平台占比

技术平台监测到网络催收平台主要分为滴滴模式、自营模式、信息服务和其他模式四种形式。其中，滴滴模式是指经营主体自身非催债人，主要通过网站、手机 APP 等渠道搭建的催收平台，为债权人与催债人提供点对点的撮合；自营模式实质是线下催债人的线上化，利用互联网进行线上宣传或接单，以吸引更多的债权人。技术平台监测发现，自营模式平台数量最多，而滴滴模式平台涉及催收资金最多，占全部总量的近一半（见图 5 - 24）。

（三）催收人情况

技术平台对网络催收平台催收人员监测，累计发现催收人员超过 100 万人，主要分布在广东、浙江、河南、江苏等地。同时，技术平台对催收人员的性别和年龄进行了抽样分析，发现催收人员中男性远大于女性（见图 5 - 25）。

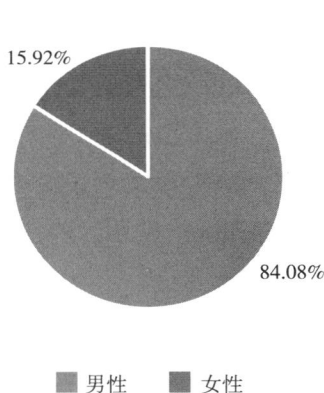

图 5 - 25  催收人员性别比例　　　图 5 - 26  催收人员年龄分布

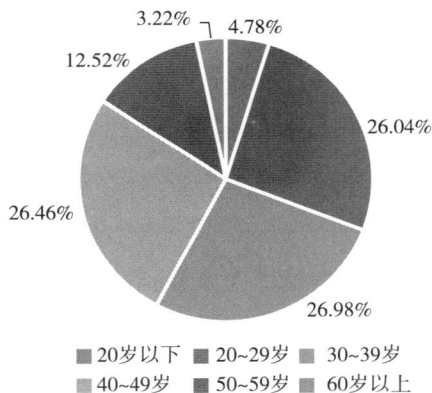

技术平台发现 30 ~ 39 岁和 40 ~ 49 岁的催收人员最多，分别占催收人员总数的 26.98% 和 26.46%。技术平台还发现少量催收人员年龄低于 20 岁，占比 4.78%（见图 5 - 26）。

（四）债务人员监测

技术平台对网络催收平台债务人员监测，结果显示债务人主要分布在江苏、河南、北京等地。在债务人构成上，其中 99.24% 的债务人为自然人，0.76% 的债务人为法人。

根据抽样结果显示，男性债务人数量高于女性债务人，二者分别占比

66.46% 和 33.54%（见图 5 – 27）。

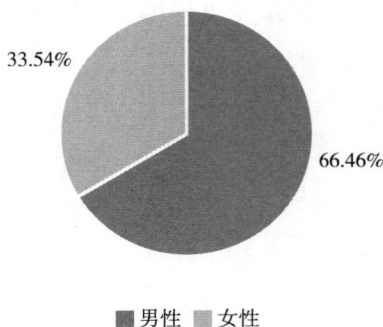

**图 5 – 27　债务人员性别分布**

（五）催收舆情

近期发生的催收平台上市、过度催收等舆情造成了极大的社会影响。技术平台对催收舆情开展监测，发现近期关于催收的舆情仍处于历史高位，涉及多家催收平台，具体情况如图 5 – 28 所示。

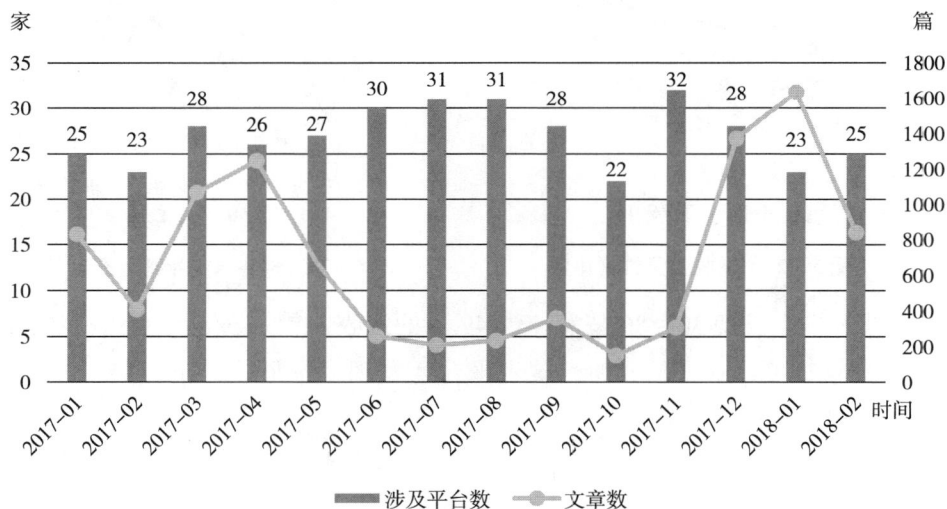

**图 5 – 28　催收舆情监测情况**

根据文章转发量和网民的评论量，发现大家的主要关注点在过度催收乱象、防范过度催收等方面。同时，催收行业发展情况和政策法规话题也是网民重点关注的对象。据公开媒体报道统计，目前由于催收平台过度催收，已致近 30 人死亡（见表 5 - 1）。

表 5 - 1　　　　　　　　　　催收平台热点文章

| 序号 | 相关文章 | 文章转发（次） |
|---|---|---|
| 1 | 民间借贷暴力催债何时休 规范民间借贷有几招 | 707 |
| 2 | "咬人"的现金贷迎来监管风暴 不得过度催收 | 457 |
| 3 | 暴力催债何时休？催收团队有人负责法务有人要债 | 401 |
| 4 | 揭现金贷乱象：催收滥用暴力 逾期费动辄每天上百元 | 396 |
| 5 | 女孩欠贷母亲喝药自杀 葬礼当天仍被催债 | 322 |
| 6 | 好好算账：花招玩尽的现金贷催收成本到底多少 | 296 |
| 7 | 贷款平台"飞钱小贷"出现1000％年息 还过度催收 | 209 |
| 8 | 孕妇服毒自杀 生前疑遭网贷催收"恐吓" | 199 |
| 9 | 现金贷膨胀引爆另类江湖 催收行业野蛮生长 | 197 |
| 10 | 揭现金贷催收绝技：合成"嫖娼现场照"逾期家人收花圈 | 189 |

（六）暴力催收

技术平台对部分催收平台使用的暴利催收进行了监测，所谓的暴利催收，互金专委会认为表现形式为有高频催收、过度通信催收、骚扰债务人亲友等给债务人带来巨大人身损害的催收行为认定为暴利催收（见图 5 - 29）。

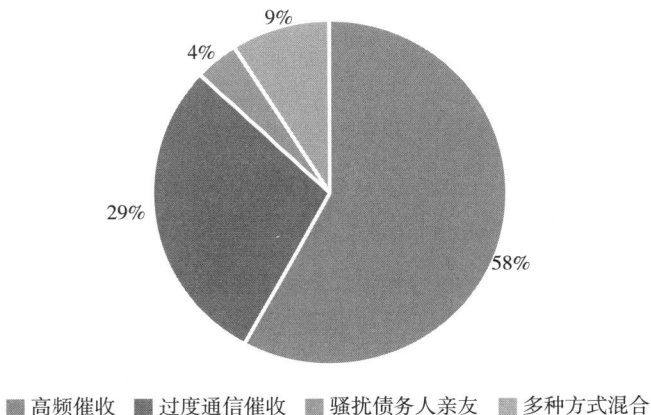

■ 高频催收　■ 过度通信催收　■ 骚扰债务人亲友　■ 多种方式混合

图 5 - 29　各过度催收方式分布

技术平台累计发现暴利催收频次超过 1000 万次，3 月暴利催收频次近 80 万次。抽样分析结果显示，利用高频催收的方式最为常见，技术平台还发现存在混合利用多种违规方式进行过度催收。

技术平台还累计发现涉嫌违规催收人员数量超过 30 万人，受到过度催收骚扰的债务人近 200 万人。

## 5.3　现金贷

现金贷，是小额现金贷款业务的简称，是针对申请人发放的消费类贷款业务，具有方便灵活的借款与还款方式，以及实时审批、快速到账的特性。从 2015 年开始，现金贷作为消费金融一个重要的分支在中国开始强势崛起。一二线城市以线上为主，三四线城市以线下为主。

现金贷依托大数据分析、移动网络等技术发展极其迅速，但由于部分平台涉嫌高利贷、暴力催收以及出现的"裸条"事件等，银监会等部分于 2018 年 1 月对现金贷平台进行了全面收紧。

### 5.3.1　整体情况

截至 2017 年 11 月，技术平台发现在运营现金贷平台 2693 家。上述平台利用网站、微信公众号和 APP 三种方式运营，其中通过网站从事现金贷业务的平台 1044 家，通过微信公众号从事现金贷业务的平台 860 家，通过移动 APP 从事现金贷业务的平台 429 家。

目前通过网站从事现金贷的平台中有 592 家 P2P 平台从事现金贷业务，约占全部 P2P 平台总数的 15.8%，812 家其他网贷平台（从事网络借贷中介的非 P2P 平台）从事现金贷业务，约占全部其他网贷平台总数的 36.9%。具体如图 5-30 所示。

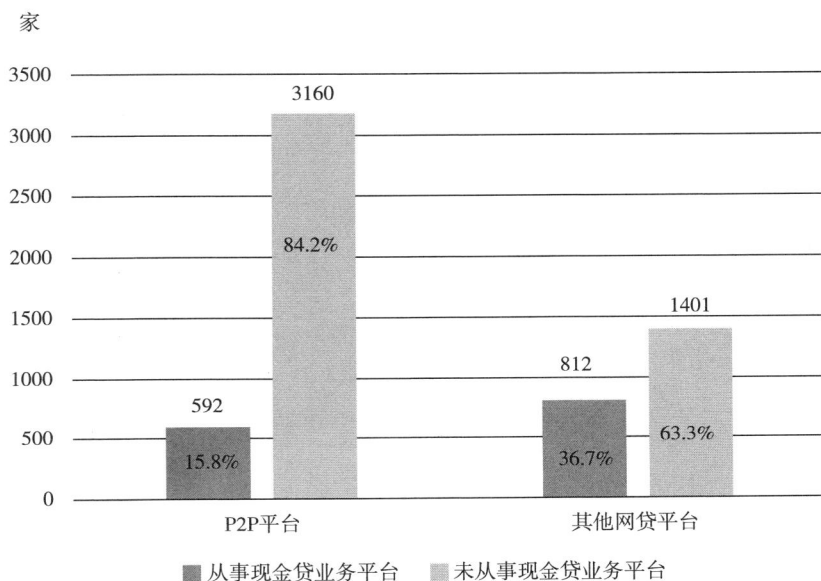

图 5 – 30　现金贷平台数量（截至 2017 年 11 月）

## 5.3.2　地域分布

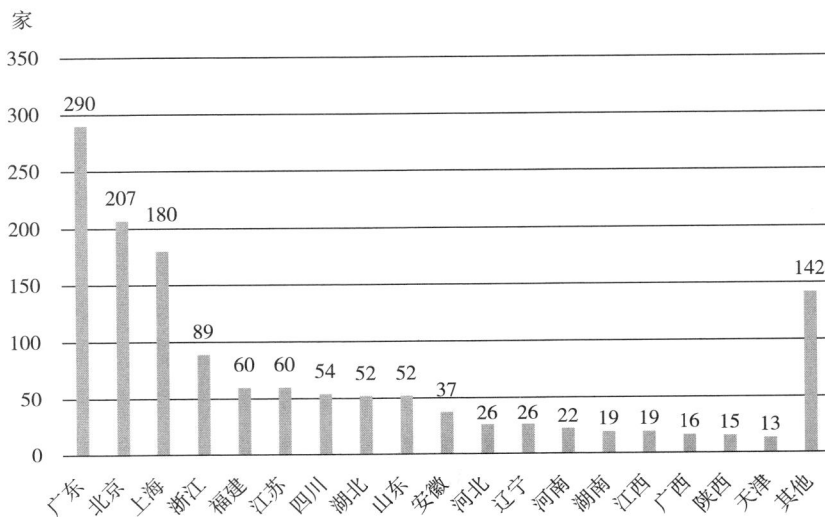

图 5 – 31　现金贷平台地域分布

技术平台对现金贷平台地域分布情况进行监测，绘制的热力图显示现金贷平台主要分布在中国沿海省份，其中广东、北京、上海三个地区数量最多（见图 5 – 31）。

### 5.3.3 用户

技术平台对现金贷平台近一周的活跃用户监测，结果显示现金贷活跃用户（包括借款用户和投资用户）近 1000 万人，其中广东、浙江和江苏的参与人数最多。同时，技术平台对现金贷平台的用户年龄抽样分析，发现 20 ~ 30 岁、30 ~ 40 岁的用户数量最多，占比分别占用户总数的40.76% 和 27.71%（见图 5 – 32）。

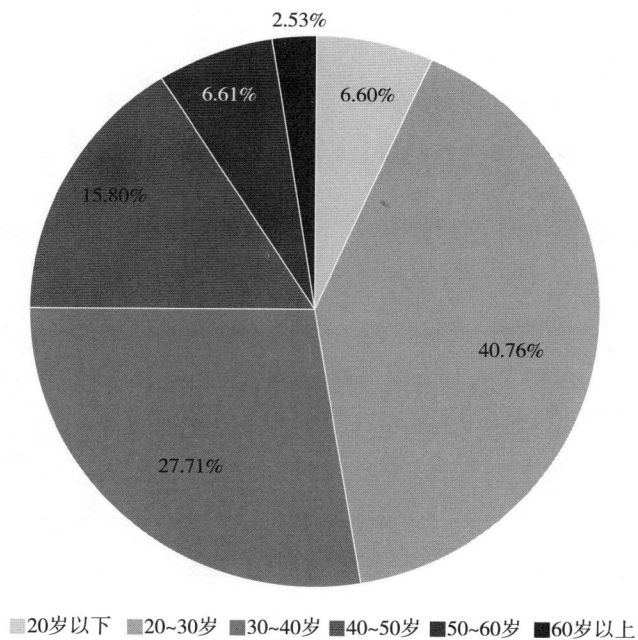

图 5 – 32 现金贷平台用户年龄分布

此外，技术平台还对现金贷用户进行性别比例分析，发现男性用户远远多于女性用户，占比分别为 66.65% 和 33.35%（见图 5 – 33）。

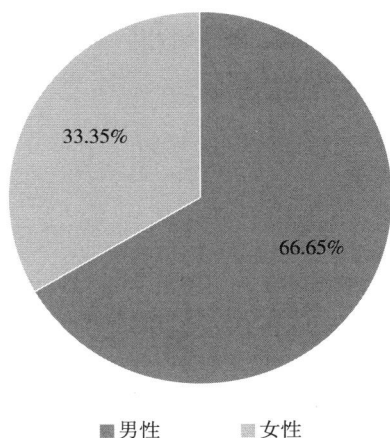

**图 5 – 33　现金贷平台用户性别分布**

## 5.3.4　平台运营情况

技术平台对现金贷平台的交易情况进行监测后发现，现金贷平台人均单平台借款金额为 1403 元。监测结果显示拍拍贷、宜人贷、手机贷、我来贷和闪电借款等平台交易额较大。技术平台监测，累计发现近两百万元现金贷借款人存在多头借贷情况，而其中近 50 万借款人在一个月内连续借款十家以上平台。因为现金贷平台目前借款数额并不大，一般大平台额度会超过 3000 元，更多的小平台借款额度在 1000 元以下，在这样的借款额度下，当借款人存在短期内在多个平台连续借款的情况，是有理由怀疑借款人的还款能力的。而这些多头借贷人群随时可能会转变为逾期人群。

## 5.4　微盘交易所和其他非持牌交易所

微盘交易微盘交易平台借助于微信公众号、移动 APP 和互联网网站，提供线上的邮币卡、原油、贵金属、农产品、化工产品等交易活动。是近期新发现的互联网金融业态。技术平台对此开展监测工作。

### 5.4.1 微盘交易所

#### （一）经营主体分析

技术平台发现在运营微盘交易平台 32 家，对应 11 家经营主体。6 月新发现 5 家经营主体，消亡 7 家经营主体，具体名单见表 5 - 2。

表 5 - 2　　　　　　在运营微盘经营主体的新发现和消亡情况

| 序号 | 消亡经营主体 | 新发现经营主体 |
|---|---|---|
| 1 | 重庆渊波海商贸有限公司 | 宝盛国际控股集团有限公司 |
| 2 | 大连清源能源交易中心有限公司 | 北京零熙网络科技有限公司 |
| 3 | 贵州中进大宗商品交易中心有限公司 | 穆调格天使（厦门）金融信息服务有限公司 |
| 4 | 金道贵金属有限公司 | 上海德潼投资管理有限公司 |
| 5 | 四川禄宏商品现货市场有限公司 | 新疆汇宝商品交易中心有限公司 |
| 6 | 烟台市金蚂蚁投资有限公司 | |
| 7 | 中金物联商品交易中心有限公司 | |

在上述 32 家平台中对应 11 家经营主体，上海、福建和香港地区最多，数量分别为 2 家、2 家和 2 家，上述区域占全部企业总量的 50%。在运营微盘经营主体的地区分布情况如图 5 - 34 所示。

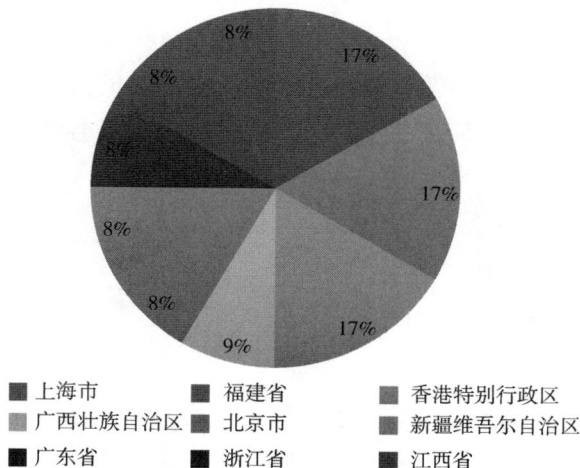

■ 上海市　　　　■ 福建省　　　　■ 香港特别行政区
■ 广西壮族自治区　■ 北京市　　　　■ 新疆维吾尔自治区
■ 广东省　　　　■ 浙江省　　　　■ 江西省

**图 5 - 34　在运营微盘经营主体的省份分布情况**

（二）关联网站情况分析

32 家在运营微盘中涉及 56 家网站。其中，境内网站 20 家。境外以及港澳台地区网站 27 家，位于美国、新加坡、日本、加纳和澳大利亚，分别占比 56%、22%、15%、4% 和 4%。其余 9 家网站无法监测所属区域。

同时，技术平台对 56 家网站的 ICP 备案主体进行了监测与分析，发现 41 家网站未进行 ICP 备案。在已备案的 15 家网站中，对应 10 家经营主体，分布在 8 个地区，上海和福建数量最多，分别为 2 家，其余 6 个地区各有 1 家，见图 5 - 35。

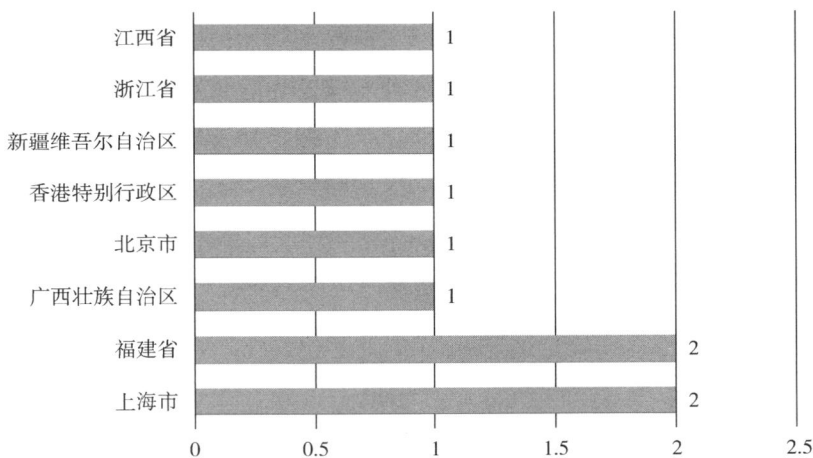

**图 5 - 35　备案主体在各区域分布情况**

## 5.4.2　其他非持牌交易所

（一）经营主体分析

技术平台发现 514 家非持牌交易所，对应经营主体 415 家。6 月新发现 58 家经营主体，消亡 50 家经营主体。上述 514 家未批准设立交易所包括 384 家大宗商品类、136 家权益类、13 家邮币卡类、245 家贵金属类、26 家金融资产权益类。

上述 415 家经营主体有 382 家在境内，分布在 30 个地区。其中，广东、山东、上海、浙江和江苏数量最多，分别为 42 家、40 家、36 家、27

家和 26 家，占境内全部经营主体总量的 45%；其余 33 家都位于香港。未批准设立交易所经营主体在各区域分布情况如图 5 – 36 所示。

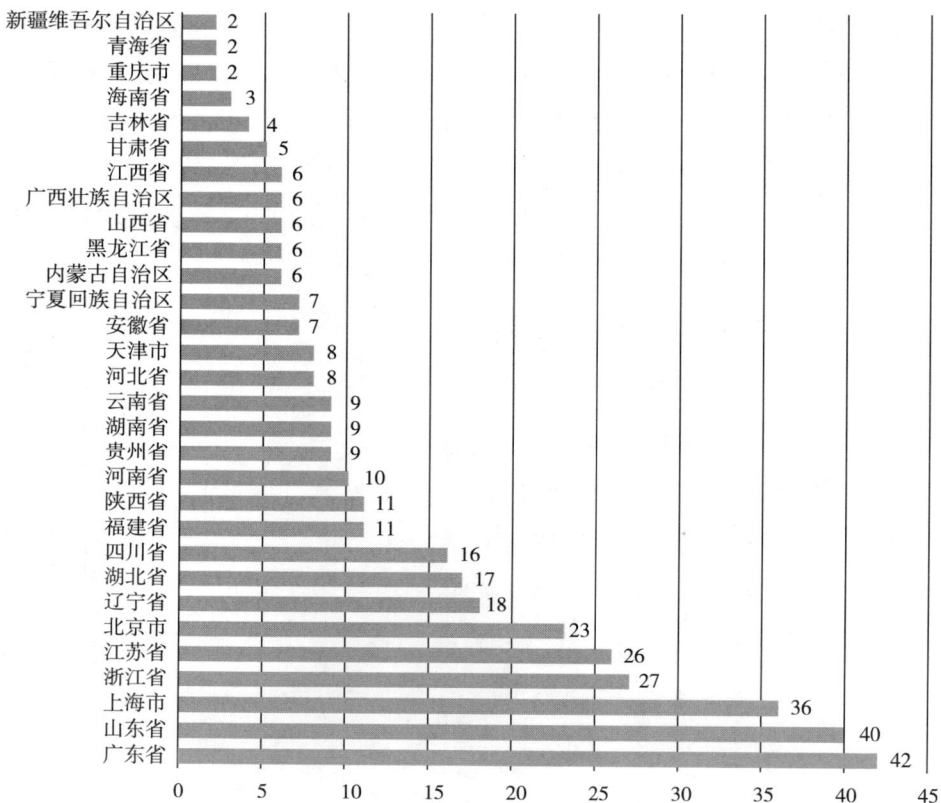

图 5 – 36　未批准设立交易所经营主体在各区域分布情况

（二）用户情况分析

通过抽样分析广东、浙江等地用户最多，具体情况如图 5 – 37 所示。

抽样分析显示，在上述新增的样本中，男性用户数量是女性用户数量的 2.12 倍。用户年龄段主要分布在 30 ~ 39 岁、20 ~ 29 岁和 40 ~ 49 岁，分别占比为 31%、30% 和 20%。具体年龄段分布详见图 5 – 38。

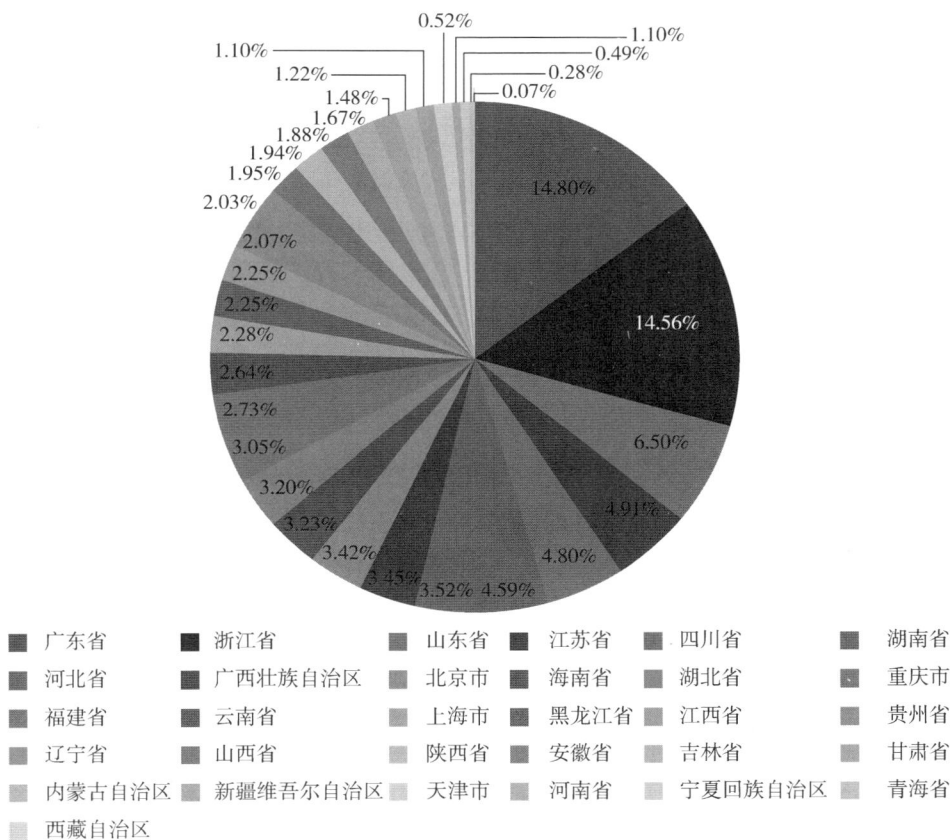

图 5 – 37　用户分布情况

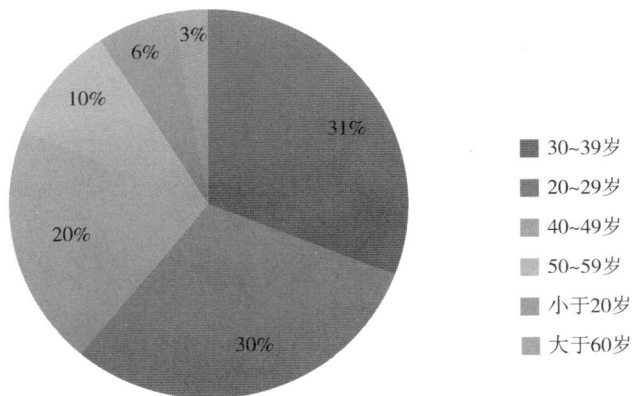

图 5 – 38　未批准设立交易所新增累计用户的年龄段分布情况

（三）关联网站访问情况分析

技术平台通过对 514 家未批准设立交易所网站的用户访问情况进行监测，6 月发现 13 家网站的用户访问情况，本月日均独立用户访问量最大的 8 家网站如表 5 - 3 所示。

**表 5 - 3　　　日均独立用户访问量最大的未批准设立交易网站**

| 平台名称 | 经营主体 | 网址 | 访问量 PV | 访问量 UV |
|---|---|---|---|---|
| IQ Option | IQ Option 二元期权 | http：//www. iqoption. com | 5276949 | 4268160 |
| 北京电力交易中心电力交易平台 | 北京电力交易中心 | http：//pmos. sgcc. com. cn | 1029028 | 113142 |
| 冀北电力交易中心电力交易平台 | 冀北电力交易中心 | http：//pmos. jibei. sgcc. com. cn | 1029028 | 113142 |
| 首都电力交易中心电力交易平台 | 首都电力交易中心 | http：//pmos. bj. sgcc. com. cn | 1029028 | 113142 |
| 再塑宝 | 北京再塑宝科技有限公司 | http：//www. zaisubao. com | 282584 | 63015 |
| 上海宝玉石交易中心 | 上海宝玉石交易中心有限公司 | http：//m. csgje. com | 169600 | 60800 |
| 中国书画服务中心 | 山东艺都国际文化产业股份有限公司 | http：//www. ghfjbf. sh1122. com | 127360 | 24320 |
| 冠盈金融 | 深圳前海冠盈金融服务有限公司 | http：//web72 - 16354. 18. xiniu. com | 84945 | 55563 |

（四）关联移动 APP 情况分析

技术平台通过对未批准设立交易所关联 APP 用户下载情况进行监测分析。技术平台提取了华为应用市场、腾讯应用宝、360 手机助手、百度助手、豌豆荚、小米、vivo、安卓市场、PP 助手、乐商店、APP store 十一家应用商店披露的下载量数据。经统计，6 月发现 67 个移动 APP，累计用户总下载量达 18 亿人次。其中，新发现 10 个，消亡 13 个（移动市场下架）。上述新发现的 10 个 APP 用户总下载量为 71 万人次。余下 57 个移动 APP 新增下载次数为 6823 万人次。

## 5.5 其他高风险互联网金融新业态

### 5.5.1 信用卡套现

技术平台发现"信用卡代还"和互联网金融相结合的业务模式。此类业务涉及信用卡违规套现、平台收取高额费用、用户信用卡信息安全等问题，潜在风险值得关注。

技术平台发现代还信用卡平台主要以网站和 APP 两种形式存在，并存在部分平台同时运营网站和 APP。技术平台监测到 140 余家代还平台。其中，相关网站平台 70 余家，在运营 APP 有 80 余款。主要业务模式如下。

（一）"套现贷"模式

代还平台利用信用卡账单日和还款日的时差（账单日之后的消费全部为下一期账单还款金额，还款日之前的存款都算本期还款），用户只需要在信用卡中存入少量资金，代还平台循环刷取资金返给用户，从而达到全额还款的目的。

具体来说，用户在使用前需设置还款期限、还款次数、还款金额等信息，并预先在信用卡中存入部分现金，代偿平台就会按照用户设置进行刷卡—返现循环操作设置，套取用户消费金额，并用于支付本期信用卡账单，将本期账单过渡到下个月，平台在此过程中收取一定的手续费（账单金额的 0.8% ~ 1%）。

（二）平台代偿模式

此模式本质为平台代偿，但与模式一不同的是，借款人不再欠款信用卡，而是欠款代偿平台。具体来说，信用卡代还平台垫付用户信用卡欠款，并取得对用户的债权，用户需定期向代还平台偿还贷款。技术平台监测用户还款周期可以为 1 周至 24 个月不等，月利率为 0.55% ~ 1%，同时部分平台还收取每月 0.1% ~0.8% 服务费和 2% ~3% 手续费。

（三）信用卡套现模式

用户有多张信用卡，利用信用卡刷卡消费存在免息期的漏洞，循环刷多张卡来维持免息借款。具体来说，用户通过在平台刷取信用卡 B，平台收取手续费后将刷卡金返还用户，进而用户可以将信用卡 B 中的资金来偿还信用卡 A。

### 5.5.2 游戏理财平台

截至 2018 年 3 月，技术平台已累计监测发现疑似诈骗平台数百家。技术平台发现游戏理财平台是诈骗平台的高发业态之一，投资者在进行投资理财时，应注意规避。

技术平台已发现游戏理财平台几十家，其中多数属于诈骗平台，根据监测结果，游戏理财主要有拆分盘模式和任务返利两种模式。

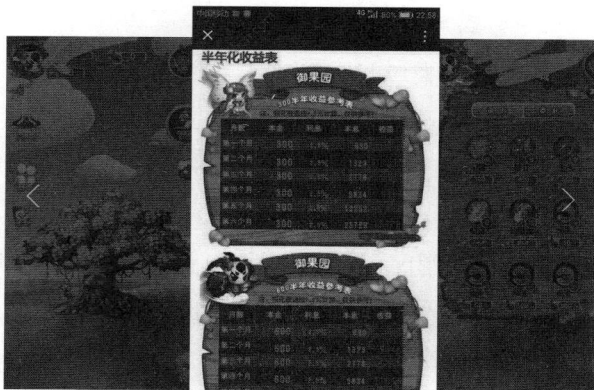

**图 5 - 39    "拆分盘"游戏理财截图**

（一）拆分盘模式

此类游戏理财的经营模式是投资者在缴纳一定入门费后，会获得一定的初始积分、"股票"或"代币"等其他奖励，此类平台宣称积分、"股票"和"代币"可兑换成人民币，用户以少量的资金投入后可以得到高额盈利（见图 5 - 39）。其通过不断地拆分裂变，如养鸡繁殖、种树有果实等，短时间内会产生更多的积分和"股票"，部分平台还可能存在恶意提高积分或"股票"的价格，造成投资者资产暴涨的错觉。但实际上平台可能任意修改交易规则，延长提现期限，收取高额提现费用，最终导致用户提现困难，无法收回资金。

（二）任务返利模式

此类平台的经营模式较为简单，投资者初期需缴纳一定入门费用后，获得游戏试玩资格，此类平台往往宣称试玩指定游戏或完成指定任务（如观看新闻、使用指定 APP）后用户能够获得大量奖励。同时平台宣称奖励可与人民币挂钩，用户可以"自由提取"（见图 5 – 40）。专委会发现，此类平台会不断提高游戏难度，恶意修改提现规则或封禁用户账户，实则为诈骗平台。

**图 5 – 40　"任务返利"游戏理财平台**

技术平台认为游戏理财平台主要存在以下几种风险：（1）业务模式存疑。以拆分盘或做任务返利的模式不具有可持续性，资金运转和返利关系难以长期维持。（2）涉嫌非法开展假虚拟货币或证券业务。部分平台通过出售"股票""代币"的形式进行集资，实质上是一种假虚拟货币或非法开展证券业务。根据《关于防范代币发行融资风险的公告》，这种行为本质上是一种未经批准非法公开融资的行为，涉嫌非法发售代币票券、非法发行证券以及非法集资、金融诈骗、传销等违法犯罪活动。（3）"拆分盘"式的经营模式涉嫌"庞氏骗局"。此类平台以拉人头的方式进行经营，以新收取的资金作为奖励支付原有投资者，涉嫌金融诈骗。（4）资金安全性较差。根据技术平台监测，投资者基本无法提现，平台卷款跑路概率极高。

### 5.5.3 互联网购物全返平台

技术平台巡查发现，中国互联网上的"互联网购物全返"平台存在突出风险。"购物全返"平台不同于通常的购物优惠平台，而是通过"0元购物""大比例返还消费资金"迅速吸引用户。此类平台盈利模式存疑，具有较高风险。主要表现形式如下。

（一）以"0元购物"为噱头吸引用户

以"0元购物""100%消费全返"为宣传点，迅速吸引大量用户。例如，图5–41平台宣称"购物不用钱"，通过制定"返利率"，将消费金额全部返还；"利利购商城"（www.liligou.com.cn）平台宣称"零成本购物"，但用户首先需要预存商品价格数倍甚至十倍的预存款。

**图5–41 "0元购物"平台截图**

（二）商品价格大幅高于市场价格

宣称在一定期限内消费金额分批返还，但是消费者购买的商品价格往往大幅高于一般市场价格。

例如，图 5 - 42 所示的几家平台的商品价格普遍较高，其中一款不知名的白酒产品甚至标价 6999 元；"螃蟹云购"平台宣称"100% 返现"，但消费者支付的费用明显高于商品的一般市场价格，如同一款电脑苏宁易购价格 2788 元，而该平台价格却高达万元，目前该平台已被查封。

**图 5 - 42　相关平台截图**

（三）涉嫌传销模式发展新客户

通过金字塔"发展下线"模式获取新客户，吸引大量消费者成为会员。

例如，图 5 - 43 所示的平台以"直销、分享经济的名义发展会员"，"推荐一个人给你 50% 提成""15 代以内都有提成"；"云集品"平台则通过"五级会员和团队分红模式"吸引了大量用户，目前该平台已多次被爆出负面信息。

咱们再来看下平台另外一个奖励：产品零售利润。自用省钱，分享赚钱。

如果说从平台购买产品经济实惠，后续拿货会员全部三折是不是非常的给力？

那如果说你推荐一个人给你50%的提成是不是更给力？

更更给力的是你推荐的人再推荐人你还有提成。

最最给力的是你推荐的人再推荐人再推荐人……15代以内你都有提成。

咨询热线：15098838135

好了给大家一组数据自己看吧。

**图5－43　传销模式购物平台相关截图**

## （四）预售大幅折价"积分券"等形式吸收资金

技术平台还发现部分平台利用积分券或充值优惠，大肆吸收用户资金，当资金达到一定规模时有的平台就会出现提现困难。

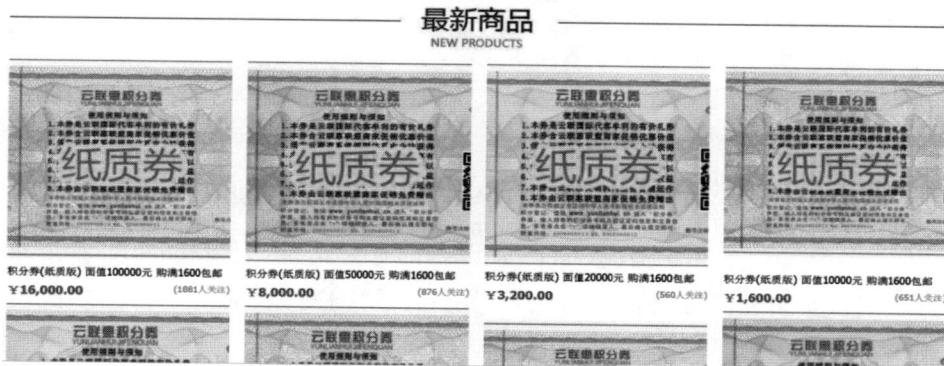

**图5－44　采用"积分券"模式的购物平台截图**

例如，图 5 - 44 所示的平台目前在官网上以较低的价格出售面值上万元甚至十万元的积分券；另一家平台宣称"投多少送多少"，并提供巨额推广佣金。

综上分析，"互联网购物全返"平台商品价格较高、返利周期较长、盈利模式不可持续，存在较高风险。请投资者不要被"广告用语"蒙蔽，注意风险。

### 5.5.4 外汇理财

技术平台巡查发现，中国存在大量面向境内用户的互联网外汇理财平台，这类平台分为两类：一是外汇交易平台，二是以"外汇交易"为旗号进行融资分红的平台。通过分析，部分互联网外汇理财平台风险较为突出，主要表现形式如下。

（一）业务牌照涉嫌造假

部分外汇理财平台为了吸引投资者往往声称自己受权威机构监管，或宣称拥有授权。目前，国际上公认的外汇交易监管机构有英国金融行为监管局（FCA）、美国期货业协会（NFA）、澳大利亚证券和投资委员会（ASIC），除此之外的一些国家和地区也会颁发相关牌照，但监管效力较低。

例如，亿鼎国际集团（EIG，www. ydfx168. com）（见图 5 - 45）声称获得英国 FCA 认可并受其全面监管的金融机构（FCA 763771），但经查询发现，FCA 763771 对应的公司名为 ICC INTERCERTUS CAPITAL LTD，网址为 www. everfx. com，与亿鼎国际集团的官网信息不一致。类似这种信息不匹配的平台还有 DPS Markets（www. dpsmarkets. com）、DGS 德高世通（www. dgsforex. com）、迈汇短线外汇（www. mhifx. com）等。

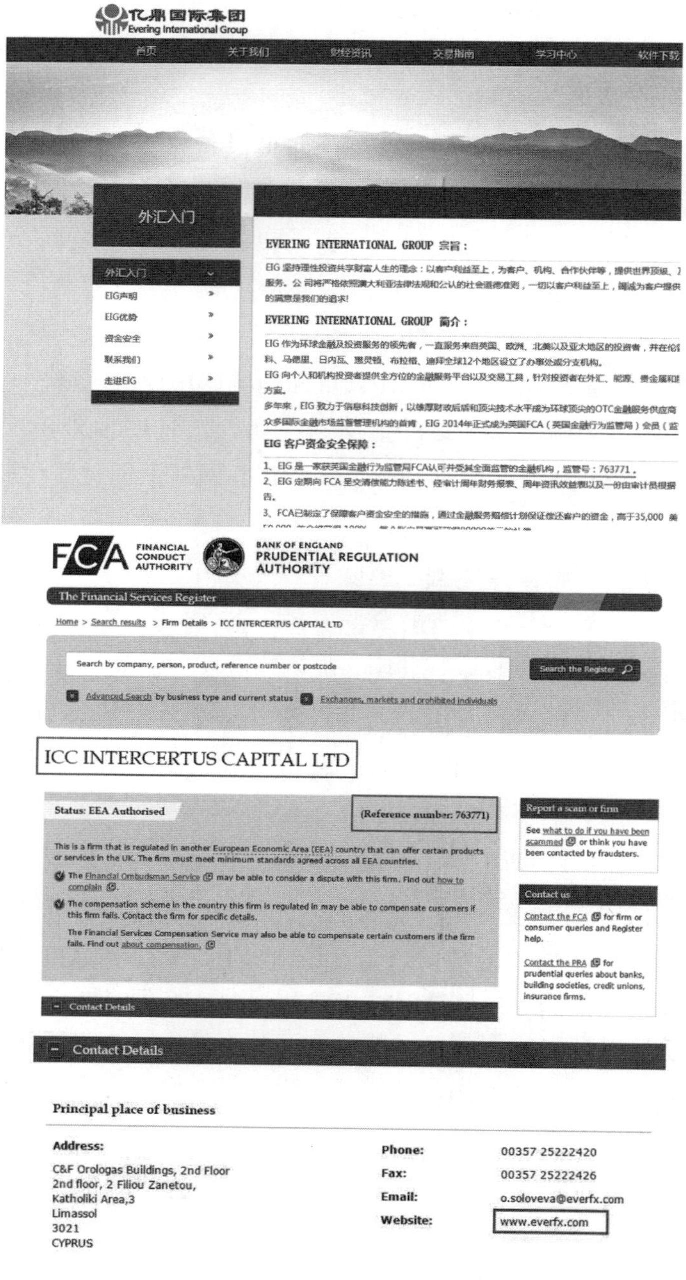


图 5－45 相关外汇理财平台截图

（二）承诺"高额收益"，交易过程不透明

部分外汇理财平台对外宣称"资金安全，只赚不赔"，甚至有平台业务人员在线下宣传时承诺高额回报。这些平台不仅违反中国相关法律规定，更是在交易过程中"暗箱"操作、蚕食客户资金。

例如，部分平台就是其客户的交易对手方。外汇理财新手往往能够获得较高的收益，但投资者加大投入后会慢慢出现亏损的情形，在平台的建议下操作或者采用自动跟单的模式也会出现这样的情形。

（三）涉嫌利用"传销模式"发展客户

部分外汇平台以"互助理财"的名义，发展下线，按层级返利的方式不断吸引新投资者加入，这种模式涉嫌传销。

例如，外汇平台沃尔克（http：//walkert.cc）声称自己是一家百年历史的英国金融公司，受 FCA 监管，保证客户本金安全，投资者每个月可获得最低比例收益和三次分红，同时投资者可以通过发展线下获得提成，一般可以获得 10 层下线一定比例的分红。该平台通过这种业务模式迅速吸引了大批投资者。

（四）打着"外汇交易"旗号"持续高额分红"

部分平台以"外汇交易"为旗号融资，进行"持续高额分红"。这类模式成立的前提是建立在"外汇交易"盈利始终大于"分红"的基础上，但由于盈利的不确定性，这类平台很可能演化成"庞氏骗局"（见图 5 - 46）。

## 5.5.5 传销币（假虚拟货币）

近年来，以比特币、莱特币、以太坊等为代表的虚拟货币受到持续关注，一些不法分子打着虚拟货币的幌子从事金融诈骗或传销，假虚拟货币（或称"传销币"）平台频现，致使投资者遭受重大损失。

国家互联网金融风险分析技术平台（以下简称技术平台）前期对假虚拟货币平台进行持续监测。技术平台累计发现假虚拟货币 421 种，其中 60% 以上的假虚拟货币网站服务器部署在境外，此类平台难发现、难追踪。技术平台监测此类平台多呈现出以下特点。

**四、奖金制度：**
*静态投资每月固定20%回酬
*最低 25 美元
*最高 1000 美元
*封顶8000美元
*动态只有直推的5%
不锁本金，随存随取，一次投资，永久获利！
每个月利息都会自动打款到你注册的银行卡里！

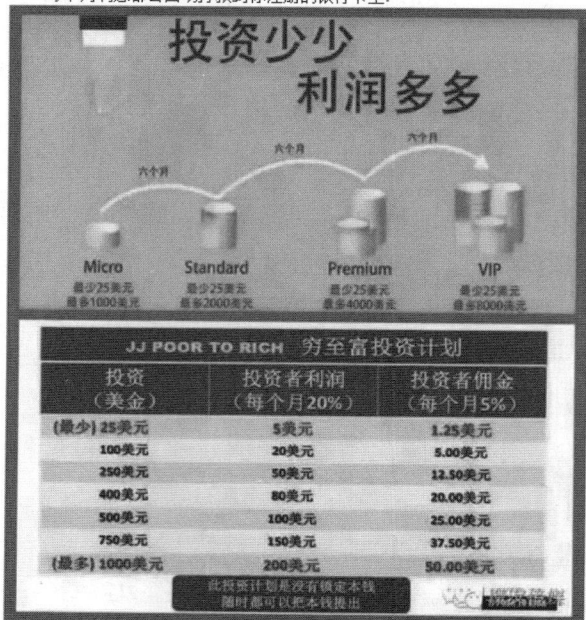

**图 5 – 46　传销模式的外汇理财平台截图**

（一）具有金字塔式发展会员的经营模式

此类平台的主要特点是采用金字塔式的发展会员经营模式的假虚拟货币平台，宣称其虚拟货币或积分币可产生高额回报。此类平台多以"拉人头""高额返利"等模式吸引投资者，涉嫌进行传销。如图 5 – 47 所示的这家平台，按照层级进行高额奖励，同时以"动态（投资金额越多奖励越多）"和"静态（按照固定比例进行返利）"两种收益方式吸引投资者，涉嫌传销。

图 5 −47　金字塔式发展会员平台示例（1）

图 5 −47　金字塔式发展会员平台示例（2）

（二）涉嫌资金盘，人为拆分代币

假虚拟货币多没有真实代码，无法产生区块或在区块上运行，因此多采用人为拆分的方式进行代币奖励，通过在短期内不断地拆分，产生大量积分或代币，造成财富暴涨的错觉。如图 5－48 所示的这家平台，公然宣称"拆分 10 次，只涨不跌"，根据平台宣传"投资代币越多，拆分得到的收益越高"。

**五星会员4000～4900美元 购币数55%**

**六星会员5000～无限　　购币数60%**

2.png

## 总共拆分10次（只涨不跌）

**1.** 拆分方式，只涨不跌，从0.2美元开始涨，涨到0.4美元就拆分。

**2.** 第一次拆分是100万个币涨一分，也就是20万美元，涨一分，从0.2美元开始涨，涨到0.4美元，开始拆分，这样的话每天能见涨。

**3.** 第二次拆分是200万个币涨一分，也是从40万美元，涨一分，从0.2美元开始涨，涨到0.4美元，开始拆分，这样的话每天能见涨。

**4.** 第三次拆分是400万个币涨一分，也是从80万美元，涨一分，从0.2美元开始涨，涨到0.4美元，开始拆分，这样的话每天能见涨。

**5.** 第四次拆分是800万个币涨一分，也是从160万美元，涨一分，从0.2美元开始涨，涨到0.4美元，开始拆分，这样的话每天能见涨。

**6.** 第五次拆分是1600万个币涨一分，也是从320万美元，涨一分，从0.2美元开始涨，涨到0.4美元，开始拆分，这样的话每天能见涨。

依此类推，共拆分十次。

3.png

## 推广收益

一)推荐奖：10%

**图 5－48　人为拆分示例**

（三）受到机构或个人控盘，无法自由交易

此类平台发行的假虚拟货币多无法在虚拟货币交易所交易，因此多采用场外交易或自有交易所交易。同时价格还存在受到机构或个人的高度控制的现象，容易造成价格快速上涨的错觉，但用户往往无法进行交易或提现。如图 5 – 49 所示的这家平台，其发行的假虚拟货币只能在其网站交易，且交易系统较为粗糙，安全性极差。

假虚拟货币主要风险在于：（1）涉嫌非法集资等违规行为。假虚拟货币无任何价值，以拉人头、高额返利的模式进行经营，本质为非法集资和传销活动。（2）存在高度跑路风险。此类平台无研发能力和技术，跑路概率极高。（3）受害者维权困难。此类平台多无经营场所和工商信息，且服务器多部署在境外，受害者很难进行维权。

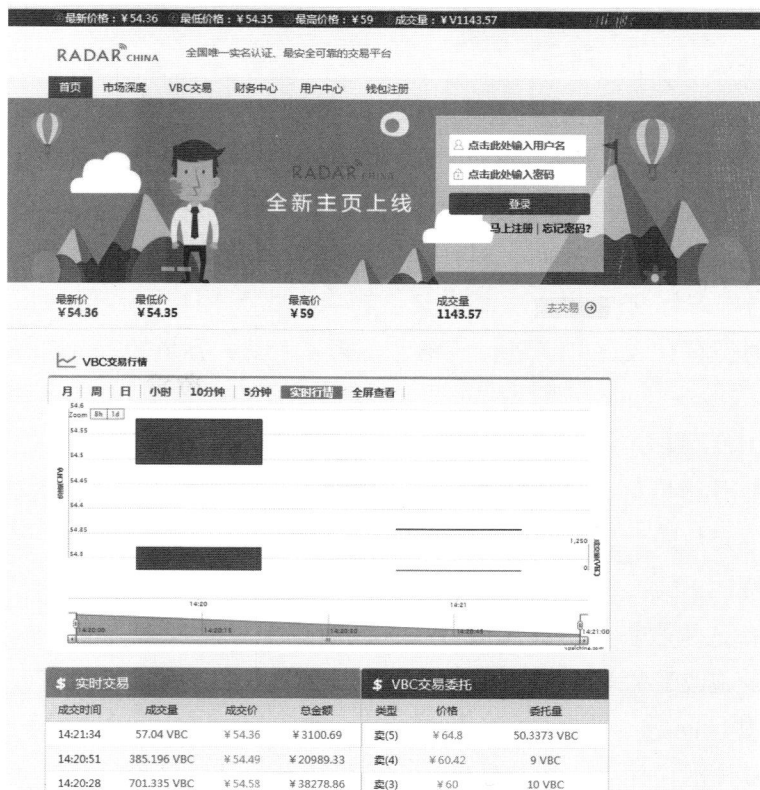

**图 5 – 49　假虚拟货币交易平台示例**

## 5.6 理性看待区块链应用

近年来，随着比特币等虚拟货币的火热，其底层技术区块链在国内外引起了广泛关注。目前区块链正在向金融和其他领域扩展应用，问题较为突出，具体如下。

（一）区块链应用中存在的问题

1. 金融领域应用

（1）虚拟数字货币方面，目前区块链技术的成熟应用主要体现在虚拟数字货币方面，在虚拟货币市场中存在恶意炒作、价格剧烈波动等一系列问题，且为洗钱、恐怖融资等活动提供了便利。

（2）区块链融资方面，部分区块链应用在通过 ICO 的形式融资，在 ICO 项目中占比 90% 以上。其融资规模大，参与用户多，但项目失败率高。同时，存在通过 ICO 进行传销、诈骗等活动，容易导致金融风险和社会问题。

2. 其他领域应用

（1）伪链盛行。目前很多区块链应用项目属于借区块链名义炒作概念、滥竽充数的"伪链"。其对区块链进行随意裁剪，并不能发挥区块链的技术特性，实质上不具备数据防篡改、去中心等核心特点。

（2）过于理想化。目前很多区块链应用项目忽视多方参与的积极性和关联设施改造的难度，其项目实施的难度大，失败可能性很高。

3. 共性问题

在具体的应用中，尤其是金融、质量控制、社会管理等关键领域，区块链应用系统设计和实现的安全性至关重要。目前的区块链系统在安全性方面考虑不足，已发生多起数字资产被盗、智能合约漏洞被黑客利用事件。

（二）区块链应用的关键因素

现阶段，除虚拟货币外，区块链在其他领域的具体应用仍存在困难。为保障区块链应用充分发挥区块链的技术特性，建议考虑如下关键因素。

1. 参与多方性。区块链需要互不信任的多方参与，以实现共同监督。同时应区分不特定多方和特定多方参与的要求。

2. 参与积极性。项目的应用要为参与者带来相应价值，否则无法保证区块链运行的持续性。

3. 参与真实性。在多方参与的情况下，区块链可以有效保障链上数据的难篡改，但无法解决链外数据上链的真实性。

4. 参与可行性。考虑与关联设施对接与改造的难度及成本，充分评估实施可行性。

（三）区块链认识的误区

现在部分应用借助区块链名义宣传数据真实和不可篡改等，为避免新技术概念不合理应用，应认清以下事实：

1. 物理上的多方不等于参与的多方

2. 区块链不直接等于不可篡改

3. 区块链不直接等于数据真实

总体来看，区块链是多项技术融合产生的创新，具有独特的技术特性和潜力。但目前无论是虚拟货币还是其他领域，鱼龙混杂，具有较高的金融风险和技术风险。需要进一步厘清对区块链应用的认识，避免新技术概念滥用和误用。

第六章
互联网金融法律

## 6.1　现阶段的法律框架和思想

　　目前而言，中国在互联网金融方面的立法还处于初级阶段，对于是否应该单独立法、如何立法等方面都没有达成一致意见。国家在整体上没有制定健全、实效的互联网金融监管法律。主要有以下表现：首先，对准入和退出机制的相关规范还不够健全。由于互联网金融发展时间短，业态复杂，国家还没有对相关的多种业态模式制定有针对性的进入门槛和监管标准，一些互联网金融业态的出现也受到了很多的质疑。与此同时，如何把不合格互联网金融企业清出市场也是一个难题，尤其是这些企业涉及众多的投资人，处置不当，会对投资人造成巨大损失，甚至可能引发群体性事件。其次，信息披露制度还不健全。实时迅速地披露相关交易信息以及企业的有关运营数据，可让消费者、政府、第三方等更加清楚地了解互联网金融企业的实际情况，比如盈利水平、效率、杠杆率以及流动比率。然而，互联网金融企业在使用大数据来处理企业自身和消费者之间的信息不一致的时候，也让消费者被动处于弱势位置。信息的不透明也让监管部分处于被动，无法及时发现问题平台，并采取有效措施。最后，风险监管、金融犯罪等与互联网金融业务相关的法律法规急需完善。互联网金融业态模式存在差异，致使其风险监管、业务的开展形式有别，金融犯罪的形式也不一样，国家还没有针对这种情况制定相应的法律法规。我们目前适用的仍然是基础性的法律规定，或者由某一监管机构出台针对性的规定，前者规定粗疏，而后者往往效力比较低。

## 6.2　互联网金融法律风险分析

　　金融总是伴随着风险，互联网金融因为传播迅速，参与人员多，涉及资金巨大，其风险更不能忽视。再加上法律规定不全，监管体制存在不协调，使互联网金融的法律风险尤为突出，企业游离在灰色地带，甚至公然挑战法律规定和监管红线。互联网金融的高危法律风险有以下几点。

（一）电子数据泄露风险

互联网金融平台和用户一般采用电子签名等技术，在网上进行交易和数据处理，生成电子合同等相关电子数据。电子数据易篡改、易丢失，其存储和使用面临比较大的风险。中国互联网金融用户的信息经常被泄露和窃取，主要原因有两点：一是平台的信息保障措施不到位，对用户信息的保护能力亟待增强，比如无漏洞扫描，无隔离措施；二是用户自身的信息保护意识较弱，对个人敏感信息缺乏风险防范认识和手段。根据国家互联网金融安全技术专家委员会披露的统计数据，截至 2018 年 5 月，中国互联网金融网站的漏洞达 1440 个，高危漏洞占比 67%，APP 漏洞 1553 个，高危漏洞占比 39%，发现针对互联网金融网站攻击 85.3 万次，用户敏感信息极易泄露。在用户信息保护方面，平台应当承担主要责任，互联网金融企业在平台建设方面需加大投入，系统架构、操作流程、信息交互都应当标准化，切实保障用户信息安全，同时便于监管部门的监管执法。目前比较合适的做法是进行电子数据的第三方存证，由专业的机构进行数据的存证和保护，目前从事电子存证业务的第三方平台既有商业机构，也有国家平台，前者如法大大、安存等，后者则以国家电子合同备案平台为代表。

（二）违规开展业务

互联网金融属于新生事物，法律规定又存在滞后性，这就导致互联网金融领域存在诸多灰色地带，企业受利益驱使，经常打擦边球，甚至突破红线，违规开展业务。比如 2017 年如火如荼的现金贷业务和校园贷业务，畸高的借款利率和各种费用陷阱，以及引诱大学生进行超出自身经济能力的高额借贷，让相关互联网金融企业挣得盆满钵满，趣店美国上市更是引发广泛关注。这些疯狂扩张的业务模式虽然被监管部门叫停，但造成的负面影响巨大。根据《刑法》第二百二十五条第三款的规定，互联网金融平台未经批准开展相关业务，可能构成非法经营罪，如未经批准经营证券、期货、保险业务，或者非法从事资金支付结算业务。金融业务关系到国计民生和社会稳定，准入门槛一般比较高，持牌经营是最常见的做法。互联网金融也应当纳入持牌经营范围，尤其是互联网金融产品存在隐蔽性、传播广的特点，呈现的风险也多样化、复杂化，负面后果往往超出预期。

（三）债务违约与违规催收

近两年来，互联网金融领域的违规催收现象愈演愈烈，骚扰债务人及其亲属，恐吓、威胁债务人，甚至导致债务人自杀，成为社会舆论的焦点。违规催收的直接原因是债务违约现象非常普遍，互联网金融平台坏账率高企。债务违约经常发生，主要有两个方面原因：一是互联网金融平台本身风险控制能力比较弱，存在部分平台为了扩大规模，吸引更多用户，有意或无意降低风控标准，再加上国内信用体系不完善，导致部分信用有问题的人员进入互联网金融市场，"薅羊毛""撸口子"甚至成为这部分人的生活来源，为追回欠款，平台只能寄希望于第三方催收公司进行催收。催收的另一个原因是平台受利益驱使，通过诱导或者虚假宣传，使没有还款能力的人大肆借款，借款人还不上之后再进行催收，比如常见的现金贷和校园贷等业务。为规范互联网金融逾期债务催收行为，2018 年 3 月 29 日，中国互联网金融协会发布了《互联网金融逾期债务催收自律公约（试行）》（以下简称《催收自律公约（试行）》），该公约规定，出现债务逾期或违约时，债权人及相关从业机构为可以进行催告提醒，但不得违背法律法规和公序良俗，并对催收范围和催收行为进行了限制。《催收自律公约（试行）》第五条规定："互联网金融逾期债务催收应严格遵守国家相关法律规定，对于以利息、违约金和各种费用形式对债务人收取的综合资金成本超出国家相关法律规定的，不得对超出部分进行催收。"此外，《催收自律公约（试行）》第三章第 13 条至 26 条对催收行为进行了明确约定，不得采用恐吓、威胁债务人，或者限制债务人人身自由，不得骚扰无关人员，不得泄露债务人信息，不得诱导或逼迫债务人通过新增借贷或非法途径筹集资金偿还逾期债务等，违反者将会受到处罚。《催收自律公约（试行）》的规定虽然比较详尽，但实际效果有待检验，而且互联网金融协会发布的只是行业自律公约，级别较低，适用范围有限，面对层出不穷的各种违法违规催收行为，监管部门需要加大惩治力度。

（四）洗钱和非法集资风险

互联网金融平台极易触犯洗钱和非法集资两个罪名，首先，根据《刑法》第一百九十一条规定"明知是毒品犯罪、黑社会性质的组织犯罪、恐怖活动犯罪、走私犯罪、贪污贿赂犯罪、破坏金融管理秩序犯罪、金融诈骗犯罪的所得及其产生的收益，为掩饰、隐瞒其来源和性质，有下列行为之一的，没收实施以上犯罪的所得及其产生的收益，处五年以下有期徒刑或者拘役，并处或者单处洗钱数额百分之五以上百分之二十以下罚金；情节严重的，处五年以上十年以下有期徒刑，并处洗钱数额百分之五以上百分之二十以下罚金。

（一）提供资金账户的；

（二）协助将财产转换为现金、金融票据、有价证券的；

（三）通过转账或者其他结算方式协助资金转移的；

（四）协助将资金汇往境外的；

（五）以其他方法掩饰、隐瞒犯罪所得及其收益的来源和性质的。

单位犯前款罪的，对单位判处罚金，并对其直接负责的主管人员和其他直接责任人员，处五年以下有期徒刑或者拘役；情节严重的，处五年以上十年以下有期徒刑。"

所谓洗钱是指通过各种手段，掩饰、隐瞒特定犯罪违法所得及其收益，使其形式上合法化的行为。由于互联网的隐蔽性、难追踪、资金快速流动的特点，利用互联网金融产品进行洗钱的现象比较常见，不管是P2P，互联网支付还是互联网资产管理，"在互联网金融活动中，任何涉及资金流转的环节，都能成为洗钱犯罪的爆发点"。互联网金融平台需对资金来源进行合法性审查，但目前尚无有效手段，互联网金融平台在开展相关业务时应特别慎重。如果平台只是作为信息中介机构（如 P2P 平台），没有参与借贷关系，则面临洗钱的风险较小。

互联网金融平台面临比较大的风险就是非法集资，非法集资是未经有关部门依法批准归集资金，承诺在一定期限内向出资人还本付息的行为。

具体包括非法吸收公众存款、集资诈骗等行为。根据《刑法》第一百七十六条和第一百九十二条规定，非法吸收公众存款，是指未经批准，向不特定对象吸汇集资金，并承诺还本付息的行为；集资诈骗罪则是指以非法占有为目的，使用诈骗方法非法集资，数额较大的行为。例如，众筹平台在未获批准的情况下，以项目投资为名，公开宣传并归集资金，形成资金池或挪作他用，就可能构成非法集资。又如，P2P平台通过虚构借款标的，或者通过自融的方式形成资金池，用于其他用途，也会构成非法集资。平台本身没有非法集资的目的和行为，但为他人的集资行为提供帮助的，根据2014年3月《最高人民法院、最高人民检察院、公安部关于办理非法集资刑事案件适用法律若干问题的意见》相关规定，也会构成非法集资。不久前出事的南京钱宝、善林金融等平台更加说明了互联网金融平台所面临的此类风险问题。

（五）类互金产品的法律风险

所谓的类互金产品是指这些产品本身并不属于严格的互联网金融产品，只是以金融或者投资的名义吸引用户，获取收益。典型的类互金产品有消费返利、游戏理财、假虚拟货币等。

消费返利主要见于返利网站，但不同于通常的购物优惠平台，而是通过"0元购物""100%消费全返"的噱头迅速吸引用户。此类平台盈利模式存疑，具有较高风险，且通过金字塔"发展下线"模式获取新客户，以佣金积累的资金池对用户返利，通过互联网发展代理商，吸引大量消费者成为会员，资金链极易断裂。已经出事的云联惠（www. yunlianhui. cn）就是典型的消费返利平台。

游戏理财平台也不同于通常的网络游戏平台，它具有复杂的游戏规则，要求用户深度参与后获得高额收益，使得参与者有"劳动所得"的错觉，常见的游戏理财平台有吉祥兔（养兔子）、玖玖茶园（种茶）、御果园（种果树）等。"拆分盘"是此类平台的常用模式，所谓的拆分就是就是数量不断增加，价格不断上升，拆分速度和价格上涨速度是根据新入投资者的资金量来决定。因此，此类模式一旦没有足够的增量资金进入，就难以持续，而且平台可以任意修改交易规则，导致用户无法提现，其资金最后全部归平台所有。

假虚拟数字货币，由于比特币受到社会广泛关注，市场上出现了一些假虚拟数字货币。假虚拟货币大多没有真实代码，无法产生区块或在区块上运行，且无法在虚拟货币交易所交易。这类虚拟货币通常涉嫌传销，通过"拉人头"分成的方式吸引用户，其风险值得高度关注。

## 6.3　P2P 网贷法律规定

根据《关于促进互联网金融健康发展的指导意见》（银发〔2015〕221 号，以下简称《指导意见》），在网络借贷平台（P2P）上发生的直接借贷行为属于民间借贷范畴，受合同法、民法通则等法律法规以及最高人民法院相关司法解释规范，网络借贷业务由银监会负责监管。以网贷平台的资金存管要求为例，《网络借贷信息中介机构业务活动管理暂行办法》明确要求"网络借贷信息中介机构应当实行自身资金与出借人和借款人资金的隔离管理，并选择符合条件的银行业金融机构作为出借人与借款人的资金存管机构。"《互联网金融风险专项整治工作实施方案》强调 P2P 网络借贷平台应守住法律底线和政策红线，落实信息中介性质，不得发放贷款，不得非法集资，不得从事线下营销。

P2P 网贷涉及的其他法律规定，《合同法》第四百二十四条规定："居间合同是居间人向委托人报告订立合同的机会或者提供订立合同的媒介服务，委托人支付报酬的合同。"《合同法》第四百二十六条规定："居间人促成合同成立的，委托人应当按照约定支付报酬。"《中华人民共和国民法通则》第十九条规定：合法的借贷关系受法律保护。《合同法》第二百二十一条规定：自然人之间的借款合同约定支付利息的，借款的利率不得违反国家有关限制借款利率的规定。《最高人民法院关于人民法院审理借贷案件的若干意见》第 6 条规定：民间借贷的利率可以适当高于银行的利率，各地人民法院可根据本地区的实际情况具体掌握，但最高不得超过银行同类贷款利率的四倍（包含利率本数）。超出此限度的，超出部分的利息不予保护。第 10 条规定：一方以欺诈、胁迫等手段或者乘人之危，使对方在违背真实意思的情况下所形成的借贷关系，应认定为无效。第 11 条规定：出借人明知借款人是为了进行非法活动而借款的，其借贷关系不予保护。第 13 条规定：在借贷关系中，仅起联系、介绍作用的人，不承担保证责任。对债务的履行确有保证意思表示的，应认定为保证人，承担保证责任。《中华人民共和国担保法》第五十三条规定：债务履行期届满抵押权人未受清偿的，可以与抵押人协议以抵押物折价或者以拍卖、变卖该抵押物所得的价款受偿；协议不成的，抵押权人可以向人民法院提起诉讼。《合同法》第一百九十八条规定：订立借款合同，贷款人可以要求借款人提供担保。《中华人民共和国中小企业促进法》第 40 条规定：国家鼓励各类社会中介机构为中小企业提供创业辅导、企业诊断、信息咨询、市场营销、投资融资、贷款担保、产权交易、技术支持、人才引进、人员培训、对外合作、展览展销和法律咨询等服务。2010 年 5 月 14 日《国务院关于鼓励和引导民间投资健康发展的若干意见》第 36 条中明确提出：鼓励民间资本进入金融领域，发起设立金融中介服务机构。2013 年 10 月 14 日《国务院关于促进信息消费扩大内需的若干意见》第 6 条第 16 款提出：构建安全可信的信息消费环境基础。大力推进身份认证、网站认证和电子签名等网络信任服务，推行电子营业执照。推动互联网金融创新，规范互联网金融服务，开展非金融机构支付业务设施认证，建设移动金融安全可信公共服务平台，推动多层次支付体系的发展。推进国家基础数据库、金融信用信息基础数据库等数据库的协同，支持社会信用体系建设。

**案例分析一**

融资城，通过关联方借款自融，出事时间 2016 年 1 月。

融资城注册于 2009 年 3 月，旗下运营的投融资平台"融资城"是业内较早开展类 P2P 业务的平台。2015 年 3 月起，陆续有投资人反映其项目到期无法兑付，回款期限也一再拖延。

融资城的项目融资包主要是由第三方在该平台上发布融资项目，平台不介入，由第三方平台聚盛资产（融资城关联公司）做类似担保设置，项目到期后回款。融资包是融资城非常重要的一项融资项目，其项目期限一般在半年，而更具吸引力的是，融资包的历史预期年化收益率一般达 16% ~ 20%。投资人普遍反映，融资城发布一些项目严重涉嫌自融，比如涉及投资人众多的龙王湖项目，其融资方却是融资城的关联企业。

2016 年 1 月 20 日，深圳警方通报称，1 月 18 日，深圳南山警方对融资城及相关公司涉嫌犯罪问题依法立案侦查，并对相关犯罪嫌疑人采取了强制措施，对涉案资产实施了查封、冻结、扣押，警方未披露融资城具体的涉案金额，根据投资人提供的数据，未收回资金可能超过 10 亿元。

自 2018 年 5 月以来，多家 P2P 平台暴雷，如唐小僧、投之家、银狐财富、一两金融等平台，或警方介入，或平台失联，或公告清盘。而且随着国家金融去杠杆持续进行，暴雷的平台越来越多，据统计，仅今年 7 月上半月，就有超过 40 家网贷平台出事，杭州，上海等地成为重灾区。接连的暴雷事件对整个网贷行业冲击巨大，一些比较大的平台也开始限制提现，以防发生挤兑，投资人和市场信心受到重大打击。

## 6.4　互联网众筹

互联网众筹通常是指项目发起人在互联网平台（众筹网站）发布其创业项目信息，吸引投资者为某一项目筹集资金的融资方式。《指导意见》指出，股权众筹融资必须通过股权众筹融资中介机构平台（互联网网站或其他类似的电子媒介）进行。股权众筹融资方应为小微企业，应通过股权众筹融资中介机构向投资人如实披露企业的商业模式、经营管理、财务、资金使用等关键信息，不得误导或欺诈投资者。股权众筹融资业务由证监会负责监管。《关于对通过互联网开展股权融资活动的机构进行专项检查的通知》出发点在于纠正股权众筹市场上违法违规的行为，避免股权众筹等行业出现 P2P 行业"野蛮发展"后风险不断的情况，为股权众筹的健康发展营造有序的市场环境。《互联网金融风险专项整治工作实施方案》规定，股权众筹平台不得发布虚假标的，不得变相乱集资，应强化对融资者、股权众筹平台的信息披露义务和股东权益保护要求，不得进行虚假陈述和误导性宣传。

互联网众筹涉及的法律规定有《证券法》《公司法》《证券投资基金法》《国务院办公厅关于严厉打击非法发行股票和非法经营证券业务有关问题的通知》《非法金融机构和非法金融业务活动取缔办法》《中国人民银行关于取缔非法金融机构和非法金融业务活动中有关问题的通知》《四部委关于整治非法证券活动有关问题的通知》等法律法规和部门规章。中国证券业协会于 2014 年底发布了《私募股权众筹融资管理办法（试行）》，这是官方第一次出台针对股权众筹的法规。此文件的起草说明提到"由于缺乏必要的管理规范，众筹融资活动在快速发展过程中也积累了一些不容忽视的问题和风险：一是法律地位不明确，参与各方的合法权益得不到有效保障；二是业务边界模糊，容易演化为非法集资等违法犯罪活动；三是众筹平台良莠不齐，潜在的资金欺诈等风险不容忽视。但是试行办法出台后，正式版却迟迟没有出台，因为里面所涉及一些关于股权众筹安排，包括投资者的门槛、众筹平台的门槛等，还存在方向性的争议。其中最主要的争议在于对合格投资人的认定，业界普遍认为门槛过高，有悖众筹普惠金融的本质。

众筹进一步细化可以分为股权众筹、实物众筹、公益众筹等多种类型。中国的互联网众筹可以分为商品众筹和股权众筹两大类，其中股权众筹的争议最大，很容易违反相关法律规定，国内主要的众筹平台有点名时间、追梦网、天使汇等。

由于专门性的法律法规严重滞后于众筹的发展速度，众筹在发展过程中产生了诸多的法律风险。众筹的法律风险主要表现在门槛低导致的洗钱诈骗问题、涉嫌非法集资问题、突破公开发行证券限制违法经营问题以及众筹项目的知识产权保护不力等方面的问题。

一是众筹的低准入门槛导致金融诈骗、洗钱等违法活动频发。根据现行的法律，想要成立一家众筹公司，只需要进行工商登记和网站备案即可以成立，并没有审批设立、业务经营范围许可等方面的要求。在如此低的准入门槛下，监管不足成为必然，众筹因此极易沦为诈骗或者洗钱的工具。

二是极易涉嫌非法集资犯罪。非法集资和众筹的界限是什么？中国法律目前并没有对此做出确切的解释。根据"非法集资"的相关法律解释，非法集资有四个特点：其一，集资未经过依法批准，或是超过批准范围；其二，承诺一定期限还本付息；其三，向不特定的对象筹集资金；其四，以合法形式掩盖非法目的。包括资金流向是否真实可控，资金用途是否合法，生产活动是否真实存在等。对比互联网金融中的众筹模式，该平台通过互联网向社会公众进行推广，其运营的合法性没有在法律上得到认可，此外股权类众筹和奖励类众筹都承诺在一定期限内给予股权和物品回馈，凡此种种都与非法集资犯罪的认定标准高度吻合，此外，募集到资金之后，资金如何使用？由谁监管？这些都亟须法律予以明确。在利益驱使和监管缺位的共同作用下众筹容易踩上"涉嫌非法集资"的红线。

三是就股权众筹而言，容易突破公开发行证券的法律限制。《证券法》第十条规定，向不特定对象发行证券，或者是向特定的对象（超过200人）发行证券的，都属于公开发行证券，必须依法报证监会核准，由证券公司承销；未经证券监督部门的核准，任何个人和单位都禁止公开发行证券。毫无疑问，股权类众筹项目的资金募集是面向不特定对象的，而且往往人数超过200人。因此，股权众筹发展会受到《证券法》规制，但违法股权众筹的现象依然盛行。

四是众筹项目产生侵犯知识产权的问题。众筹项目大多数是创意项目，融资者为了更好地获得资金，会把项目的创意方案、计划书等放置在网络上，供投资者评估，此时，这些项目很有可能遭到剽窃、抄袭的危险。因为，大部分的项目是一些还没有申请专利的半成品创意项目，难以得到知识产权法的相关保护。另外，在筹资过程中，如果将产品的设计思路、使用详解等最重要的创新性内容充分暴露在众筹平台上发布，这些众筹项目很容易被盗版商仿造并先行在市场上销售，给融资人造成巨大损失。

## 6.5　互联网保险

《指导意见》明确强调，保险公司开展互联网保险业务，应遵循安全性、保密性和稳定性原则，加强风险管理，完善内控系统，确保交易安全、信息安全和资金安全，保险公司通过互联网销售保险产品，不得进行不实陈述、片面或夸大宣传过往业绩、违规承诺收益或者承担损失等误导性描述。保监会先后出台《互联网保险业务监管暂行办法》《互联网保险风险专项整治工作实施方案》《中国保监会关于进一步加强保险业风险防控工作的通知》《关于保险业支持实体经济发展的指导意见》等一系列文件对互联网保险进行规范。其中，《互联网保险风险专项整治工作实施方案》对非法经营互联网保险业务进行了明确规定，常见的非法经营互联网保险业务的行为有两种：一是非持牌主体违规开展互联网保险业务；二是借互联网保险之名实施非法集资等违法犯罪活动。

## 6.6　第三方支付

根据《指导意见》，第三方支付机构与其他机构开展合作的，应清晰界定各方的权利义务关系，建立有效的风险隔离机制和客户权益保障机制。要向客户充分披露服务信息，清晰地提示业务风险。第三方网上支付业务由人民银行负责监管。《非银行支付机构网络支付业务管理办法（征求意见）》则对第三方网上支付的认证要求、支付限额、业务范围做了较为明确的规定，特别是对消费账户限额和综合理财账户的限制，被业内人士称为"史上最严"。《互联网金融风险专项整治工作实施方案》具体指出，非银行支付机构不得挪用、占用客户备付金，客户备付金账户应开立在人民银行或符合要求的商业银行。非银行支付机构不得连接多家银行系统，变相开展跨行清算业务。非银行支付机构开展跨行支付业务应通过人民银行跨行清算系统或者具有合法资质的清算机构进行。开展支付业务的机构应依法取得相应业务资质，不得无证经营支付业务。

第三方支付主要涉及的法律法规有《银行法》《反洗钱法》《商业银行法》《非金融机构支付服务管理办法》《非金融机构支付服务管理办法实施细则》《支付机构互联网支付业务管理办法（征求意见稿）》《支付机构反洗钱和反恐怖融资管理办法》《支付机构跨境电子商务外汇支付业务试点指导意见》《电子支付指引（第一号）》《非金融机构支付服务业务系统检测认证管理规定》《支付机构客户备付金存管办法》《银行卡业务管理办法》《支付机构预付卡业务管理办法》等。

与其他互联网金融业态相比，第三支付的风险相对较小，业务模式也比较成熟，但还存在以下三个方面的风险。

首先，信息安全法律风险。以"支付宝"为例，我们的个人信息诸如银行卡号、手机号码、消费记录等大量信息在"支付宝"都存有记录，第三方支付机构在数据的收集、保存、使用方面如何保持自律？技术安全性怎样落实？这些都是以"支付宝"为代表的第三方支付机构必须面临的现实问题，也是监管部门必须重视的监管难题。《非金融机构支付服务管理办法》规定支付机构应该保护客户的商业秘密，妥善保管客户信息。支付机构未遵循上述规定的，人民银行可限期。

整改并对其处以罚款。同时，在准入机制上设置了"技术安全检测认证证明"的要求。上述规定虽在一定程度上保护了消费者的信息安全，但是，违规的具体要件有待进一步细化，在机构准入上，如果不制定强制性的安全标准和技术标准，仅仅依靠认证机构的证明资料，这样设立的支付机构安全性仍然值得怀疑。

其次，交易安全法律风险。目前的网络借贷大都是通过第三方支付实现资金转移的，一旦某些网贷平台出现"携款跑路"，第三方支付机构是否可以冻结账户，《非金融机构支付服务管理办法》第三十八条规定，支付机构明知他人实施犯罪活动而仍为其办理支付业务的，中国人民银行有权责令其停止支付。但是，根据中国法律规定，有权冻结存款的，只有公检法、国家安全机关、海关、税务等。政策和法律的冲突，让效益安全的法律保护更显困难。

最后，第三方支付机构的资金沉淀，形成资金池。这部分资金性质界定，利息归属，如何利用，都构成了第三方支付急需解决的法律风险。第三方支付主要在交易双方中起到支付中介或者信用担保的作用。由于交易双方都需要在第三方支付平台上设立虚拟的账户，在支付过程中虚拟账户里会形成沉淀资金。怎样监管第三方支付平台有可能在未经客户同意的情况下动用沉淀资金问题，如何确定账户资金的巨额利息归属问题，这些都成为不可回避的法律问题。支付宝推出的"余额宝"服务似乎是解决用户资金沉淀的一次有益的探索，但是，这并没有解决问题的根本。

**案例分析二**

近年来，因第三方支付业务引发的客户资金风险案件频发，暴露出部分支付机构一味追求支付便捷而忽视支付安全、支付系统存在严重漏洞、客户资金安全和信息安全难以得到有效保障等问题。

1. 支付机构违规提供接口为赌博网站提供支付服务

2015 年 11 月 17 日，媒体报道一家名为"博狗"的境外赌博网站可使用银联在线支付和支付宝支付进行赌博交易，经调查，该赌博网站利用支付机构对特约商户管理漏洞，通过非法连接支付机构正常商户支付接口实现涉赌资金网上收付。其中，该网站所显示的"银联在线支付"图标是冒用，支付宝通道由支付宝特约商户"深圳市乐华晟贸易有限公司"提供。实际的支付路径为支付宝、汇潮支付有限

第六章 互联网金融法律

公司、上海汇付数据服务有限公司、宝付网络科技（上海）有限公司和智付电子支付有限公司收单后直送发卡行网银处理或由银联转接清算。调查时，涉事收单机构已关闭了涉事商户的交易权限，进一步的风险处置正抓紧实施。该情况属于典型的支付机构对特约商户交易行为监控和管理不力，导致特约商户支付接口滥用，为赌博资金提供了便利。

2. 擅自开放代扣接口给外部平台，导致客户银行账户资金无端被扣划

据报道，2015 年发生多起用户银行存款莫名消失的情况，来自湖北的罗先生的银行卡先被存入 1.61 元，紧接着手机收到的短信提示显示卡里剩余的近 8 万元被人悉数转走，几乎是 1 分钟转走 1 万元，10 分钟全部转完。经过调查分析，发现这些交易是由于一些支付机构滥用跨行代扣接口导致的。按照行业惯例，代扣接口一般用于水电煤、保费等小额定期支出，不能用于投资理财之类的大额划账。但是，近几年一些支付机构在与商户建立"代收业务"合作关系时，不履行尽职调查义务，对商户准入资格，资金交易的真实背景、被扣款主体的意愿及身份信息疏于审核验证，导致不法分子通过伪造客户签名和委托扣款协议成功扣划客户银行存款，将风险从支付机构向商业银行扩散转移。

3. 互联网金融平台借助第三方支付非法吸存

目前，根据公安机关反映，在利用 P2P 平台非法吸存或在未取得行政许可非法设立期货交易平台等犯罪案件中，犯罪分子将平台接入支付机构，在第三方支付机构开立支付账户，由支付机构为客户提供支付通道，资金汇集后仍由平台直接掌控账户资金。如德州公安机关侦办的"财益创投"非法吸存案件中，犯罪嫌疑人宣某注册成立乐陵市鑫广源投资管理咨询有限公司并建立 P2P 平台，该平台在多家第三方支付公司设立支付账户后非法吸存。菏泽公安机关侦办的"雅戈创投"P2P 平台非法吸存案件中，其接入宝付公司设立账户归集资金。

此外部分 P2P 平台借助投资人追求资金安全的心理，大肆宣传与第三方支付机构开展资金托管、平台无法触碰项目投资资金、资金直接划转到借贷项目企业等虚假内容，而平台却通过制作虚假标的文书、转移截流投资资金。如济南公安机关侦办的上咸投资有限公司非法吸存案件中，该平台采用上述手段于 2013～2014 年反复制作虚假投资标的非法吸存。

4. 快捷支付极易引发风险

近年来快捷支付在网络支付业务中应用广泛。快捷支付仅需要客户的少量身份信息、卡号和手机号即可开通，之后凭借手机短信验证即可实现资金快速的扣划。快捷支付的低门槛和便捷性同时带来了较高的风险，由于手机病毒泛滥、客户个人信息自我保护意识不足、手机号码实名制管理有待加强，因此快捷支付成为不法分子盗取客户资金的重灾区。与此同时，支付机构违规在未取得银行授权，且客户未经银行核实真实意愿的情况下即与客户签订快捷协议，扣划客户资金，进一步加剧了快捷支付业务的风险。

# 6.7　虚拟货币与其他业态

虚拟货币在 2017 年比较火热，通过发行代币形式包括首次代币发行（ICO）进行融资的活动大量涌现，投机炒作盛行，涉嫌从事非法金融活动，严重扰乱了经济金融秩序，监管层对此高度重视。2017 年 9 月，中国人民银行联合中央网信办、工业和信息化部、工商总局、银监会、证监会、保监会发布的《关于防范代币发行融资风险的公告》明确指出，代币发行融资是指融资主体通过代币的违规发售、流通，向投资者筹集比特币、以太币等所谓"虚拟货币"，本质上是一种未经批准非法公开融资的行为，涉嫌非法发售代币票券、非法发行证券以及非法集资、金融诈骗、传销等违法犯罪活动。并规定"任何组织和个人不得非法从事代币发行融资活动"。

其他的互联网金融业态包括互联信托、互联网消费金融、互联网基金、互联网票据理财，监管部门对这些新业态也制定了合规性指引。《指导意见》要求，信托公司、消费金融公司通过互联网开展业务的，要严格遵循监管规定，加强风险管理，确保交易合法合规，并保守客户信息。信托公司通过互联网进行产品销售及开展其他信托业务的，要遵守合格投资者等监管规定，审慎甄别客户身份和评估客户风险承受能力，不能将产品销售给予风险承受能力不相匹配的客户。

## 6.8　非法集资

根据《关于取缔非法金融机构和非法金融业务活动中有关问题的通知》规定，非法集资是指单位或者个人未依照法定程序经有关部门批准，以发行股票、债券、彩票、投资基金证券或者其他债权凭证的方式向社会公众筹集资金，并承诺在一定期限内以货币、实物以及其他方式向出资人还本付息或给予回报的行为。

需要特别说明的是，非法集资是个统称，并不是独立的罪名，在《刑法》中主要有两个罪名与之相关，一是非法吸收公众存款罪，二是集资诈骗罪。根据《关于进一步打击非法集资等活动的通知》（银发〔1999〕289号）的相关规定，"非法集资"归纳起来主要有以下几种。

（1）通过发行有价证券、会员卡或债务凭证等形式吸收资金。

（2）对物业、地产等资产进行等份分割，通过出售其份额的处置权进行高息集资。

（3）利用民间会社形式进行非法集资。

（4）以签订商品经销等经济合同的形式进行非法集资。

（5）以发行或变相发行彩票的形式集资。

（6）利用传销或秘密串联的形式非法集资。

（7）利用果园或庄园开发的形式进行非法集资。

（8）利用现代电子网络技术构造的"虚拟"产品，如"电子商铺""电子百货"投资委托经营、到期回购等方式进行非法集资。

（9）利用互联网设立投资基金的形式进行非法集资。

（10）利用"电子黄金投资"形式进行非法集资。

互联网金融背景下非法集资活动的新特征：

（1）涉众更多、地域范围更广

互联网的虚拟性突破了物理的地域，这在非法集资领域也被充分地表现出来了。传统非法集资案中县域案件较多，嫌疑人相对集中，本地人可达所有嫌疑人人数的 61%。而互联网金融完全突破了这一规律，如在"乐贷网事件"中，涉及 30 多个省市的 1000 多人。

（2）犯罪发生的速度更快、影响也加大

福建一家名为"福翔创投"的网贷平台，2013 年 10 月 15 日上线，18 日老板就跑路，被誉为史上最短命的网贷平台。据统计，自 2013 年 10 月以来，平均 0.7 天就倒闭一家 P2P 网贷平台，虽然倒闭并不等同于非法集资，但倒闭的速度反映了在非法集资防范中需要快速反应机制。传统的非法集资案件，因为其是一种过程性犯罪，在一开始并不表现为犯罪的形式，甚至是合法的形式，且隐蔽性强，较难发现，因而时间长是一个特征。由于网络信息的传播速度快和传播范围的不可控性，这也导致了一旦发生不稳定事件容易导致投资者对整个行业的担忧，因此犯罪事件的波及范围、影响深度在互联网领域被极具放大。

（3）犯罪人与被害人之间，不再以普通熟人为主

在传统的非法集资案中，具有固定职业的占到 90%，因为具有固定职业且信誉较流动人员高，更容易进行诈骗。尤其是对于非法传销罪而言，更是利用熟人之间的关系进行诈骗。在某些传统非法集资案中，甚至存在被害人为犯罪嫌疑人向公诉机关求情的情况。而网络世界虚拟性的特征，改变了传统非法集资犯罪中犯罪人以具有固定职业为主、被害人以普通熟人为主的特征，被害人与犯罪人之间呈现出以陌生人为主的新特征。

（4）共同犯罪减少

传统非法集资案件因多发生在普通熟人之间，这也造成了共同犯罪案件较多，占比达 67%。例如，在青岛市"东港系列非法吸收公众存款案"中，犯罪嫌疑人多达 89 人，法院组成了四个合议庭进行审理。但在互联网领域的非法集资行为则不具备此特征。例如，在"郑旭东事件"中，其自己就注册了上海锋逸信投、杭州国临创投、深圳中贷信创三家 P2P 网络借贷公司，完全操控了整个非法集资的全过程。

（5）目前多发在 P2P 领域

从目前的情况来看，互联网金融领域发生的非法集资行为主要集中在 P2P 网络借贷这一行业。这里的 P2P 网络借贷业务仅指狭义上的 P2P 业务。有报道显示已有上百家 P2P 网络借贷平台或倒闭，或"跑路"，或客户资金提取出现问题，或已经被起诉到法院，或已经在公安局以非法集资立案侦查。对众筹融资而言，尚没有暴露出大案要案，但众筹融资是最具非法集资嫌疑的一类行业，也将成为将来进行防范的重点。

如何判断非法集资？主要有以下四个标准：

一、未经有关部门依法批准，包括没有批准权限的部门批准的集资；有审批权限的部门超越权限批准集资，即集资者不具备集资的主体资格。

二、承诺在一定期限内给出资人还本付息。还本付息的形式除以货币形式为主外，也有实物形式和其他形式。

三、向社会不特定的对象筹集资金。这里"不特定的对象"是指社会公众，而不是指特定少数人。

四、以合法形式掩盖其非法集资的实质。为掩饰其非法目的，犯罪分子往往与投资人（受害人）签订合同，伪装成正常的生产经营活动，最大限度地实现其骗取资金的最终目的。

为依法惩治非法吸收公众存款、集资诈骗等非法集资犯罪活动，最高人民法院会同原中国银行业监督管理委员会等有关单位，研究制定了《关于审理非法集资刑事案件具体应用法律若干问题的解释》，该司法解释自 2011 年 1 月 4 日起施行。

据统计，2017 年北京市检察机关共受理金融犯罪审查逮捕案件 889

件 1342 人，受理金融犯罪审查起诉案件 820 件 1480 人。案件数量与涉案人数上升，非法集资案件仍呈增长态势。以受理审查起诉案件为例，相较于 2016 年，2017 年受理的案件数量增长 4.33%，涉案人数增长 20.03%。

　　金融犯罪案件罪名主要集中在信用卡诈骗、非法集资犯罪。非法吸收公众存款罪达 302 件，占全部金融犯罪案件的 36.83%。在非法吸收公众存款案件中，案发量最多的是拥有 CBD 等商务核心区的朝阳区，朝阳区院受案 200 件，占全市案件的 66.23%。

## 6.9　小结

　　中国互联网金融规模已位居世界第一，2017 年 7 月 11 日，国家信息化专家咨询委员会常务副主任、国家互联网金融专业技术委员会（简称"互金专委会"）主任周宏仁在"2017 中国互联网金融安全高峰论坛"上提出"无论是数量，还是规模，中国的互联网金融行业已经稳居世界第一"。互联网金融已与我们的生活深度融合，并将逐步发展成为国家经济的基础设施，其法律风险问题与监管体制必须引起重视。但由于互联网金融业态复杂、传播范围广、应用场景多，以及法律规定和监管的滞后，对国家经济运行和社会稳定产生了一定的负面影响。为促进互联网金融规范健康发展，需要对互联网金融的整体发展现状进行梳理，认真分析和总结其法律风险，并对现行的监管体制提出完善建议。

　　从整体上看，中国的互联网金融监管规则还是比较完备的，可以分为三个层次。首先，《刑法》《证券法》《合同法》《电子签名法》《处置非法集资条例》等法律法规为互联网金融监管提供了最基本的依据。其次，人民银行等十部委发布的《关于促进互联网金融健康发展的指导意见》对主要的互联网金融业态进行了界定，并对监管工作进行了任务划分，各主要业态都有对口监管部门；国务院办公厅发布的《互联网金融风险专项整治工作实施方案》对此次互联网金融风险专项整治进行了统一部署，明确重点整治问题和工作要求，要求加强组织协调，落实主体责任。最后，在上述法律法规及相关文件的指导下，各主要业态监管部门出台了一系列具体办法，对相关问题进行细化，更加具有可操作性。但互联网金融监管法律体系仍然存在比较严重的问题，需要我们在顶层设计上做好完善工作。

首先，立足互联网金融发展新特点，推动金融监管法律体系建设。互联网金融作为金融业新的发展方向，尽管在形态和机理上有别于传统金融，但由此形成的差异并没有引起根本上的变革。因此，这就决定了以传统金融市场为对象的金融监管体系的基本原理仍然适用于互联网金融。不过由于互联网金融的特殊性和新颖性，现有的金融监管体系需要重新修订，如《商业银行法》《保险法》《证券法》和《银行监督管理法》等，以形成内部协调统一的金融监管法律体系。

其次，加快配套法律体系建设，确保互联网金融健康有序发展。互联网金融存在信息、信用、道德、操作等各种风险，由此为政府监管、消费者权益和金融市场稳定带来严重威胁。因此，在推动金融法律体系覆盖互联网金融的同时，国家应该积极完善互联网金融相关的配套法律体系，主要涉及互联网金融的资金监管机制、交易双方的身份认证、客户资料信息的保护、电子合同的合法合规及有效性确认、互联网金融犯罪管控等。

最后，加快出台行政法规规章，发挥司法解释的规范作用。涉及互联网金融的立法修法工作难度相对较大，过程相对较长，而互联网金融创新发展速度较快。在这种情况下，行政机关通过行政法规和部门规章，司法机关通过司法解释，成为实现规范和制约互联网金融的重要方式。行政机关和司法机关应该在充分尊重互联网金融自身发展规律的基础上，进一步完善互联网金融法律法规体系建设，确保互联网金融监管有法可依和违法必究。

第七章
互联网金融监管总体思路研究

互联网金融行业在初期的快速成长过程中，由于监管空白，出现了很多披着"金融创新"外衣进行金融诈骗或者非法集资等非法活动的问题平台，例如，"泛亚""e租宝"等非法集资案件的集中爆发，对行业整体生态环境造成了严重的破坏，引发了社会大众对互联网金融行业的恐慌和担忧。此外，由于互联网金融在资金融通、信息中介服务等方面都与互联网技术和信息通信技术密切结合，对其行业的管理提出了严峻的挑战。

国际上对互联网金融的监管大体有三类模式：第一是以美国为代表的分业监管模式，第二是以英国为代表的集中监管，第三是以中国为代表的负面清单模式。鉴于互联网金融各业态所实现的金融功能有较大差异，监管思路和使用法律也有所不同，结合第三方支付、P2P网络借贷、众筹等主要业态加以阐述。

## 7.1 国外对互联网金融行业的监管

欧美等国家早在20世纪90年代就兴起了传统的金融体系与互联网的融合，中国互联网金融的许多创新模式正是借鉴国外的发展经验，了解国外互联网金融的监管方式有助于对中国互联网金融实施有效监管。

在监管法规上，欧美等大多数国家都选择在现有法律法规中寻找依据或在其基础上修改，将互联网金融逐渐纳入成熟正规的金融体系监管框架中；在监管态度上，相比支持创新，欧美等国更倾向对互联网金融进行严格监管，如英国对互联网金融的监管，从开业许可制度到维护客户利益而施加的各种行为规范，到经营失败时的应急计划要求，均体现了严格监管的精神；在监管理念上，欧美等国在监管过程中尤其强调信息披露和金融消费者权益保护，对互联网金融的监管目标侧重于保护金融消费者的利益和维护公平交易。

（一）美国对互联网金融的监管

美国对金融行业实行分业监管，设有联邦和州两级监管机构，实行

"双线多头"监管模式,这一模式也沿用到互联网金融监管中。

（1）第三方支付领域

美国的金融监管制度体系中,并不包括对第三方网上支付的管理,因为它不认为第三方支付是一类银行类金融业务,所以在立法法案中也不存在专项的规范和管理机制。美国政府认为第三方支付无非就是一种支付的手段和货币转移的形式,将其纳入货币服务业务管理框架,在现有法规中寻找监管依据,并根据现有的国内的《金融服务现代化法案》《电子资金划拨法》等法律,规范第三方支付过程中的交易行为,规定第三方支付机构无须取得银行业务许可证,但必须取得从事货币转移业务的营业许可证。

（2）网络借贷领域

美国对网络借贷行业同样并未专门制定法律法规,而是从现有法律中以相关内容作为监管依据,监管过程中尤其强调信息披露和金融消费者权益保护。依据美国《证券法》,P2P 网络贷款被认定为证券交易行为,主要由证券交易机构负责监管。此外可依据《金融服务现代化法案》《多德—弗兰克华尔街改革和消费者保护法》和《证券法》等行使金融消费者权益保护职责。

（3）众筹领域

美国国会于 2012 年通过了《JOBS 法案》,旨在使小型企业能够摆脱传统金融的束缚,在满足美国证券法规要求的同时通过互联网金融来化解融资难问题,解决美国当前面临的失业问题。该法案从业务准入、行业自律、资金转移、风险揭示、预防诈骗、消费者保护等方面对融资平台进行约束。一方面适当放开了股权众筹融资的门槛,另一方面在保护投资者利益方面做出了详细的规定。

（二）英国对互联网金融的监管

英国对金融行业实行集中监管,即把金融业作为一个相互联系的整体统一进行监管,互联网金融业务也被纳入集中监管框架。其中,对于网络银行和第三方支付等业务,英国监管当局没有单独制定法规,而是将其纳入原有监管规范之中,监管依据主要是金融服务监管局（FSA）于 2009

年颁布的《银行、支付和电子货币制度》。

（1）网络借贷领域

网络贷款在发展初期被英国监管当局界定为消费信贷，P2P平台需申请消费信贷许可证，监管侧重于对借贷双方的信贷行为进行合规性规范。随后在2014年3月英国金融行为监管局（FCA）发布了《关于通过互联网众筹及通过其他媒介发行非易于变现证券的监管方法》，将P2P和P2C业务归为"借贷类众筹"（Loan – based Crowdfunding），并建立了以信息披露制度为核心的包括平台最低审慎资本标准、客户资金保护规则、信息报告制度等七项基本监管规则。

（2）众筹领域

股权型众筹在产生之初便受到英国已有法律体系的监管，依据《2000年金融服务与市场法》，向公众发行非上市证券须经监管机构批准。2014年3月发布的《关于通过互联网众筹及通过其他媒介发行非易于变现证券的监管方法》，将监管范围从股权型众筹扩展到投资型众筹，从投资者身份、投资额度及投资咨询要求等方面提出了更高的监管要求。

（三）欧盟对互联网金融的监管

（1）第三方支付领域

欧盟将第三方支付业务纳入支付服务的监管体系中，主要依据《电子货币指引》《电子货币机构指引》和《支付服务指引》等现有法律对其予以监督。欧盟要求电子支付服务商必须是银行，而非银行机构必须取得与银行机构有关的营业执照才能从事第三方支付业务，从法律上确定了第三方支付平台的法律地位，即金融类企业。在沉淀资金管理层面，欧盟规定第三方支付平台均需在中央银行设立一个专门的账户，沉淀资金必须存放这一账户之中，这些资金受到严格监管，限制第三方支付机构将其挪作他用。

（2）网络借贷领域

欧盟对网络信贷相关立法主要是关于消费者信贷、不公平商业操作和条件等指引性文件，这些指引对信贷合同缔约前交易双方提供的信息，及各方义务进行了规定，主要规定有：只有注册信贷提供者才有权通过网络发布信贷广告；网络信贷比其他信贷形式有更严格的披露要求；消费者在签订信贷合同前应有充分的时间来考虑合同信息；借款人在 14 天内享有无须说明理由的撤销权等。

（3）众筹领域

目前由于欧盟各成员国的众筹发展水平不一，众筹需求也不一，所以各国对众筹市场的监管动力、出发点和措施也各有不同。但是，从整体上看，各国基本都在欧盟现行金融和投资法律框架下，对众筹活动和服务所涉及的问题分模式进行监管。值得注意的是，与英国情况类似，欧盟成员国普遍将众筹分为三种模式，即捐助或奖励模式，借贷模式以及股权模式，其中第一项、第三项与中国当前众筹模式相同，而其中借贷模式众筹则指向中国 P2P 业务。

## 7.2　中国对互联网金融行业的监管

互联网金融作为一个新兴事物，在高速发展的同时带来了巨大的风险，对互联网金融乱象的整治工作能在一定时期内规范行业发展，要从根本上消除互联网金融风险则需要依赖于行业监管的顶层设计，再结合具体的实施方法，运用系统论的方法，用战略的角度解决现阶段监管滞后和混乱的现状，用战术方法达到消除风险的目的。

### 7.2.1　现阶段中国互联网金融监管的思路

互联网金融在短时间内从无到有，从小到大，发展速度之快超过监管部门的预计，因此对于互联网金融监管也相对滞后。现阶段中国对互联网金融的监管思路还停留在对传统金融领域的监管方式上，实行分业监管和审慎监管思路。综合来说，现阶段监管思路在防范风险上有一定作用，但受到传统金融的局限，未形成长效机制，长远来看不利于行业发展。

中国互联网金融发展历程相对较短，发展经验严重不足，由于从业人员良莠不齐、大多数金融需求者欠缺相应的金融知识、监管存在空白等多方面原因，在发展过程中逐渐暴露了非法集资、金融诈骗、平台跑路等重大风险隐患。因此，如何对中国互联网金融的发展进行有效监管已成为重中之重。

总体来说，中国现阶段互联网金融监管思路主要分业监管、负面清单和审慎监管。

（一）中国互联网金融分业监管现状

由于互联网金融在初期发展阶段主要为传统金融模式的互联网化，如网上银行、移动支付等，同时中国尚未有独立监管部门对互联网金融实施监管，因此现阶段主要实行分业监管的方法。人民银行、银监会、证监会和保监会等主要金融监管部门各自监管不同业态的互联网金融企业。具体情况如图 7 - 1 所示。

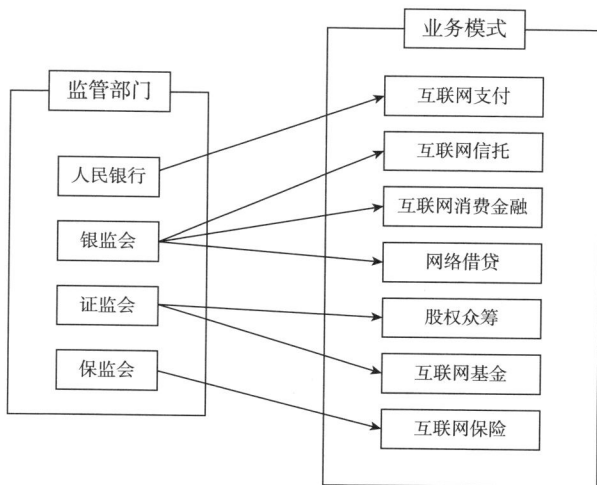

**图 7 - 1　监管部门的职责分工**

分业监管的优势是监管部门对于该领域的互联网金融业务较为了解，部分互联网金融是传统金融业务的线上化，相关监管部门可以实现对线下和线上平台的监管联动。同时，分业监管强化了部门职责，有利于制定具体监管政策并监督政策落地。

（二）中国互联网金融监管的主要文件

2015 年 7 月 18 日，中国人民银行等十部委发布了《关于促进互联网金融健康发展的指导意见》（以下简称《指导意见》），按照"依法监管、适度监管、分类监管、协同监管、创新监管"的原则，确立了互联网金融主要业态的监管职责分工，落实了监管责任。在互联网行业管理，客户资金第三方存管制度，信息披露、风险提示和合格投资者制度，消费者权益保护，网络与信息安全，反洗钱和防范金融犯罪，加强互联网金融行业自律以及监管协调与数据统计监测等方面提出了具体要求，切实保障消费者合法权益，维护公平竞争的市场秩序。

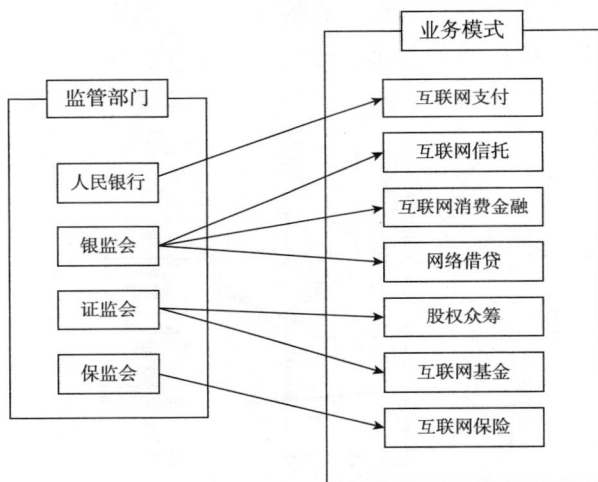

**图 7-2 监管部门的职责分工**

自《指导意见》发布以来，中国互联网金融逐步进入集中规范期，互联网金融行业的整体合规门槛提升，成为加速行业分化的催化剂，也成为很多中小平台生存面临的第一道坎。此后，针对互联网金融行业暴露出的风险与问题，中国相继出台了一系列对互联网金融进行监督干预的政策法规，旨在规范各类互联网金融业态，形成良好的市场竞争环境，促进行业健康可持续发展；旨在更好地发挥互联网金融在推动普惠金融发展和支持大众创业、万众创新等方面的积极作用；旨在防范化解风险，保护投资者合法权益，维护金融稳定。

2016 年 4 月 12 日，国务院办公厅发布《互联网金融风险专项整治工作实施方案》，按照"打击非法、保护合法，积极稳妥、有序化解，明确分工、强化协作，远近结合、边整边改"的工作原则，区别对待、分类施策，采取"穿透式"监管方法，根据业务实质明确责任，坚持问题导向，集中力量对 P2P 网络借贷、股权众筹、互联网保险、第三方支付、通过互联网开展资产管理及跨界从事金融业务、互联网金融领域广告等重点领域进行整治。综合运用严格准入管理，强化资金监测，建立举报和"重奖重罚"制度等各类整治措施来提高整治效果，同时，及时总结经验，通过完善规章制度，加强风险监测，完善行业自律，加强宣传教育和舆论引导，来建立健全互联网金融监管长效机制。

除上述两个纲领性的指导文件外，各监管部门也分别针对各自监管的互联网金融领域发布了相关政策文件，如表 7 - 1 所示。

表 7 - 1　　　　　各监管部门在互联网金融领域相关政策文件

| 发布时间 | 文件及发布机构 |
| --- | --- |
| 2014 - 03 - 18 | 中国人民银行《支付机构网络支付业务管理办法》 |
| 2014 - 12 - 18 | 中国证券业协会《私募股权众筹融资管理办法（试行）（征求意见稿）》 |
| 2015 - 06 - 23 | 最高人民法院《最高人民法院关于审理民间借贷案件适用法律若干问题的规定》 |
| 2015 - 07 - 18 | 中国人民银行等十部委《关于促进互联网金融健康发展的指导意见》 |
| 2015 - 07 - 22 | 中国保监会《互联网保险业务监管暂行办法》 |
| 2015 - 08 - 07 | 中国证监会《关于对通过互联网开展股权融资活动的机构进行专项检查的通知》 |
| 2015 - 12 - 28 | 中国人民银行《非银行支付机构网络支付业务管理办法》 |
| 2016 - 03 - 10 | 中国互联网金融协会等《互联网金融信息披露规范（初稿）》 |
| 2016 - 04 - 12 | 国务院办公厅《互联网金融风险专项整治工作实施方案》 |
| 2016 - 04 - 13 | 保监会《互联网保险风险专项整治工作实施方案》 |
| 2016 - 04 - 13 | 证监会等《股权众筹风险专项整治工作实施方案》 |
| 2016 - 04 - 13 | 银监会《P2P 网络借贷风险专项整治工作实施方案》 |
| 2016 - 04 - 13 | 中国人民银行等《非银行支付机构风险专项整治工作实施方案》 |
| 2016 - 04 - 13 | 中国人民银行等《通过互联网开展资产管理及跨界从事金融业务风险专项整治工作实施方案》 |
| 2016 - 08 - 24 | 银监会《网络借贷信息中介机构业务活动管理暂行办法》 |
| 2016 - 10 - 31 | 中国互联网金融协会《互联网金融信息披露个体网络借贷》 |

（三）负面清单监管思路

当前，中国对金融业实行分业监管，但由于技术发展迅猛发展，产品创新层出不穷，法律和监管手段时常出现滞后，因此中国当前对互联网金融主要实行跟随型或者适应性的监管，主要表现为负面清单形式，即规定一些事情事不能做，对于重点行业的监管尤其如此。

（1）第三方支付领域

根据《指导意见》，第三方支付机构与其他机构开展合作的，应清晰界定各方的权利义务关系，建立有效的风险隔离机制和客户权益保障机制。要向客户充分披露服务信息，清晰地提示业务风险。第三方网上支付业务由人民银行负责监管。《非银行支付机构网络支付业务管理办法（征求意见)》则对第三方网上支付的认证要求、支付限额、业务范围做了较为明确的规定，特别是对于消费账户的限额和综合理财账户的限制，被业内人士称为"史上最严"。《互联网金融风险专项整治工作实施方案》具体指出，非银行支付机构不得挪用、占用客户备付金，客户备付金账户应开立在人民银行或符合要求的商业银行。非银行支付机构不得连接多家银行系统，变相开展跨行清算业务。非银行支付机构开展跨行支付业务应通过人民银行跨行清算系统或者具有合法资质的清算机构进行。开展支付业务的机构应依法取得相应业务资质，不得无证经营支付业务。

（2）网络借贷领域

根据《指导意见》，在个体网络借贷平台（P2P）上发生的直接借贷行为属于民间借贷范畴，受《合同法》《民法通则》等法律法规以及最高人民法院相关司法解释规范，网络借贷业务由银监会负责监管。以网贷平台的资金存管要求为例，《网络借贷信息中介机构业务活动管理暂行办法》明确要求"网络借贷信息中介机构应当实行自身资金与出借人和借款人资金的隔离管理，并选择符合条件的银行业金融机构作为出借人与借款人的资金存管机构"。《互联网金融风险专项整治工作实施方案》强调P2P网络借贷平台应守住法律底线和政策红线，落实信息中介性质，不得发放贷款，不得非法集资，不得从事线下营销。

（3）股权众筹领域

《指导意见》指出，股权众筹融资必须通过股权众筹融资中介机构平台（互联网网站或其他类似的电子媒介）进行。股权众筹融资方应为小微企业，应通过股权众筹融资中介机构向投资人如实披露企业的商业模式、经营管理、财务、资金使用等关键信息，不得误导或欺诈投资者。股权众筹融资业务由证监会负责监管。《关于对通过互联网开展股权融资活动的机构进行专项检查的通知》出发点在于纠正股权众筹市场上违法违规的行为，避免股权众筹等行业出现 P2P 行业"野蛮发展"后风险不断的情况，为股权众筹的健康发展营造有序的市场环境。《互联网金融风险专项整治工作实施方案》规定，股权众筹平台不得发布虚假标的，不得变相乱集资，应强化对融资者、股权众筹平台的信息披露义务和股东权益保护要求，不得进行虚假陈述和误导性宣传。

（四）审慎监管思路

审慎监管的目标是控制互联网金融的外部性，保护公众利益。审慎监管的基本方法论是，在风险识别的基础上，通过引入一系列风险管理手段（一般体现为监管限额），控制互联网金融机构的风险承担行为以及负外部性（特别在事前），从而使外部性行为达到社会最优水平。近期，中国针对互联网金融行业乱象密集出台了一系列政策文件，以化解风险为主要目的。其中，中国人民银行等十部委发布了《关于促进互联网金融健康发展的指导意见》和国务院办公厅发布《互联网金融风险专项整治工作实施方案》为两个纲领性文件。

除上述两个纲领性的指导文件外，各监管部门也分别针对各自监管的互联网金融领域发布了相关政策文件，见表 7 - 2。

表 7 - 2　　　　各监管部门在互联网金融领域相关政策文件

| 发布时间 | 文件及发布机构 |
| --- | --- |
| 2014 - 03 - 18 | 中国人民银行《支付机构网络支付业务管理办法》 |
| 2014 - 12 - 18 | 中国证券业协会《私募股权众筹融资管理办法（试行）（征求意见稿）》 |
| 2015 - 06 - 23 | 最高人民法院《最高人民法院关于审理民间借贷案件适用法律若干问题的规定》 |

| 发布时间 | 文件及发布机构 |
|---|---|
| 2015 – 07 – 18 | 中国人民银行等十部委《关于促进互联网金融健康发展的指导意见》 |
| 2015 – 07 – 22 | 中国保监会《互联网保险业务监管暂行办法》 |
| 2015 – 08 – 07 | 中国证监会《关于对通过互联网开展股权融资活动的机构进行专项检查的通知》 |
| 2015 – 12 – 28 | 中国人民银行《非银行支付机构网络支付业务管理办法》 |
| 2016 – 03 – 10 | 中国互联网金融协会等《互联网金融信息披露规范（初稿）》 |
| 2016 – 04 – 12 | 国务院办公厅《互联网金融风险专项整治工作实施方案》 |
| 2016 – 04 – 13 | 保监会《互联网保险风险专项整治工作实施方案》 |
| 2016 – 04 – 13 | 证监会等《股权众筹风险专项整治工作实施方案》 |
| 2016 – 04 – 13 | 银监会《P2P网络借贷风险专项整治工作实施方案》 |
| 2016 – 04 – 13 | 中国人民银行等《非银行支付机构风险专项整治工作实施方案》 |
| 2016 – 04 – 13 | 中国人民银行等《通过互联网开展资产管理及跨界从事金融业务风险专项整治工作实施方案》 |
| 2016 – 08 – 24 | 银监会《网络借贷信息中介机构业务活动管理暂行办法》 |
| 2016 – 10 – 13 | 国务院《互联网金融风险专项整治工作实施方案》 |
| 2016 – 11 – 28 | 工信部、工商局《网络借贷信息中介备案登记管理指引》 |
| 2017 – 02 – 23 | 银监会《网络借贷资金存管业务指引》 |
| 2017 – 05 – 27 | 银监会《关于进一步加强校园贷规范管理工作的通知》 |
| 2017 – 08 – 23 | 银监会《网络借贷信息中介机构业务活动信息披露指引》 |
| 2017 – 12 – 01 | 整治办《关于规范整顿"现金贷"业务的通知》 |

现阶段密集发文，集中整治成为行业监管主流，"监管竞赛"现象凸显。未来一段时间内从严监管和高压态势将会成为常态。

（五）中国互联网金融监管特点

政府对互联网金融的态度从最初的包容支持创新到现在的严格打击非法行为，几年的时间里，政府对待互联网金融的态度一直在跟随时间以及发展的实际情况发生着变化，在"摸着石头过河"的过程中，中国逐渐形成了互联网金融监管的中国特色。

（1）适度监管

按照"鼓励创新、防范风险、趋利避害、健康发展"的总体要求，提出了一系列鼓励创新、支持互联网金融稳步发展的政策措施，积极鼓励互联网金融平台、产品和服务创新，鼓励从业机构相互合作，拓宽从业机构融资渠道，给互联网金融保持一个宽松的规范发展的环境。

（2）分类监管

针对不同类型的互联网金融业态，确立各个主要业态的监管职责分工，落实监管责任。包括人民银行对第三方支付的监管，银监会负责对网络借贷的监管，证监会对众筹的监管，以及人民银行对支付和相应的金融协会的牵头工作。

（3）自律监管

充分发挥中国互联网金融协会作用，制定行业标准和数据统计、信息披露、反不正当竞争等制度，完善自律惩戒机制，开展风险教育，形成依法依规监管与自律管理相结合、对互联网金融领域全覆盖的监管长效机制。

（4）创新监管

根据互联网信息技术的特点，针对互联网金融各个业态探索新的监管手段，设置政策底线，通过制定新的法律法规、开辟新的规则来创造适合中国互联网金融的监管框架和相关政策。

（5）整治并举

在清理整顿违法违规业务同时，对于确无法律和监管要求的创新业务，根据其可能出现的风险，及时制定政策加以规范，强化功能监管和综合监管，防范监管套利，消除监管真空。

（6）采取"穿透式"监管方法

互联网金融往往具有混业经营特征，一般涉及或嵌套多项金融业务，形态多样易变，不容易准确辨识业务实质。单独看某些业务和工具，可能符合监管要求，但综合看其本质和效果，则会发现挪用、误导、违规或关联交易。"穿透式"监管方式，就是要透过表面现象看清业务实质，把资金来源、中间环节与最终投向穿透连接起来，综合全流程信息来判断业务性质，并执行相应的监管规定。

（六）国内外互联网金融的监管差异

对于互联网金融的监管，中国与欧美等发达国家在严格准入管理，强化资金检测、强调信息披露等方面都一致表现出强硬的态度，但在消费者保护、监管与创新的平衡以及监管理念与方式上略有差异。

表 7 –3 国内互联网金融的监管差异

| 差异 | 国外 | 国内 |
|---|---|---|
| 消费者保护 | 美英等国的互联网金融监管适用的主要是（消费）信贷法和证券法，其立法精神的核心在于对消费者和投资者利益的保护，监管目标侧重于保护金融消费者和维护公平交易 | 在中国，互联网金融的监管部门对消费者利益保护的法制基础严重不足。目前有关公平信贷交易方面的法律还比较欠缺，相关的投资者保护法律也缺失 |
| 监管与创新的平衡 | 欧美等发达国家对于互联网金融的严格监管力度远大于支持创新力度。如英国对互联网金融从开业许可制度到维护客户利益而施加的各种行为监管，再到最低资本要求的审慎监管，乃至经营失败时的应急计划要求，均体现了严格监管的精神 | 互联网金融在中国起步较晚，发展之初政府对互联网金融监管的宽容性问题更加关注，在"监管与创新"的关系天平中向创新倾斜，鼓励互联网金融平台、产品和服务创新。从2016年开始重点加强对互联网金融的监管整治工作 |
| 监管理念与方式 | 针对互联网金融这个新生事物，欧美等发达国家力图以原有立法为基础，同时根据互联网金融各业态的特点，修改和完善原有的法律法使原有监管规则适用于新的互联网金融模式，并将其逐步纳入原有金融的监管框架 | 互联网技术的应用使传统金融监管方式已不适应互联网金融监管的要求，中国力图通过制定新的法律法规、开辟新的规则来构成有别于传统金融监管体系的互联网金融监管框架 |

## 7.2.2 当前中国互联网金融监管存在的难点与问题

2014年以来，中国互联网金融产业暴露出的风险问题较多，从学界到政府对互联网金融监管的思路、范围、措施的研究尚处于初始阶段。由于采取分业监管、负面清单的监管模式，目前中国互联网金融监管存在监管滞后、管理混乱以及无法和市场对接等问题。

（1）相关监管机构立法滞后，难成统一的监管体系

互联网金融极强的创新能力使其产品、经营模式和从业机构层出不穷，监管机构的立法无法迅速囊括所有的互联网金融产品，要想建立统一的监管体系相对较为困难。监管机构无法在其发展之前预测可能存在的风险，因此对其监管采取的是密切关注而非实际监管的态度。

但长远来看，分业监管不利于行业的长远发展。首先，互联网金融平台逐渐摆脱单一业务模式转向多业态的发展模式，在此条件下为分业监管带来难题。其次，互联网金融平台业态属性不明也为监管部门监管提出了新的挑战，技术平台发现近期很多互联网金融平台以"科技公司"名义注册来规避监管。最后，互联网金融业态层出不穷，2015 年的微盘、2016 年 ICO 等业态都是最近新出现的业态，这些行业能够快速扩张并积累大量风险的重要原因就是发展初期没有监管部门，行业处于监管空白。

（2）传统监管主体的监管立场不适应

互联网金融业态传统金融的监管方面有众多法律规章确保传统金融的稳定、安全运行，对金融运行过程中的非法行为、违规操作、惩罚措施以及预防等都做出了明确规定。但如果直接将这些监管法规应用于新兴的互联网金融业态则是不合适的。相比于传统金融，互联网金融的类型、经营方式不断创新，范围、环境等也不断延伸变化，监管对象、主体等要素远超出传统监管体制的范畴，传统金融对于金融监管的监管立场在互联网金融环境下已无法适用。互联网金融在行业的交叉、混合上比传统金融更为复杂，对它的监管需要全新的监管主体和监管立场，以提高监管效率和消除监管的真空地带。

（3）对互联网金融监管的力度强弱难以把握

市场机制在互联网金融运行中具有无可比拟的作用，因此尽管行政监管也能起到一定作用，但通过法律法规来监管约束各类互联网金融主体的市场行为会使交易机制更为高效。但到底采取多大法律监管力度，或者说让互联网金融有多大的空间来自由发展是一个很难测度的问题。法律监管的力度过小无法起到监管的作用，导致互联网金融野蛮生长，威胁金融体系乃至社会的稳定；法律监管力度过大，会使互联网金融被压制过猛，发

展受限，对经济的发展起到负面作用。如何把握互联网金融监管的适度性是一大难题。

（4）互联网金融监管的范围界定困难

互联网金融业务数据都是在互联网线上进行传输、交换和保存的，其业务范围不断发生着动态变化。监管部门的业务范围被界定后，新出现的业务会迫使监管部门不得不继续更新法律。若法律更新步伐与互联网金融发展创新步伐相差较大，就会使互联网金融发展埋下隐患，可能威胁互联网金融体系的稳定。与此同时，要监管一个业务或交易行为是否非法是比较困难的。因为要判断其合法性，就要对交易数据进行收集、审查以及公示，而交易数据是可能被篡改、编造的，这加大了监管机构判断的难度。

（5）互联网金融平台难发现、业态变更频繁为监管带来难题

互联网金融平台更新速度快，易变更的特点使其很难第一时间被发现，往往在汇集了大量人群和资金后才逐渐被暴露，因此存在重大安全隐患。及时发现新增互联网金融平台和识别消亡平台不仅有利于监管部门对于行业发展做出正确判断，还有利于及时防控可能的风险。

（6）互联网金融平台违规现象更加隐蔽、网页易变更取证难是监管的新挑战

在专项整治影响下，互联网金融平台逐渐走向合规，但部分平台的违规行为更加隐蔽，自融自保、非法集资等行为更加难以发现，此类平台往往可能造成更大的危害和影响。因此如何发现这类违规平台，现阶段还没有较好的手段，监管部门一般只能做到后知后觉，很难做到提前预知风险。同时互联网金融平台网页变更速度快，取证保全平台违规行为也是监管部门未来需要面对的新挑战。

（7）大数据监管能力和个人敏感数据安全问题

未来互联网金融监管主要是大数据的监管，如何存储、分析、运用企业交易、资金、用户以及其他相关数据是监管部门需要考虑的问题。大数据监管能力不仅包括对已有数据的存储、分析工作，还牵扯对个人数据和其他敏感数据的安全问题。如何利用并用好这些数据，在保护个人隐私的基础上发现违规行为、监管互联网金融企业是未来的监管的核心问题

之一。

（8）事先难预警，很难核实，很难打早打小

风险预警一直是互联网金融监管的核心和难点，也是各个监管部门研究的重点。首先是如何发现问题平台，监管部门可以从资金安全、网络安全、项目透明度等维度对平台安全进行分析。其次是如何预警跑路平台，这是现阶段主要难点。同时又有部分平台成立金控集团以及设计多种业态类型，这为及时发现预警跑路平台带来了巨大困难。

## 7.2.3 互联网金融监管的顶层设计路线

针对中国互联网金融监管现状和存在的问题，借鉴国外发达国家的管理经验和模式，可以从以下几个方面设计监管思路，建立动态长效机制。

（一）建立多部门、中央和地方的联动机制

从美国互联网金融监管经验看，其主要思路是将互联网金融作为新兴金融业态补充到传统监管框架中，并实行分头监管与行业自律相结合的监管模式。中国金融市场兼有新兴和转轨两大特色，现有监管体系尚不健全，加上立法程序滞后等原因，对互联网金融的监管亟须填补空白。为规范互联网金融的健康发展，有必要在借鉴美国互联网金融法律监管经验的同时，结合现实构建适合中国的互联网金融监管框架。

在互联网金融监管的模式上可以借鉴美国做法，即双线多头的监管模式。中国经济发展不平衡，地区差异较大，集中统一的监管模式可能致使监管缺失。互联网金融的复杂性和交叉性决定了不可能由单一部门来监管，应采取"中央＋地方"的共同监管模式。在统一的监管框架下，制定地区特色的监管方法，监管的目标是保证互联网金融发展有一个公正、合法、透明、安全的环境；同时，互联网金融是极具创新性的产业，监管是为了规范其发展，而不是消除其创新能力。因此，英国采取适当宽松的审慎监管原则，借鉴美国的经验，"先规范后开放"，给互联网金融留出充足的创新发展空间。考虑到中国的经济发展情况存在明显的地域差异，在全国性统一的制度框架下，也应该允许根据区域经济的发展特点，制定适当的互联网金融准入、退出、登记和经营许可制度。

2015年7月颁布的《关于促进互联网金融健康发展的指导意见》已经从具体的业务品种对监管责任进行了划分，但具体的监管实施细则尚未出台。在此背景下，各监管主体必须积极研究互联网金融产品的发展动向，对潜在的风险问题建立预警和防范机制，做到事前防范和事后监管的完美结合。进一步看，互联网金融产业具有分散化、小规模的特点，单纯的统一监管思路不一定适用于所有的互联网金融发展模式。因此，在监管主体的责任分配上可以借鉴美国的做法，采用双线多头监管：中央层面以人民银行、银监会、证监会、保监会为主；地方层面以地方政府部门、财政、司法等机构和中央监管机构在地方的分支为主。同时，在中央和地方层面分别设立互联网金融工作办公室，确保互联网金融监管拥有明确的监管主体，消除监管缺失的问题。同时，必须在现有监管分工的基础上梳理清晰互联网金融的业务模式，对于有争议的互联网金融业务和机构，分配给专门的核心监管机构，避免问题爆发时的责任推卸。

（二）完善市场准入机制和退出机制

中国现有金融监管中对传统金融机构的准入、退出、业务范围、内控机制等都有相关的规定，但互联网金融与传统金融之间的差别很大，监管机构应根据互联网金融不同的经营模式与特点，制定相应的准入和退出制度，其中准入制度的核心是建立健全平台备案和业务牌照。

在行业准入方面，首先，根据不同的互联网金融平台业态类型设计行业准入制度，包括公司资质审查，业务模式审查，网站安全和资金安全等方面。此部分工作可以由监管部门独立设置的机构或具有资质的第三方机构承担。对于不合格的企业则限时整改或引导退出。其次，完善现有互联网金融平台的备案工作机制。从多个维度按照不同业态标准，制订不同的备案要求。对于部分涉及资金较多，风险较大的企业，如网贷平台等可以从用户、资金、项目等几个角度接入数据，同时上报借款端和投资端数据，以便监管部门进行核验。最后，对合规企业发放经营牌照，以牌照进行集中管理。完善牌照经营模式和日常管理制度。

对于行业退出平台，完善退出机制。按照统一框架、分类引导、一平台一政策的方针，平稳有序指导企业退出。具体来说，可以从资金存量、参与人数、项目周期和回收金额等角度根据不同平台特征制定不同政策，划分企业类型，设计自然退出、提前还款退出和强制退出等退出方式机制，确保投资者的利益。

（三）主动监管、功能监管、行为监管需得到重视

互联网金融往往具有混业经营特征，一般涉及或嵌套多项金融业务，形态多样易变，不容易准确辨识业务实质。单独看某些业务和工具，可能符合监管要求，但综合看其本质和效果，则会发现挪用、误导、违规或关联交易。"穿透式"监管方式，就是要透过表面现象看清业务实质，把资金来源、中间环节与最终投向穿透连接起来，综合全流程信息来判断业务性质，并执行相应的监管规定。

未来监管不能单纯地依靠行业自律和被动的企业上报数据进行监管，主动监管和穿透式监管会成为监管的发展方向。一方面，企业没有动力主动上报数据；另一方面，监管机构无法核实企业上报数据，企业上报数据造假的动机强烈。

因此，需要监管部门需要转变思想，从处置风险到发现风险，从应对跑路企业到主动发现跑路风险，提前感知平台风险，积极应对可能出现的事态。

为实现监管部门获取企业全量信息，解决企业数据造假问题，穿透式监管需要得到进一步的重视。建立健全数据接入系统，从借款人信息、投资人信息、投资流水和借款流水等角度多重印证，实时追踪企业经营情况，杜绝企业数据造假行为，提前预知平台风险。

（四）加强技术监管力度

中国互联网金融发展历程相对较短，发展经验严重不足，新技术不断应用、新业务层出不穷等多方面原因，在发展过程中逐渐暴露了非法集资、金融诈骗、平台跑路等重大风险隐患。因此如何有效利用互联网技术对中国互联网金融进行监管支撑已成为重中之重。

互联网金融监管技术支撑的总体思路是在实现"全面监测、系统分析、及时预警、证据留存、配合处置"一体化功能的基础上，全面形成从

事前的总体情况摸底，到事中的运营情况监测，再到事后的群体性事件跟踪的风险发现与应对的闭环体系，同时支持综合分析和前沿探索。通过建立全国互联网金融风险监测平台，开展互联网金融风险监测，为全国互联网金融监管提供数据支撑，逐步成为国家互联网金融管理的智库支撑。

针对互联网金融问题频发的现状，平台统一汇聚各类数据资源的基础，发挥自身技术优势，为金融监管部门提供针对性的技术支撑服务。技术支撑工作优先解决当前监管面临的突出性、紧迫性问题，在此基础上针对新技术、新业务、新应用发展情况以及实际业务需要，不断成熟和丰富各项监管手段与能力，做到未雨绸缪。同时通过与监管部门和企业系统对接，实现数据统一接入、统一汇聚，实现资源共享、协同联动、各取所需，避免重复建设、节约国家投入，推动形成共享共管共治的监管体系，有效提升互联网金融风险应对效果。

（五）以风险技术平台为基础建立互金服务平台

以互联网金融风险分析技术平台为框架，进一步完善服务功能和监管支撑职能，升级为互联网金融服务平台。为入驻的互联网金融平台提供全方位服务和更全面的监管，确保投资者利益。

### 7.2.4　互联网金融监管的具体实施方法

上节对互联网金融监管的顶层设计进行了研究，本节提出几点互联网金融监管的具体实施方法解决部分行业监管痛点，为监管部门提供借鉴思路。本文认为，利用发行 Token 的方式可以解决 P2P 企业期限错配、资金池等违规行为；利用建立白名单制度可以解决用户资金安全问题。

（一）发行 Token 解决 P2P 企业违规行为

利用发行 Token 的方式的基本原理为区块链分布式记账的原理，由权威机构按照与人民币 1:1 的兑换比例发行 Token，投资者和借款者都利用 Token 进行交易，从而解决了 P2P 平台期限错配、资金归集的可能性。具体来说，主要有借款和还款两个场景，对于借款来说第一步为投资者利用人民币兑换 Token，借款企业在 P2P 平台上发布借款请求，投资者将 Token 借给借款企业。第二步为借款企业通过在 P2P 平台上融资的 Token 回到交易中心兑换人民币,用于实际借款需求。具体情况如图 7 - 3 所示。

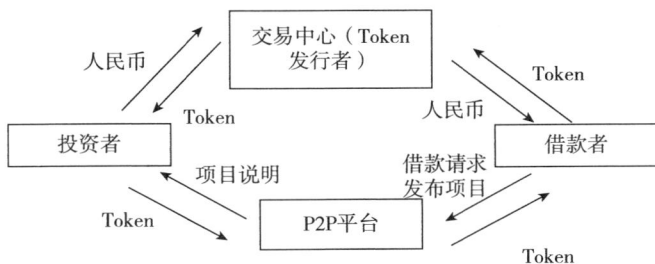

图 7 - 3  Token 流通机制

当借款者借款到期后,借款者按照本息金额归还人民币,并购回 Token。借款者通过 P2P 平台将 Token 归还给投资者,由此形成一个闭环。

核心思想是利用 Token 代替人民币交易,并利用区块链可追踪、信息不可篡改性,确保交易的安全性,并能追踪每一个 Token 的路径,从而达到追踪资金的目的。同时,由于代替人民币进行借贷交易,从而杜绝了平台资金错配、资金归集等行为。

但同时该模式也存在一定缺陷和风险:首先,对于借款者利用 Token 取得资金后的行为无法追踪;其次,Token 是按照和人民币1:1固定汇率进行发行,发行量需要进一步考证,如果发行量过少则容易造成 Token 溢价,具有投资属性。如果发行量过大,则对发行机构造成一定压力。

(二)将风险分析技术平台打造成互金服务平台

利用建立白名单、黑名单制度可以在一定程度上解决用户资金安全问题。首先,政府依靠自身能力对 P2P 平台进行风险分析,并按照一定维度将部门资质较好的平台设立为白名单平台。对于白名单平台,监管机构是按照标准建立监管准则,如信息披露准则,数据接入准则和风险准备等。其次,引入多方渠道对白名单平台的资金安全进行保障,如设立备付金制度、引入保证保险等,确保此部分平台的资金绝对安全。最后,引导投资者在此平台上进行投资,从而杜绝了资质较差和违规平台非法集资后跑路的可能性,并对白名单平台上的资金安全进行了保障。

建立此制度的优势在于：在一定程度上解决了抓大放小带来的监管后遗症，使大企业的资金安全性更高，防止出现"e租宝""泛亚""钱宝"等平台诈骗大规模资金后跑路的情形。同时对白名单企业实行更严格的监管更有利于行业向合规方向发展。

同时，该方法的弊端为：存在政府背书风险，白名单平台可能存在逆向选择问题导致风险。该制度在一定程度上挤压了其他未在白名单之列的平台发展。

（三）建立"资产抵押"制度，合理"强平"，防止风险传导

当前P2P企业竞争环境激烈，多数平台无法盈利，经营风险极大。在此基础上，建立一定的"资产抵押"制度，企业将注册资本、风险准备金、抵押资产等作为抵押物进行抵押。当P2P企业项目出现亏损时，设立合理的"强平"机制，划定合理的"强平线"，由此在一定程度上减少投资者的损失，防止风险进一步扩大和传导。

该模式的优势：通过对P2P企业借款余额建立"资产抵押"，当平台坏账率出现一定比例时，要求平台停止经营，并对"抵押资产"进行强平，保障投资者的资金得到全额兑付。

但该模式的弊端在于强平后P2P企业项目即宣布终止，失去了未来项目收益部分。

（四）建立互金投资KYC认证体系，打破刚性兑付

当前互金投资者普遍缺乏风险意识，对损失承担能力不足。

起投门槛低、操作灵活、产品丰富等特点，让互联网金融平台能迅速获得普通投资者的青睐，但普遍缺乏对投资者的有效适当性管理，即使有少数平台采用传统调查问卷形式对投资者进行风险承受力评估，仍无法对投资者进行"精准画像"，因此有必要建立互金投资KYC认证体系。

打破刚性兑付则提高了投资者的投资门槛，促进市场加大出清力度，同时避免了国家过度承担风险和企业背书。通过KYC认证，识别合格投资者，促使投资者选择与自身状况匹配的项目，打破刚性兑付，促进行业良性发展。

（五）建立监管沙盒，安全空间内大胆尝试

构建一个安全空间让金融科技企业可以在里面进行试验，尝试新服务、新功能，并且政府也可以在其中与企业共同研判在创新过程中可能面对的法律、商业等问题。

应建立中国的"监管沙盒"，将金融科技创新与现有监管体系之间的冲突内容纳入"监管沙盒"进行试验，在试验阶段允许金融创新冲撞现有监管红线，试验成功后，再进入市场。

一是变被动监管为主动监管。"监管沙盒"能够解决中国现有监管体制中所解决不了的问题，具有现实需求。允许不持有金融牌照的金融科技企业尤其是初创企业进入沙盒，测试自己的创新产品和服务，既解决了企业无牌照的问题，又使企业能够依据测试结果优化产品和服务。同时，监管机构一改以往被动的局面，主动积极参与金融科技的发展，为金融科技企业缩短创新周期，节省合规成本。二是解决监管中的信息不对称。在"监管沙盒"中，监管机构将与企业进行大量沟通和互动。在事前，监管机构需要就"监管沙盒"的具体要求，根据个案的具体情况与企业讨论敲定，并为企业提供监管法规解读和政策指导，为其提交的创新产品和服务给予个性化的建议或指引；在事中与事后，企业需要向监管机构提交报告，监管机构能够认清金融科技企业的创新之处与风险所在，进而能够制定针对性、前瞻性的政策。三是实现鼓励创新与防范风险的平衡。"监管沙盒"通过特设许可等方式允许创新突破，对可能与现行监管规定不一致的创新，允许在一定范围内试点。"监管沙盒"从一开始就能监控和引导金融科技对金融系统造成的潜在风险，并把系统风险扼杀在萌芽状态而不是事发之后的亡羊补牢，容易排除由金融机构设计的一些没有达到一定标准的产品匆匆进入沙盒。四是有效保护了消费者权益。"监管沙盒"的政策导向明确，即鼓励创新，并且可以有效防止消费者的利益受到损害。在试点中，如果产品出现了侵犯消费者利益的情况，该创新产品和服务就不能推向市场，而只有明显提升了消费者福利的产品和服务才能面向市场，从而降低消费者面临的风险。

第八章
互联网金融监管规则与监管流程框架

# 8.1 互联网金融监管规则

国内互联网金融可大致分为五类主要业态，即第三方支付、网络借贷、互联网股权众筹、虚拟货币与其他。当前中国对金融业实行分业监管，各监管部门对这几类主要的互联网金融业态制定了比较详细的监管规则，在规范行业发展与违法违规监管中发挥了重要作用。

（一）第三方支付

根据《关于促进互联网金融健康发展的指导意见》（以下简称《指导意见》），第三方支付机构与其他机构开展合作的，应清晰界定各方的权利义务关系，建立有效的风险隔离机制和客户权益保障机制。要向客户充分披露服务信息，清晰地提示业务风险。第三方网上支付业务由人民银行负责监管。《非银行支付机构网络支付业务管理办法（征求意见)》则对第三方网上支付的认证要求、支付限额、业务范围做了较为明确的规定，特别是对消费账户限额和综合理财账户的限制，被业内人士成为"史上最严"。《互联网金融风险专项整治工作实施方案》具体指出，非银行支付机构不得挪用、占用客户备付金，客户备付金账户应开立在人民银行或符合要求的商业银行。非银行支付机构不得连接多家银行系统，变相开展跨行清算业务。非银行支付机构开展跨行支付业务应通过人民银行跨行清算系统或者具有合法资质的清算机构进行。开展支付业务的机构应依法取得相应业务资质，不得无证经营支付业务。

（二）网络借贷

根据《指导意见》，在网络借贷平台（P2P）上发生的直接借贷行为属于民间借贷范畴，受合同法、民法通则等法律法规以及最高人民法院相关司法解释规范，网络借贷业务由银监会负责监管。以网贷平台的资金存管要求为例，《网络借贷信息中介机构业务活动管理暂行办法》明确要求

"网络借贷信息中介机构应当实行自身资金与出借人和借款人资金的隔离管理，并选择符合条件的银行业金融机构作为出借人与借款人的资金存管机构"。《互联网金融风险专项整治工作实施方案》强调 P2P 网络借贷平台应守住法律底线和政策红线，落实信息中介性质，不得发放贷款，不得非法集资，不得从事线下营销。

（三）股权众筹

《指导意见》指出，股权众筹融资必须通过股权众筹融资中介机构平台（互联网网站或其他类似的电子媒介）进行。股权众筹融资方应为小微企业，应通过股权众筹融资中介机构向投资人如实披露企业的商业模式、经营管理、财务、资金使用等关键信息，不得误导或欺诈投资者。股权众筹融资业务由证监会负责监管。《关于对通过互联网开展股权融资活动的机构进行专项检查的通知》出发点在于纠正股权众筹市场上违法违规的行为，避免股权众筹等行业出现 P2P 行业"野蛮发展"后风险不断的情况，为股权众筹的健康发展营造有序的市场环境。《互联网金融风险专项整治工作实施方案》规定，股权众筹平台不得发布虚假标的，不得变相乱集资，应强化对融资者、股权众筹平台的信息披露义务和股东权益保护要求，不得进行虚假陈述和误导性宣传。

（四）互联网保险

《指导意见》明确强调，保险公司开展互联网保险业务，应遵循安全性、保密性和稳定性原则，加强风险管理，完善内控系统，确保交易安全、信息安全和资金安全，保险公司通过互联网销售保险产品，不得进行不实陈述、片面或夸大宣传过往业绩、违规承诺收益或者承担损失等误导性描述。保监会先后出台《互联网保险业务监管暂行办法》《互联网保险风险专项整治工作实施方案》《中国保监会关于进一步加强保险业风险防控工作的通知》《关于保险业支持实体经济发展的指导意见》等一系列文件对互联网保险进行规范。其中，《互联网保险风险专项整治工作实施方案》对非法经营互联网保险业务进行了明确规定，常见的非法经营互联网保险业务的行为有两种，一是非持牌主体违规开展互联网保险业务，二是借互联网保险之名实施非法集资等违法犯罪活动。

（五）虚拟货币与其他互金业态

虚拟货币在 2017 年比较火热，通过发行代币形式包括首次代币发行（ICO）进行融资的活动大量涌现，投机炒作盛行，涉嫌从事非法金融活动，严重扰乱了经济金融秩序，监管层对此高度重视。2017 年 9 月，中国人民银行联合中央网信办、工业和信息化部、工商总局、银监会、证监会、保监会发布的《关于防范代币发行融资风险的公告》明确指出"代币发行融资是指融资主体通过代币的违规发售、流通，向投资者筹集比特币、以太币等所谓"虚拟货币"，本质上是一种未经批准非法公开融资的行为，涉嫌非法发售代币票券、非法发行证券以及非法集资、金融诈骗、传销等违法犯罪活动。并规定"任何组织和个人不得非法从事代币发行融资活动"。

其他的互联网金融业态包括互联信托、互联网消费金融、互联网基金、互联网票据理财，监管部门对这些新业态也制定了合规性指引。《指导意见》要求，"信托公司、消费金融公司通过互联网开展业务的，要严格遵循监管规定，加强风险管理，确保交易合法合规，并保守客户信息。信托公司通过互联网进行产品销售及开展其他信托业务的，要遵守合格投资者等监管规定，审慎甄别客户身份和评估客户风险承受能力，不能将产品销售给予风险承受能力不相匹配的客户。"

目前，中国的互联网金融监管规则形成了三层次规范体系，具体见图8-1。

从整体上看，中国的互联网金融监管规则还是比较完备的，可以分为三个层次。首先，《刑法》《证券法》《合同法》《电子签名法》《处置非法集资条例》等法律法规为互联网金融监管提供了最基本的依据。其次，人民银行等十部委发布的《关于促进互联网金融健康发展的指导意见》对主要的互联网金融业态进行了界定，并对监管工作进行了任务划分，各主要业态都有对口监管部门；国务院办公厅发布的《互联网金融风险专项整治工作实施方案》对此次互联网金融风险专项整治进行了统一部署，明确重点整治问题和工作要求，要求加强组织协调，落实主体责任。最

**《刑法》《证券法》《保险法》《证券投资基金法》《公司法》《商业银行法》《合同法》《消费者权益保护法》《电子签名法》《反洗钱法》《侵权责任法》《处置非法集资条例》等相关法律法规**

**《关于促进互联网金融健康发展的指导意见》《互联网金融风险专项整治工作实施方案》**

| 第三方支付、互联网征信 | 网络借贷 | 股权众筹 | 互联网保险 | 虚拟货币及其他业态 |
|---|---|---|---|---|
| 《非金融机构支付服务管理办法》《非金融机构支付服务管理细则》《非银行支付机构风险专项整治工作实施方案》《金融电子认证申请规范》《支付业务许可证申办流程》《支付机构客户备付金存管办法》《关于实施银行卡收单业务外包风险管理的意见》《关于规范商业预付卡管理的意见》《关于银行卡收单外包有关事项管理的通知》《互联网金融征信业务管理办法》 | 《网络借贷信息中介机构业务活动管理办法》《网络借贷资金存管业务指引》《网络借贷信息中介机构业务活动信息披露指引》《网络借贷信息中介机构备案登记管理指引》《关于做好P2P网络借贷风险专项整治整改验收工作的通知》《关于开展股权众筹风险专项整治实施方案》《网络交易管理办法》 | 《关于严厉打击非法发行股票和非法经营证券业务有关问题的通知》《非法金融机构和非法金融业务活动取缔办法》《四部委关于整治非法证券活动有关问题的通知》《私募股权众筹融资管理办法（试行）》《关于对通过互联网开展股权众筹活动的机构进行专项检查的通知》《股权众筹风险专项整治工作实施方案》 | 《互联网保险业务监管暂行办法》《网络交易管理办法》《互联网保险风险专项整治工作实施方案》《中国保监会关于专业网络保险公司开业有关问题的通知》《关于组织监管保险公司有关相互保险业务行办法》《相互保险组织监管试行办法》《财产保险公司保险产品开发指引》 | 《关于防范比特币风险的通知》《关于防范代币发行融资风险的公告》《关于加强网络游戏虚拟货币管理工作的通知》《融资性担保公司管理暂行办法》《证券投资基金销售管理办法》《证券投资基金销售机构通过第三方电子商务平台开展业务管理暂行规定》《关于互联网金融及跨界风险资产管理业务专项整治工作实施方案》 |

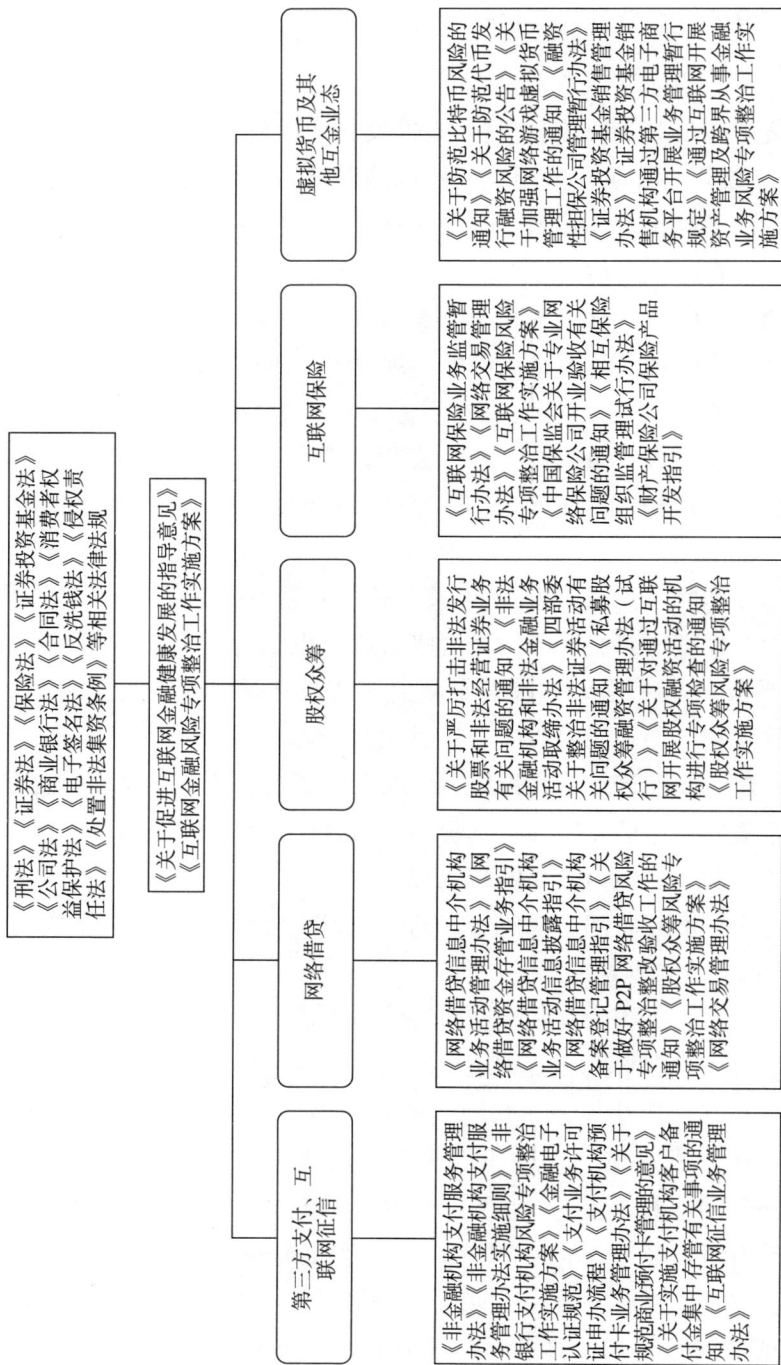

**图8-1 互联网金融监管规则体系**

后，在上述法律法规及相关文件的指导下，各主要业态监管部门出台了一系列具体办法，对相关问题进行细化，更加具有可操作性。

## 8.2　互联网金融监管流程

　　目前，中国采用的是分业监管体系，根据互联网金融企业的主要业务行为及承担的具体金融功能，将其划归到相应的监管部门，目前主要有四个监管部门：中国人民银行、中国银行业监督管理委员会（银监会）、中国证券监督管理委员会（证监会）和中国保险监督管理委员会（保监会）。各监管部门制定了相应的市场准入标准，新设机构的成立须首先经过对口监管部门的审查批准，否则涉嫌违规开展业务，经营主体日常业务也需要接受合规监督，有的从业人员还要取得监管部门核发的资格证书。各主要互联网金融业态的监管结构见图 8－2。

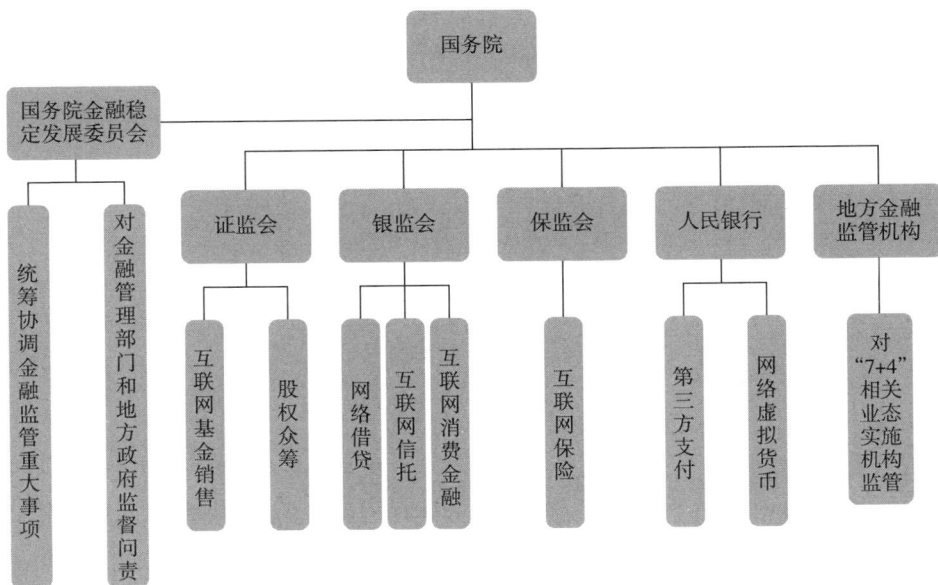

图 8－2　互联网金融监管部门组织结构

由于互联网金融业态比较多，不同业态间的差异比较大，在当前分业监管体系下，对互联网金融建立统一的监管标准、明确统一的监管机构难度比较大。从国际监管理论及实践来看，分业监管和综合监管各有优劣势，并无孰优孰劣的区分，在互联网金融监管上，各国一般将其纳入现有监管体系，并未因为互联网金融业态的出现，改变整个监管体系。如作为综合监管的英国将 P2P 和众筹等统一纳入金融行为监管局的监管下，作为分业监管的法国将众筹划分为借贷类众筹和证券类众筹分别由审慎局和金融监管局监管，美国多个金融管理部门按照各自功能对 P2P、众筹等互联网金融业态分别开展监管。

对于跨界混业的机构和产品则需要金融监管部门协调联动，国家在协调监管方面进行了大胆探索，2017 年 11 月 8 日，国务院金融稳定发展委员会正式成立。国务院金融稳定发展委员将承担五个方面主要职责：一是落实党中央、国务院关于金融工作的决策部署；二是审议金融业改革发展重大规划；三是统筹金融改革发展与监管，协调货币政策与金融监管相关事项，统筹协调金融监管重大事项，协调金融政策与相关财政政策、产业政策等；四是分析研判国际国内金融形势，做好国际金融风险应对，研究系统性金融风险防范处置和维护金融稳定重大政策；五是指导地方金融改革发展与监管，对金融管理部门和地方政府进行业务监督和履职问责等。其中，明确指出要"统筹协调金融监管重大事项"，这对互联网金融监管格局的完善有重大意义，分业监模式有了更高一级的协调组织机构，能够在发挥各监管部门灵活性、专业性的同时，保持在重大监管事项上的一致性。从某种意义上来讲，随着国务院金融稳定发展委员会正式成立，中国的互联网金融监管进入了事实上的综合监管模式。

## 8.3　互联网金融监管完善建议

（1）分业监管和综合监管并重。完善和细化已有的监管体系，坚持分业监管的同时，重视跨部门、跨业态监管的组织协调。国务院金融稳定发展委员会应当充分发挥沟通协调作用，推动建立专门的互联网金融联席监管机制，从市场准入与业务合规性监管多个层次形成互补的监管要求与标准，有效改善已有的分业监管体系所带来的监管分工不明确、标准不统一、职能交叉等弊端。鉴于互联网金融的跨界性，除了监管部门之间的沟通合作外，也要加强与其他部门的联系，如加强与工信部、公安部的监管协调，建立信息共享机制，进一步完善互联网金融业务的 ICP 许可和从事金融业务的备案体系，这点在《指导意见》中也有明确要求。各部门各司其职，国务院金融稳定发展委员会居中协调与组织领导，实现分业监管和综合监管的有机结合。

（2）中央和地方求同存异，积极发挥主动性。中国经济发展不平衡，地区差异较大，完全采用集中统一的监管模式可能导致监管效果有限，且影响互联网金融的创新发展。应在互联网金融监管中应充分考虑各地区的不同情况，重视地方监管部门的主动性和创新性，在统一的监管框架下，制定地区特色的监管方法，根据区域经济的发展特点，制定适当的互联网金融准入、退出、登记和经营许可制度。还可以在某些地区进行互联网金融沙盒监管和互联网金融产业园尝试，探索监管新模式，引导互联网金融推动实体经济发展。

（3）加强立法，完善顶层设计。总体上，中国法律规范体系在互联网金融领域的监管还比较欠缺，各主要互联网金融业态的监管依据大多是监管部门的办法和意见，缺少上位法的统一规定，适用范围有限，适用效果也不理想。互联网金融的健康有序发展离不开法律法规的有力保障，应尽快完善互联网金融法律体系，以立法的形式明确互联网金融机构的性质和法律地位，对其组织形式、准入资格、经营模式、风险防范、监督管理和处罚措施等进行规范。可采取分层次分阶段的策略完善监管法规。对互联网金融中已稳定的金融关系，可制定位阶较高且内容具体的部门法规、行政法规，如在中国已发展成熟的第三方支付业务就是如此；对互联网金融中发展尚未成熟但已普遍存在的金融关系，可制定位阶较底且内容兼顾原则与灵活的部门规章、部门法规，如股权众筹、P2P 等模式；对互联网金融中刚起步并未普遍存在的金融关系，立法应采用原有规范进行监管与引导，不宜制定新的规范。

同时，在相关法律出台前，应进一步提高规则制定的前瞻能力，在现有规定、制度的基础上，对其进行动态修订、补充与完善，弥补现有监管制度在覆盖互联网金融方面的空白，如在指定相关法律法规、条例、办法、制度的过程中，充分考虑互联网金融模式的特点，将相关内容纳入其中。

（4）创新监管，采取"穿透式"监管方法。互联网金融往往具有混业经营特征，一般涉及或嵌套多项金融业务，形态多样易变，不容易准确辨识业务实质。单独看某些业务和工具，可能符合监管要求，但综合看其本质和效果，则会发现挪用、误导、违规或关联交易。"穿透式"监管方式，就是要透过表面现象看清业务实质，把资金来源、中间环节与最终投向穿透连接起来，综合全流程信息来判断业务性质，并执行相应的监管规定。

采用"穿透式"监管的关键在于有先进技术支撑，利用互联网技术对中国互联网金融进行监管支撑已成为重中之重。国家互联网金融风险分析技术平台为技术支撑监管提供了借鉴意义，将为全国互联网金融监管提供技术支持和数据支持，并逐步成为国家互联网金融管理的智库支撑。建立技术支撑的全流程监管机制和保障机制（包括政策保障、经费保障、工作保障和服务保障等）是保障互联网技术支撑监管的机制。未来，互联网金融监管技术支撑的总体思路是在实现"全面监测、系统分析、及时预警、证据留存、配合处置"一体化功能的基础上，全面形成从事前的总体情况摸底，到事中的运营情况监测，再到事后的群体性事件跟踪的风险发现与应对的闭环体系，同时支持综合分析和前沿探索。

（5）建立全面的动态监管机制。互联网金融是不断创新发展的新兴行业，固定的监管框架并不能保证互联网金融的可持续发展，动态监管是必然选择。动态监管应从监管的责任分配出发，以补充规定的形式定期更新各监管主体的责任分工，将新产生的互联网金融业态置于监管框架之下，保证监管的完整性。监管机构要切实采取有效手段，发现和识别监管中存在的问题与风险，做好风险防范和预警机制，如定期对互联网金融平台进行信用评估并公布。为保证信息和数据的真实可靠，监管部门应利用互联网技术对互联网金融机构的交易过程及交易资金的流向、用途进行监控，保证其安全合法。此外，监管部门还应加强国际合作，吸取国外在互联网金融监管上的可取经验，对未预见的互联网金融问题提前防范。在动态监管方面，互联网金融风险分析技术平台同样可以发挥重要作用，技术平台在事前摸底、事中监测、事后跟踪与协调处置方面进行了积极探索，各模块的功能不断完善，在相关事件的协调处置中起到了关键作用。应当把国家互联网金融风险分析技术平台纳入动态监管机制，真正做到技术支撑监管。

第九章
互联网金融风险测算方法

# 9.1 互联网金融潜在风险分析

现阶段，互联网金融存在的风险从原理上讲和传统金融存在的风险有相同之处。互联网金融并没有从根本上区别于传统金融的一些一般属性，只是由于借助了互联网技术，使原本存在的金融风险有可能进一步放大，有可能使原本的金融交易在"脱媒"以后风险加剧。

从目前互联网金融的典型业务模式来看，互联网金融主要有两个方面的风险。一方面，由于互联网金融没有脱离金融的本质，因而其存在发生严重金融风险的可能性，包括信息不对称风险、信用风险、流动性风险和法律与政策风险；另一方面，互联网金融的互联网属性使其具有技术层面的风险，包括信息风险和网络安全风险等。

（1）金融类风险

信息不对称风险。互联网金融的虚拟性使身份确定、资金流向、信用评价等方面存在巨大的信息不对称。

信用风险。由于国内互联网信用业务目前整体没有受到有效的监管，也没有健全的消费者保护机制，互联网信用业务引致的信用风险程度更高，典型代表为 P2P 网贷平台的"跑路"现象。

流动性风险。由于互联网金融的技术性、联动性、跨界性和资金高速运转可能引发资金链条断裂，进而导致流动性风险，如互联网货币基金将九成资金配置于协议存款，而部分银行又将协议存款获得的资金用于风险性更高的信托收益权买入返售，而信托项目可能将资金配置于地方融资平台或房地产部门，一旦一个环节出现问题，流动性风险就将成为显性风险，甚至引发系统性风险。

法律与政策风险。由于互联网金融的创新步伐较快，同时部分业务是在现有政策、法律和监管体系之外的，政策调整和法律完善将是一个必然的过程，互联网金融将面临日益严重的法律与政策问题。

（2）技术类风险

信息风险。互联网金融具有信息泄露、身份识别、信息掌握与处理等互联网金融特有的风险。

网络安全风险。第三方存管及其可能的资金安全问题、潜在的重大技术系统失败及其可能引发的金融基础设施风险和基于人为和程序技术的操作风险均可视作网络安全风险。

互联网金融行业当前存在的主要风险有：

由于不当行为而导致的平台倒闭；

网络安全漏洞；

违约率/业务失败率显著上升；

欺诈行为；

政策方面的变动，如取消税收优惠；

国家及地方层面监管制度的变更；

随着制度化的加速和日益激烈的竞争，个人投资者可能会被踢出局。

对于美国市场，更多的互联网金融平台运营商认为网络安全漏洞是最为严峻的风险。在英国，由于不正当行为导致的平台崩溃被视为日益增长的最高风险，虽然到目前为止，在英国市场的平台中系统性欺诈或不正当行为很少发生，但行业的增长势必导致此类事件的不断发生。对于亚太地区，最大的风险来自其监管制度的变更，亚太地区各个国家的监管格局正在迅速发展，最近实施或目前提出的法规的影响还有待观察。对于欧洲市场，调查显示，互联网金融行业所面临的最大风险分别是违约率及业务失败率的显著上升，以及欺诈行为或由于不当行为而导致的平台崩溃。

# 9.2 P2P 网贷平台风险评估与预警

## 9.2.1 异常 P2P 平台风险特点分析

本文首先利用雷达图分别描述五种不同类型的异常 P2P 平台异于正常

平台的风险特点。不妨将正常 P2P 平台各指标的平均水平设定为 1，代表行业正常水平。雷达图中各指标得分为各类型异常平台平均值与行业正常水平的比值，大于 1 表示高于行业正常水平，小于 1 表示低于行业正常水平。其中停业、停业（转型）、提现困难和跑路的异常平台见图 9-1。

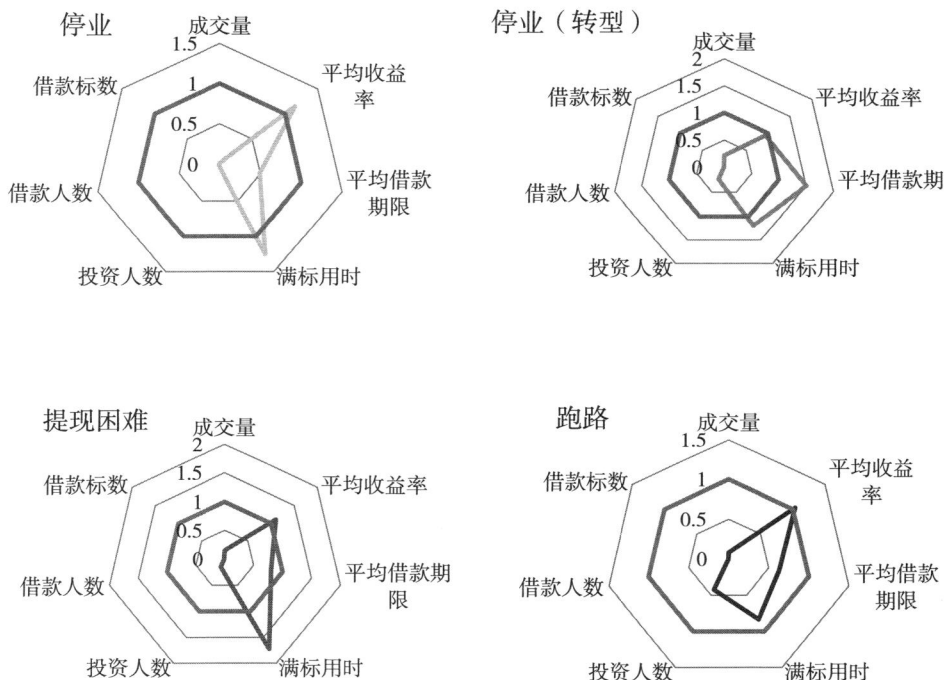

**图 9-1　四类异常平台风险特点**

　　从图 9-1 中可以看出，这四类问题平台存在一些共性：成交规模小，人气差，平均收益率高。其各自的特性在于：停业平台的满标用时较长而借款期限较短；停业（转型）平台满标用时较长的同时借款期限也比较长；提现困难平台的满标用时远高于行业正常水平；跑路平台则热衷于发布短期标。经侦介入的平台数量很少，其风险特点不同于其他四类异常平台。

　　从图 9-2 可以看出，经侦介入的异常平台通常以相对较高的收益迅速吸收投资，投资人多，成交量大，满标快；但借款方很少，多为大额借款项目。

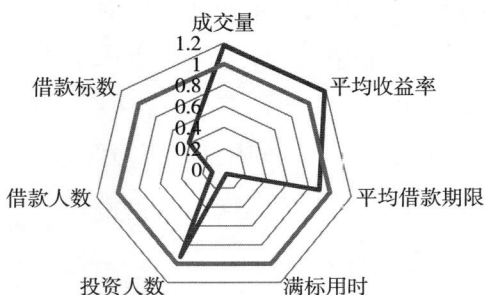

**图 9 - 2    经侦介入的异常平台风险特点**

### 9.2.2    构建 P2P 平台风险预警模型

为了更好地识别 P2P 平台的异常行为，提前发现最有可能出现异常的 P2P 平台，为有关部门提供重点监测对象，本文将选取 P2P 平台累计 5977 条样本数据，利用多种机器学习的方法，进一步构建 P2P 平台风险预警模型。

首先基于 K - means 聚类进行离群点检测，删除了 18 个特异样本点，剩余数据包含停业及问题平台数据 216 条，正常平台数据 5761 条。从中随机抽取 $216 \times 90\% = 194$（条）停业及问题平台数据以及 194 条正常平台数据作为训练集，其他数据作为测试集；选取借款人数（人）、借款标数（个）、平均借款期限（月）、平均收益率（%）、成交量（万元）、投资人数（人）、满标用时（分）共七个变量，以平台是否出现问题为标志，采取多种分类算法进行监督式机器学习。各种算法均通过 10 重交叉验证方法进行训练，预警模型效果见图 9 - 3。

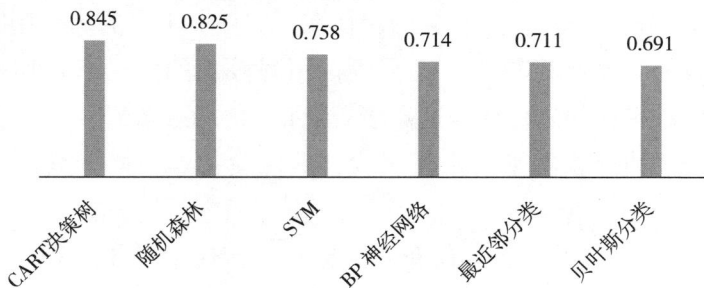

**图 9 - 3    六种机器学习分类算法的正判率**

从图 9 − 3 可以看到，CART 决策树算法的正判率高达 84.5%，比较而言，其应用于本套数据的效果要优于其他算法。表 9 − 1 展示了决策树预警模型的混淆矩阵。

表 9 − 1　　　　　　　　　　　　　混淆矩阵

| 预测值　　　　　　观测值 | 正常平台 | 异常平台 |
|---|---|---|
| 正常平台 | 170 | 36 |
| 异常平台 | 24 | 158 |

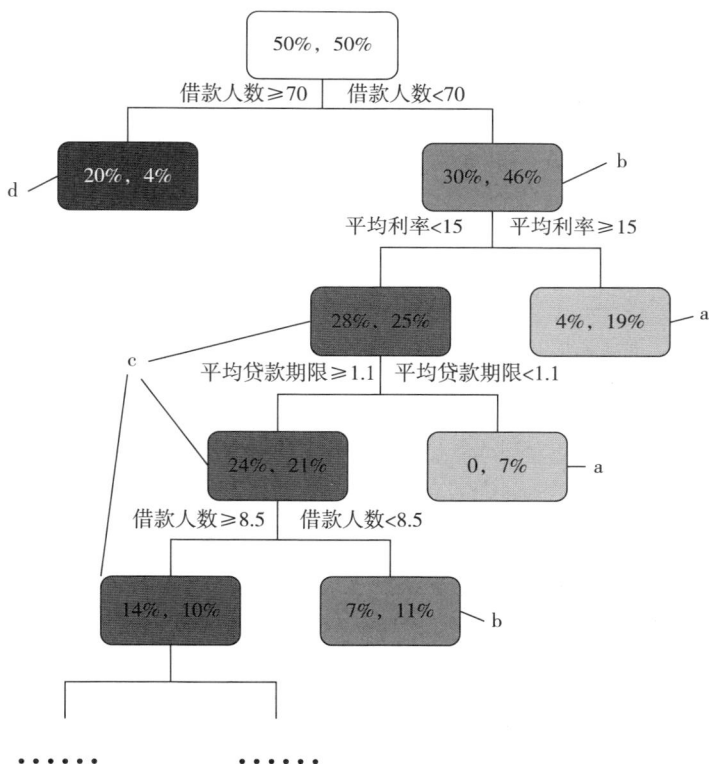

图 9 − 4　基于 CART 决策树的 P2P 平台风险预警模型

利用表中数据容易算出，CART 决策树预警模型的总体正判率达到 0.8454，正常平台的正判率 TPR（True positive rate）为 0.8763，异常平台的正判率 TNR（True negative rate）也达到了 0.8144。3 个正判率均超过 80%，说明模型的效果比较好。因而，本文拟采用的 P2P 平台风险预警模型为基于 CART 决策树的预警模型。

图 9 - 4 中区块内数值表示对应区块内正常、异常平台占平台总数的比值（如在最顶层的色块中，50%，50% 分别表示正常平台、异常平台所占比例）。决策树中的平台总数为 388 家，正常平台和问题平台各 194 家。图中区块的颜色深浅代表了风险程度，a > b > c > d，属于 a 区块内的 P2P 平台风险程度极高。也就是说，如果一家 P2P 平台月度借款人数低于 70 人，而平均借款利率高于 15%；或者虽然平均借款利率低于 15% 但是平均借款期限低于 1.1 月，那么这类平台很可能成为异常平台，会成为有关部门的重点监控对象。

### 9.2.3 结果分析

利用 CART 决策树、随机森林、SVM、BP 神经网络、最近邻分类、贝叶斯分类这六种机器学习分类算法，分别构建了 P2P 平台风险预警模型。研究结果表明，CART 决策树预警模型相对而言正判率更高，且可视化也比较强，能清晰地给出重点关注指标及其相应的高风险区域。落入高风险区域的平台极有可能在不久的将来出现异常，重点监控这类平台将大大降低行业风险，切实保障投资者利益。而且随着行业监管细则的逐步完善与落实，越来越多的 P2P 平台将开放数据接口，网贷数据必然更加全面与真实，基于机器学习的风险预警模型也会更加准确有效。

## 9.3  股权众筹风险评估与预警

### 9.3.1  股权众筹平台评估指标体系

在分析股权众筹运营模式特征，综合考虑企业背景、融资规模、信息披露、影响力四个方面因素后，我们总结了互联网非公开股权融资平台评估指标，设计平台评估指标体系，见图9-5。

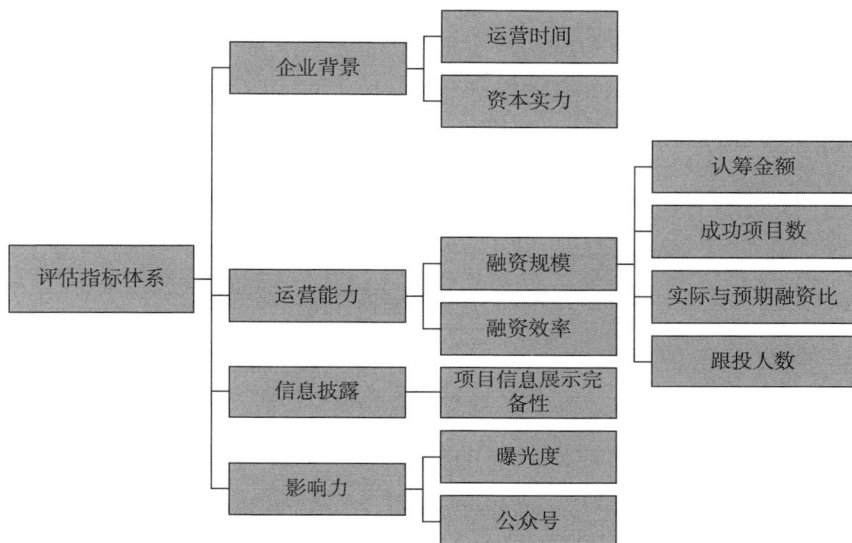

图9-5　股权众筹平台评估指标体系

（一）企业背景

（1）运营时间。反映平台自上线以来运营时间长短的指标。

（2）资本实力。反映平台资本雄厚程度的指标，以注册资本为主。

（二）运营能力

（1）融资规模。反映平台筹资能力的指标，以实际总认筹金额、成功项目数、实际与预期融资比及跟投人数为主。

（2）融资效率。反映平台筹资效率的指标，以项目平均满标时间为主。

（三）信息披露

项目信息展示完备性。平台上项目信息展示是否完备的指标。主要从视频介绍、图片展示、回报说明等维度来考察。

（四）影响力

（1）曝光度。反映平台在新闻媒体上被报道情况的指标，根据百度新闻的收录数据来衡量。

（2）公众号。反映平台在微信公众号上推广力度和效果的指标。通过平台公众号的文章阅读量数据来衡量。

### 9.3.2 股权众筹平台底层数据采集及处理

本文根据股权众筹平台评估指标体系，结合目前大部分正常运营平台的项目信息披露特征，设计底层数据指标并进行数据采集，见表9－2。

表9－2　　　　　　　　　股权众筹平台底层数据指标

| | 一级指标 | 二级评价指标 | 底层数据指标 |
|---|---|---|---|
| 股权众筹平台评估指标体系 | 企业背景 | 运营时间 | 平台上线时间 |
| | | 资本实力 | 公司注册资本 |
| | 运营能力 | 融资规模 | 筹资金额（目标融资额） |
| | | | 认筹金额（实际融资额） |
| | | | 跟投人数 |
| | | 融资效率 | 项目上线时间 |
| | | | 项目满标时间 |
| | 信息披露 | 信息展示完备性 | 项目视频介绍 |
| | | | 项目图片介绍 |
| | | | 项目回报说明 |
| | | | 项目网址链接 |
| | 影响力 | 曝光度 | 百度新闻数 |
| | | 公众号 | 公众号文章阅读量 |

对国内正在运营的股权众筹平台项目数据进行采集，样本期为2016年1月至2017年3月共5个季度，在全部118家正常运营平台中有30家公开披露所需项目指标的股权众筹平台。**数据采集方法**：在每个股权众筹平台进行注册并认证合格投资人（大部分平台的项目信息仅对合格投资人可见），浏览平台在样本期内发布的所有项目并采集项目数据。由于不同平台在项目信息披露方式上存在极大的个性化差异，难以通过网页自动抓取程序进行数据采集，因此本文采用手动收集数据的方法，完成了极大的工作量，最终共收集到30家平台在样本期内共642个项目的数据，每

个项目数据为含有 11 个底层指标的一维行向量。

底层数据为直接从平台上摘取到的项目数据，将其进行相应地处理后，可以得到所需的评价指标，处理规则如下：

1. 运营时间 $T_{i(oper)}$ ，单位（天）

设 $T_{i(oper)}$ 为第 $i$ 个平台运营天数，则

$$T_{i(oper)} = t_s - t_{i(star)} + 1$$

其中，$t_s$ 为 2017 年 3 月 31 日，$t_{i(star)}$ 为第 $i$ 个平台上线时间。

2. 资本实力 $C_i$ ，单位（万元）

设 $C_i$ 为第 $i$ 个平台公司的注册资本。

3. 认筹金额 $M_{it}^r$ ，单位（万元）

设 $M_{it}^r$ 为第 $i$ 个平台在第 $t$ 个季度认筹金额总和，则

$$M_{it}^r = \sum_{q=1}^{n_{it}} m_{itq}^r$$

其中，$m_{itq}^r$ 为第 $i$ 个平台在第 $t$ 个季度的第 $q$ 个项目的认筹金额；$n_{it}$ 为该平台在该季度内的项目数。

4. 跟投人数 $P_{it}$ ，单位（人）

设 $P_{it}$ 为第 $i$ 个平台在第 $t$ 个季度跟投人数总和，则

$$P_{it} = \sum_{q=1}^{n_{it}} P_{itq}$$

其中，$P_{itq}$ 为第 $i$ 个平台在第 $t$ 个季度的第 $q$ 个项目的跟投人数。

5. 成功项目数 $N_{it}$ ，单位（个）

设 $N_{it}$ 为第 $i$ 个平台在第 $t$ 个季度的成功项目总数，为满标项目数与为满标项目融资比之和，即

$$N_{it} = n_{it}^1 + \sum_{q_2=n_a^1+1}^{n_{it}} \frac{m_{itq_2}^a}{m_{itq_2}^r}$$

其中，$n_{it}^1$ 为该平台在该季度内满标项目个数；$m_{itq_2}^a$ 为该平台在该季度内第 $q_2$ 个未满标平台的筹资金额；$m_{itq_2}^r$ 为该平台在该季度内第 $q_2$ 个未满标平台的认筹金额。

6. 实际与预期融资比 $\eta_{it}$

设 $\eta_{it}$ 为第 $i$ 个平台在第 $t$ 个季度的融资比，为各项目融资比按照认筹金额加权平均所得，即

$$\eta_{it} = \sum_{q=1}^{n_u} \eta_{itq} \cdot \frac{m_{itq}^r}{M_{itq}^r}$$

其中，

$$\eta_{itq} = \frac{m_{itq}^r}{m_{itq}^a}$$

$\eta_{itq}$ 为该平台在该季度的第 $q$ 个项目的融资比。

7. 日均融资额 $\overline{m_{it}}$，单位（万元/天）

由于股权众筹平台超募金额会退还投资人，满标后未成功投资的意向投资人一般会选择停止投资，故超募金额对平台的融资效率计算没有意义。因此，满标项目选用筹资金额和满标时间计算，未满标项目选用认筹金额和总融资时间计算，即

$$\overline{m_{it}} = \frac{\sum_{q_1=1}^{n_u^1} m_{itq_1}^a + \sum_{q_2=n_u^1+1}^{n_2} m_{itq_2}^r}{\sum_{q_1=1}^{n_u^1} t_{itq_1} + \sum_{q_2=n_u^1+1}^{n_2} t_{itq_2}}$$

其中，$m_{itq_1}^a$ 为该平台在该季度内第 $q_1$ 个满标项目的筹资金额，$t_{itq_1}$ 为该平台在该季度内第 $q_1$ 个满标项目的满标时间，$m_{itq_2}^r$ 为该平台在该季度内第 $q_2$ 个未满标项目的认筹金额，$t_{itq_2}$ 为该平台在该季度内第 $q_2$ 个满标项目的总融资时间。

8. 信息披露得分 $d_{it}$

若该项目有视频介绍，其视频介绍得分为1，否则计为0，图片介绍、回报说明和网址链接得分同理，四项得分之和计为 $d_{itq}$，即该平台在该季度第 $q$ 个项目的信息披露得分。

设 $d_{it}$ 为第 $i$ 个平台在第 $t$ 个季度的信息披露得分按认筹金额加权均值，即

$$d_{it} = \sum_{q=1}^{n_u} d_{itq} \cdot \frac{m_{itq}^r}{M_{itq}^r}$$

9. 新闻条数 $News_{it}$ ，单位（条）

设 $News_{it}$ 为第 $i$ 个平台在第 $t$ 个季度的百度新闻条数。

10. 公众号平均阅读量 $WeC_{it}$

设 $WeC_{it}$ 为第 $i$ 个平台在第 $t$ 个季度的平均阅读量。

在进行了底层数据采集和处理后，得到如下数据矩阵（因注册资本和运营时间两项指标不反映平台运营变化趋势，因此不计入动态矩阵，该两项指标在平台特征描述时使用）：

$$
\begin{array}{c}
X_{11} \\
X_{12} \\
X_{13} \\
X_{14} \\
X_{15} \\
X_{21} \\
\vdots \\
X_{305}
\end{array}
\left(
\begin{array}{cccccccc}
M^r_{11} & P_{11} & N_{11} & \eta_{11} & \overline{m}_{11} & d_{11} & News_{11} & WeC_{11} \\
M^r_{12} & P_{12} & N_{12} & \eta_{12} & \overline{m}_{12} & d_{12} & News_{12} & WeC_{12} \\
M^r_{13} & P_{13} & N_{13} & \eta_{13} & \overline{m}_{13} & d_{13} & News_{13} & WeC_{13} \\
M^r_{14} & P_{14} & N_{14} & \eta_{14} & \overline{m}_{14} & d_{14} & News_{14} & WeC_{14} \\
M^r_{15} & P_{15} & N_{15} & \eta_{15} & \overline{m}_{15} & d_{15} & News_{15} & WeC_{15} \\
M^r_{21} & P_{21} & N_{21} & \eta_{21} & \overline{m}_{21} & d_{21} & News_{21} & WeC_{21} \\
\vdots & \vdots & \vdots & \vdots & \vdots & \vdots & \vdots & \vdots \\
M^r_{305} & P_{305} & N_{305} & \eta_{305} & \overline{m}_{305} & d_{305} & News_{305} & WeC_{305}
\end{array}
\right)
$$

### 9.3.3 股权众筹平台特征分析

在股权众筹平台进行系统聚类前，首先各平台的"认筹金额""跟投人数""成功项目数""实际与预期融资比""日均融资额""信息披露得分""新闻条数""公众号平均阅读量"这 8 个指标的 5 个季度数据求平均值，加上"运营时间"和"注册资本"两个指标，构成截面数据矩阵。然后采用离差标准化方法，将数据进行标准化，具体公式为

$$ x_{ij}' = \frac{x_{ij} - \min x_j}{\max x_j - \min x_j} $$

利用 SPSS 软件实现系统聚类，得到谱系图如图 9 - 6，根据谱系图，考虑将 30 家平台聚为六类，将聚类结果整理如表 9 - 3 所示。

| | 0 | 5 | 10 | 15 | 20 | 25 |

企e融　15
蜘蛛众筹　26
东之贝　11
津门投　13
首科众筹　18
张三李四　25
创业中国　7
同筹网　21
大伙投　8
天使客　20
身边筹　17
爱创业　3
爱就投　4
大家投　9
头狼金服　22
影大人　23
汇梦公社　12
云岸金服　24
众伙拾柴　28
京北众筹　14
筹道股权　6
360淘金　2
百度百众　5
众筹客　27
众投天地　30
第五创　10
人人投　16
天使街　19
众投邦　29
36氪　1

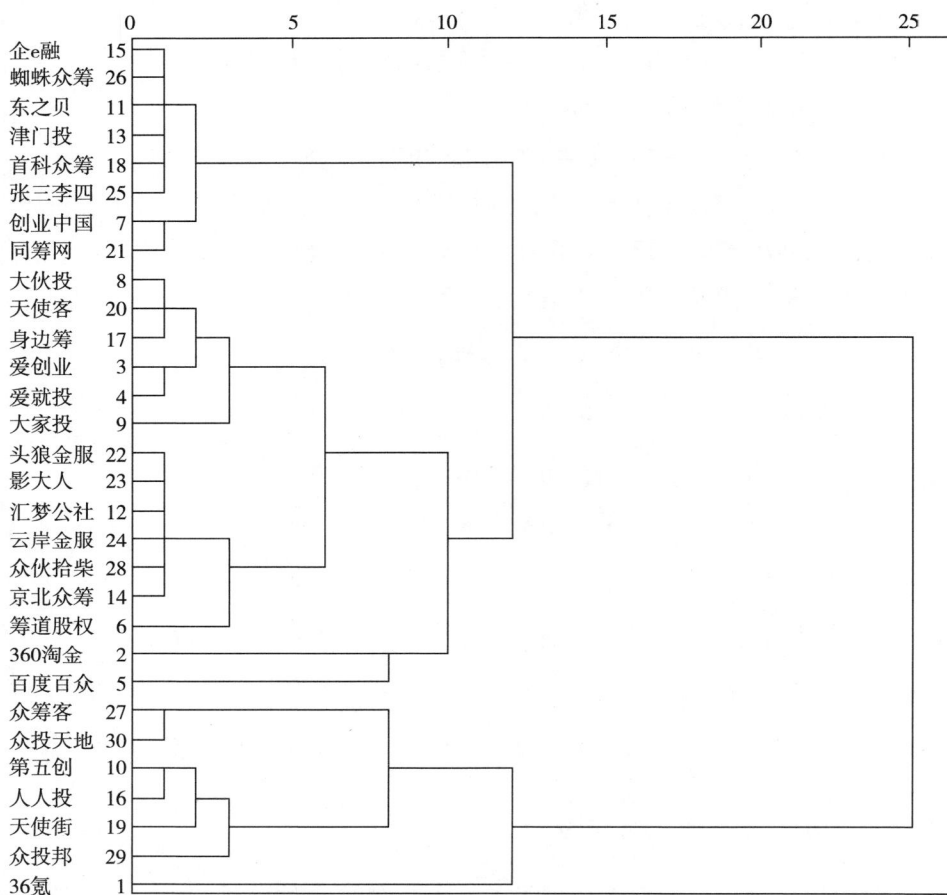

图 9 - 6　Ward 法聚类谱系图

表 9 - 3　　　　　　　　　　　Ward 法聚类结果

| 平台名称 | 10 指标 Ward 法聚类 | 平台名称 | 10 指标 Ward 法聚类 |
|---|---|---|---|
| 36 氪 | 1 | 京北众筹 | 5 |
| 第五创 | 2 | 身边筹 | 5 |
| 人人投 | 2 | 天使客 | 5 |
| 天使街 | 2 | 头狼金服 | 5 |
| 众投邦 | 2 | 影大人 | 5 |
| 众筹客 | 3 | 云岸金服 | 5 |
| 众投天地 | 3 | 众伙拾柴 | 5 |

| 平台名称 | 10 指标 Ward 法聚类 | 平台名称 | 10 指标 Ward 法聚类 |
|---|---|---|---|
| 360 淘金 | 4 | 创业中国 | 6 |
| 百度百众 | 4 | 东之贝 | 6 |
| 爱创业 | 5 | 津门投 | 6 |
| 爱就投 | 5 | 企 e 融 | 6 |
| 筹道股权 | 5 | 首科众筹 | 6 |
| 大伙投 | 5 | 同筹网 | 6 |
| 大家投 | 5 | 张三李四 | 6 |
| 汇梦公社 | 5 | 蜘蛛众筹 | 6 |

　　本章根据系统聚类的结果，将 30 家股权众筹平台分为六类。为进行平台特征分析，计算各类中平台各指标的平均值，绘制出六张雷达图，见图 9 - 7。第一类平台中只有一家平台，该平台的特点为成立时间短、注册资本低，但认筹金额和影响力较高，为新兴高热度平台。该类平台的成果项目数虽然不多，但平台上发布的项目大多为目标融资额较高的项目；平台跟投人数较少的原因主要是项目平均起投金额较高；而日均融资额较低的原因是平台项目主要为天使轮项目，投资人对于该轮融资的项目一般持谨慎态度，需和项目方进行多次约谈并参加路演，因此满标时间较长、日均融资额较小。

　　第二类平台的特点为认筹金额、信息披露得分较高、运营时间较长，但注册资本、平台的影响力和日均融资额较低。此类平台成立时间较早，信息披露方面发展得较为完善，但不够注重企业宣传，微信公众号运营能力较差且新闻数较少；平台日均融资额较低的原因与第一类平台相似。

　　第三类平台的特点主要为投资人数和成功项目数较高，但日均融资额较低。该分类中的平台均专注于实体店铺投资，起投金额低、退出时间早，可以吸引大量的小额投资人。实体店铺的融资不同于初创公司，其风险更小、收益更稳妥，在股权众筹平台中容易融资成功，因此越来越多的实体店铺在开店前会选择到股权众筹平台融资，这也是该类平台成功项目数较多的原因。此类平台日均融资额较小主要是因为每个项目的融资额本身较小，与创业公司发起的融资项目金额差距较大。

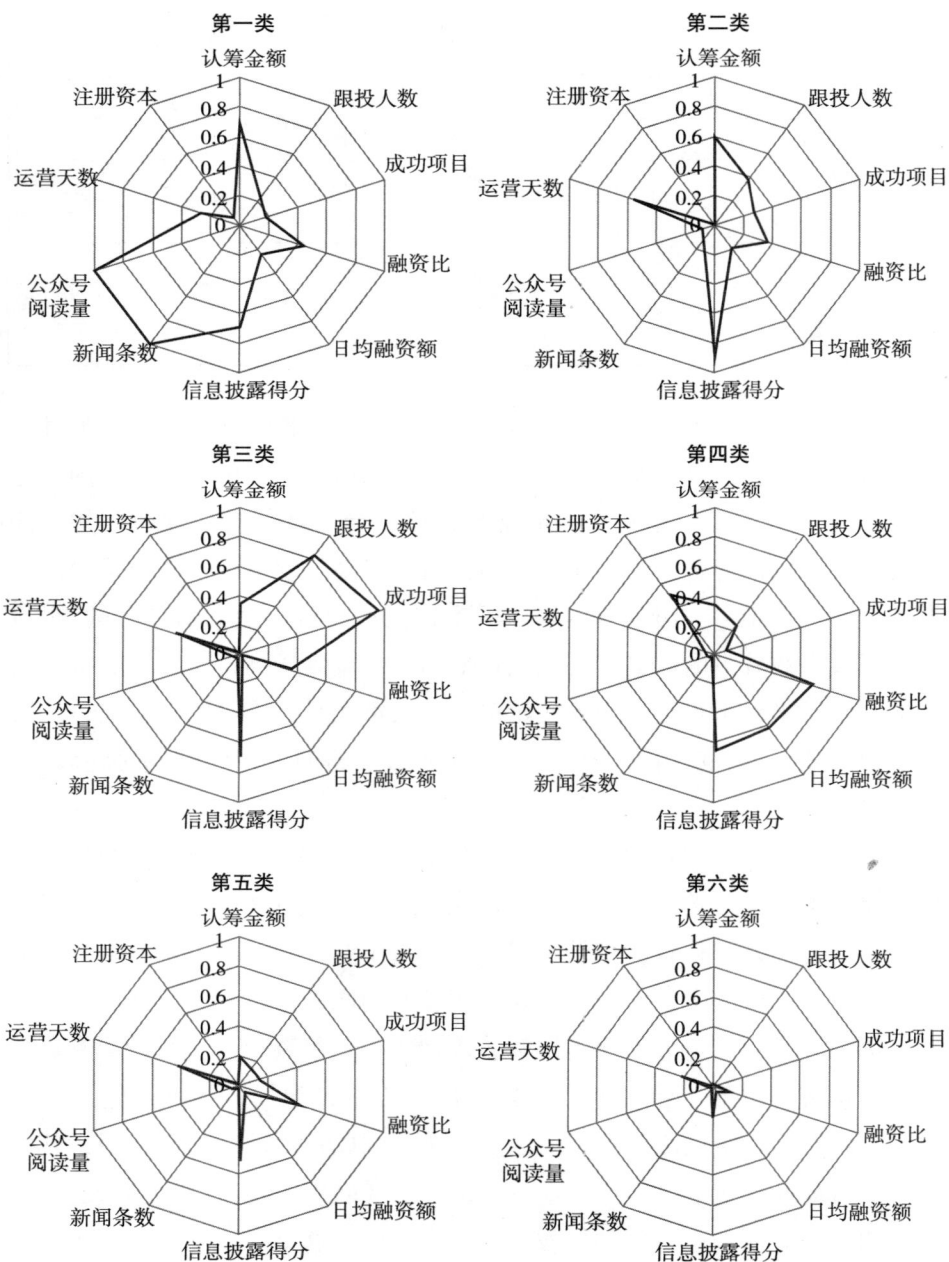

图 9 – 7　股权众筹平台分类模型

### 9.3.4 股权众筹平台动态综合评价

本部分利用动态综合评价法，对 30 家平台在 2016 年 1 月至 2017 年 3 月共 5 个季度的动态运营数据进行综合评价，得到各个平台的动态综合评价。

当对一个待评对象通过多维指标进行评价时，若考虑到时间的发展，则可收集到按时间排序的平面数据表，即"时序立体数据表"，此类评价问题为"动态综合评价"问题。动态综合评价方法结合了静态综合评价法和时间因素，对代评对象在一段时间内的表现进行评价，得出综合评价值。动态综合评价法主要考虑两个问题，第一确定静态评价时不同指标的权重，第二是确定不同时间的数据的重要程度，即加入时间因素对评价算法的影响。在本部分研究中，综合主观赋权法和客观赋权法来确定静态评价时不同指标的权重，其中主观赋权法采用层次分析法，客观赋权法采用 CRITIC 赋值法；随后确定不同时间的权重；最后运用动态综合评价法。下面重点介绍 CRITIC 赋值法、时间维度赋权及动态综合评价法：

（一）CRITIC 赋值法

Diakoulaki 提出了一种新的客观赋权方法 CRITIC（Criteria Importance Through Intercriteria Correlation）赋权法，将指标变异程度和冲突性相结合。指标变异程度通过标准差度量，标准差越大说明该指标区分各待评对象的能力越强，应被赋予较大权重；指标冲突性通过相关系数来度量，相关系数越小说明重复信息越少[39]。CRITIC 赋权法的具体算法如下：

a. 计算第 $j$ 个指标观测值的标准差 $\sigma_j$

b. 计算第 $j$ 个指标与其余指标间冲突性指标 $\sum (1 - |r_{ij}|)$

c. 计算信息量指标 $P_j$：

$$P_j = \sigma_j \sum_{i=1}^{n} (1 - |r_{ij}|)$$

d. 求出第 $j$ 个指标的客观权重 $w_j$：

$$w_j = \frac{P_j}{\sum_{j=1}^{n} P_j}$$

在求出主观权重 $w_j^{(1)}$ 和客观权重 $w_j^{(2)}$ 后，对二者进行综合，求出组合权重 $w_j^*$：

$$w_j^* = \frac{w_j^{(1)} \cdot w_j^{(2)}}{\sum w_j^{(1)} \cdot w_j^{(2)}}$$

（二）时间维度赋权

动态综合评价法在静态综合评价的基础上，考虑不同时间样本点对评价结果的影响的重要程度，对时间维度进行加权后建立综合评价模型。在对时间维度赋权时，本文采用郭亚军（2007）提出的"时间度"赋权法。

时间度 $Z$ 的大小体现动态综合评价过程中对时间样本点的重视程度，取值在 $0 \sim 1$，其定义式为

$$Z = \sum_{t=1}^{q} \frac{q-t}{q-1} \cdot \lambda_t$$

时间度 $Z$ 的取值见表 $9-4$，$Z$ 越小，表明评价过程越重视近期数据；$Z$ 越大，表明评价过程越重视远期数据。

表 9 – 4　　　　　　　　　　时间度 Z 取值

| 时间度 $Z$ | 含义 |
| --- | --- |
| 0.1 | 非常重视近期数据 |
| 0.3 | 比较重视近期数据 |
| 0.5 | 同样重视所用时期数据 |
| 0.7 | 比较重视远期数据 |
| 0.9 | 非常重视远期数据 |
| 0.2、0.4、0.6、0.8 | 上述相邻判断的中间值 |

设有 $q$ 个时间段，在选定时间度的取值后，通过非线性规划问题求解可求出时间权向量，目标函数为时间权重的熵最大化：

$$\max\left( - \sum_{t=1}^{q} \lambda_t \cdot \ln\lambda_t \right)$$

$$\begin{cases} Z = \sum_{t=1}^{q} \frac{q-t}{q-1} \cdot \lambda_t \\ \sum_{t=1}^{q} \lambda_t = 1, \lambda_t \in [0,1] \end{cases}$$

求解后得到时间权向量 $\lambda = (\lambda_1, \lambda_2, \cdots, \lambda_t)^T$。

（三）动态综合评价模型

动态综合评价模型将静态综合评价结果与时间变化相结合，求出综合评价指标值。首先求出各个评价对象在各个时间点上的静态综合评价值，其次构造增长矩阵反映综合评价值的变化。将静态综合评价矩阵和增长矩阵加权求和得到时序多指标综合评价矩阵。对时序多指标综合评价矩阵利用理想点法构造理想点和负理想点，计算待评对象到理想点负理想点的距离从而得出最终的综合评价值。

1. 设有 $m$ 个待评对象 $O_i(i = 1, 2, \cdots, m)$，$n$ 项评价指标 $I_j(j = 1, 2, \cdots, n)$，$q$ 个时间点 $T_k(k = 1, 2 \cdots, q)$，对于每个特定的时间点 $T_k$，待评对象的样本数据集为

$$X_i = \begin{array}{c} \\ O_1 \\ O_2 \\ \vdots \\ O_4 \end{array} \overset{I_1, I_2, \cdots, I_n}{\begin{bmatrix} x_{11}^{(k)} & x_{12}^{(k)} & \cdots & x_{1n}^{(k)} \\ x_{21}^{(k)} & x_{22}^{(k)} & \cdots & x_{2n}^{(k)} \\ \vdots & \vdots & \ddots & \vdots \\ x_{m1}^{(k)} & x_{m2}^{(k)} & \cdots & x_{mn}^{(k)} \end{bmatrix}} = (x_{ij})_{m \times n}, k = 1, 2, \cdots, q$$

2. 对每个时间点数据集按照静态综合评价法求出静态评价矩阵 $A$：

$$A = \begin{array}{c} \\ T_1 \\ T_2 \\ \vdots \\ T_q \end{array} \overset{O_1, O_2, \cdots, O_m}{\begin{bmatrix} a_{11} & a_{12} & \cdots & a_{1m} \\ a_{21} & a_{22} & \cdots & a_{2m} \\ \vdots & \vdots & \ddots & \vdots \\ a_{q1} & a_{q2} & \cdots & a_{qm} \end{bmatrix}} = (a_{ki})_{q \times m}$$

其中，$a_{ki}$ 为待评对象 $O_i$ 在时间点 $T_k$ 上的静态综合评价值。

3. 构建增长矩阵 $B = (b_{ki})_{q \times m}$，其中：

$$b_{ki} = \begin{cases} 0 & k = 1; i = 1, 2, \cdots, m \\ a_{ki} - a_{(k-1)i} & k = 2, 3, \cdots, q; i = 1, 2, \cdots, m \end{cases}$$

$b_{ki}$ 表示评价对象 $O_i$ 的静态综合评价值的增长变化情况。

4. 构建动态综合评价矩阵 $C = (c_{ki})_{m \times g}$，由静态综合评价矩阵和增长

矩阵加权得

$$c_{ki} = \alpha \cdot \alpha_{ki} + \beta \cdot b_{ki}, \alpha + \beta = 1$$

$\alpha$ 和 $\beta$ 分别表示静态综合评价值与增长变化值的重要程度，其取值可根据实际问题的不同而不同，一般取 $\alpha = \beta = 0.5$。

5. 通过理想点法，构造理想时间序列 $(c_1^+, c_2^+, \cdots, c_q^+)$ 和负理想时间序列 $(c_1^-, c_2^-, \cdots, c_q^-)$，其中：

$$c_k^+ = \max\{c_{ki} | i = 1, 2, \cdots, m\}, i = 1, 2, \cdots, q$$

$$c_k^- = \min\{c_{ki} | i = 1, 2, \cdots, m\}, i = 1, 2, \cdots, q$$

6. 计算待评对象 $O_i$ 在时间点 $T_k$ 上的动态综合评价值 $c_{ki}$ 到理想点 $(c_1^+, c_2^+, \cdots, c_q^+)$ 和负理想点 $(c_1^-, c_2^-, \cdots, c_q^-)$ 的欧式距离：

$$d_i^+ = \left( \sum_{k=1}^{q} \lambda_k (c_{ki} - c_k^+)^2 \right)^{\frac{1}{2}}, i = 1, 2, \cdots, m$$

$$d_i^- = \left( \sum_{k=1}^{q} \lambda_k (c_{ki} - c_k^-)^2 \right)^{\frac{1}{2}}, i = 1, 2, \cdots, m$$

其中，$\lambda_k$ 为时间权。

7. 计算待评对象 $O_i$ 到理想点的相对距离，即动态综合评价值。

$$y_i = \frac{d_i^-}{d_i^+ + d_i^-}, i = 1, 2, \cdots, m$$

$y_i$ 越大说明待评对象 $O_i$ 距离理想点越近，动态综合评价值越高。依据 $y_i$ 将待评对象 $O_i$ 进行排序，排名越靠前的待评对象评价越高。

## 9.3.5 股权众筹平台动态综合指标计算

（一）确定主观权重

在确定主观权重时，本书参考 2016 年 11 月 22 日人创咨询联合众筹家、外滩征信联合发布的《中国众筹平台评级报告》中利用层次分析法计算出的权重，见表 9-5。

表 9 - 5 主观权重值

| 指标 | 权重（%） |
|---|---|
| 认筹金额 | 11.9 |
| 跟投人数 | 11.9 |
| 成功项目数 | 11.9 |
| 实际与预期融资比 | 11.9 |
| 日均融资额 | 11.9 |
| 信息披露得分 | 22.1 |
| 新闻条数 | 9.2 |
| 公众号阅读量 | 9.2 |

（二）确认客观权重

为综合考虑指标的变异性和冲突性，本文采用 CRITIC 赋权法进行客观权重的计算。首先采用离差标准化方法，将数据进行标准化，具体公式为

$$x_{ik}' = \frac{x_{ik} - \min x_k}{\max x_k - \min x_k}$$

随后，计算各个季度的相关系数矩阵和各指标标准差，求出各季度 CRITIC 客观权重，并结合主观权重，得出综合评价权重，见表 9 - 6。

表 9 - 6 静态综合评价权重计算结果

| | | $M$ | $P$ | $N$ | $\eta$ | $m$ | $d$ | $News$ | $WeC$ |
|---|---|---|---|---|---|---|---|---|---|
| 第一季度 | $\sum(1 - \lvert r_{ij} \rvert)$ | 3.16 | 3.434 | 3.926 | 4.711 | 5.405 | 5.077 | 3.752 | 3.955 |
| | $\sigma_j$ | 0.185 | 0.197 | 0.129 | 0.159 | 0.117 | 0.277 | 0.138 | 0.157 |
| | $P_j$ | 0.585 | 0.676 | 0.506 | 0.747 | 0.633 | 1.408 | 0.519 | 0.622 |
| | $w_j^{(1)}$ | 0.103 | 0.119 | 0.089 | 0.131 | 0.111 | 0.247 | 0.091 | 0.109 |
| | $w_j^*$ | 0.088 | 0.102 | 0.076 | 0.112 | 0.095 | 0.394 | 0.060 | 0.072 |
| 第二季度 | $\sum(1 - \lvert r_{ij} \rvert)$ | 4.851 | 5.35 | 5.298 | 4.723 | 5.764 | 4.076 | 5.024 | 5.206 |
| | $\sigma_j$ | 0.202 | 0.204 | 0.180 | 0.070 | 0.202 | 0.249 | 0.132 | 0.117 |
| | $P_j$ | 0.981 | 1.094 | 0.956 | 0.331 | 1.167 | 1.016 | 0.662 | 0.609 |
| | $w_j^{(1)}$ | 0.144 | 0.160 | 0.140 | 0.049 | 0.171 | 0.149 | 0.097 | 0.089 |
| | $w_j^*$ | 0.133 | 0.148 | 0.129 | 0.045 | 0.158 | 0.255 | 0.069 | 0.064 |

续表

| | | $M$ | $P$ | $N$ | $\eta$ | $m$ | $d$ | $News$ | $WeC$ |
|---|---|---|---|---|---|---|---|---|---|
| 第三季度 | $\sum(1-\|r_{ij}\|)$ | 4.965 | 5.08 | 5.083 | 5.155 | 5.446 | 4.405 | 5.31 | 5.536 |
| | $\sigma_j$ | 0.225 | 0.159 | 0.164 | 0.070 | 0.076 | 0.273 | 0.118 | 0.073 |
| | $P_j$ | 1.116 | 0.810 | 0.834 | 0.361 | 0.416 | 1.203 | 0.624 | 0.403 |
| | $w_j^{(1)}$ | 0.194 | 0.140 | 0.145 | 0.063 | 0.072 | 0.209 | 0.108 | 0.070 |
| | $w_j^{*}$ | 0.170 | 0.123 | 0.127 | 0.055 | 0.063 | 0.340 | 0.074 | 0.047 |
| 第四季度 | $\sum(1-\|r_{ij}\|)$ | 4.224 | 4.425 | 5.036 | 5.507 | 5.676 | 4.743 | 5.809 | 5.706 |
| | $\sigma_j$ | 0.189 | 0.225 | 0.234 | 0.179 | 0.107 | 0.234 | 0.122 | 0.152 |
| | $P_j$ | 0.797 | 0.996 | 1.176 | 0.986 | 0.609 | 1.112 | 0.707 | 0.869 |
| | $w_j^{(1)}$ | 0.110 | 0.137 | 0.162 | 0.136 | 0.084 | 0.153 | 0.097 | 0.120 |
| | $w_j^{*}$ | 0.102 | 0.127 | 0.150 | 0.126 | 0.078 | 0.263 | 0.070 | 0.086 |
| | $\sum(1-\|r_{ij}\|)$ | 3.128 | 4.57 | 4.912 | 4.345 | 3.783 | 3.998 | 3.907 | 4.217 |
| | $\sigma_j$ | 0.220 | 0.172 | 0.205 | 0.067 | 0.089 | 0.268 | 0.184 | 0.179 |
| | $P_j$ | 0.688 | 0.787 | 1.009 | 0.293 | 0.336 | 1.071 | 0.717 | 0.756 |
| | $w_j^{(1)}$ | 0.122 | 0.139 | 0.178 | 0.052 | 0.059 | 0.189 | 0.127 | 0.134 |
| | $w_j^{*}$ | 0.110 | 0.126 | 0.162 | 0.047 | 0.054 | 0.319 | 0.089 | 0.094 |

（三）计算静态价值

利用表9－6得到的静态综合指标权重计算出每个季度的各平台评价值，见表9－7。

表9－7　　　　　　　　静态综合评价值

| | 第一季度 | 第二季度 | 第三季度 | 第四季度 | 第五季度 |
|---|---|---|---|---|---|
| 360淘金 | 0.391 | 0.418 | 0.233 | 0.328 | 0.006 |
| 36氪 | 0.534 | 0.349 | 0.265 | 0.208 | 0.495 |
| 爱创业 | 0.204 | 0.144 | 0.238 | 0.204 | 0.173 |
| 爱就投 | 0.268 | 0.241 | 0.343 | 0.218 | 0.192 |
| 百度百众 | 0.000 | 0.320 | 0.305 | 0.242 | 0.319 |
| 筹道股权 | 0.240 | 0.176 | 0.179 | 0.377 | 0.192 |
| 创业中国 | 0.028 | 0.000 | 0.000 | 0.000 | 0.000 |
| 大伙投 | 0.239 | 0.274 | 0.002 | 0.097 | 0.002 |

续表

| | 第一季度 | 第二季度 | 第三季度 | 第四季度 | 第五季度 |
|---|---|---|---|---|---|
| 大家投 | 0.327 | 0.221 | 0.283 | 0.159 | 0.190 |
| 第五创 | 0.381 | 0.367 | 0.393 | 0.389 | 0.366 |
| 东之贝 | 0.000 | 0.000 | 0.103 | 0.088 | 0.000 |
| 汇梦公社 | 0.243 | 0.241 | 0.268 | 0.003 | 0.005 |
| 津门投 | 0.001 | 0.066 | 0.001 | 0.069 | 0.085 |
| 京北众筹 | 0.168 | 0.222 | 0.251 | 0.153 | 0.119 |
| 企 e 融 | 0.219 | 0.002 | 0.267 | 0.002 | 0.004 |
| 人人投 | 0.360 | 0.315 | 0.449 | 0.315 | 0.390 |
| 身边筹 | 0.000 | 0.153 | 0.246 | 0.213 | 0.174 |
| 首科众筹 | 0.136 | 0.069 | 0.000 | 0.001 | 0.002 |
| 天使街 | 0.345 | 0.338 | 0.200 | 0.165 | 0.229 |
| 天使客 | 0.379 | 0.240 | 0.008 | 0.017 | 0.018 |
| 同筹网 | 0.168 | 0.002 | 0.001 | 0.004 | 0.013 |
| 头狼金服 | 0.178 | 0.090 | 0.146 | 0.149 | 0.191 |
| 影大人 | 0.145 | 0.164 | 0.136 | 0.133 | 0.137 |
| 云岸金服 | 0.007 | 0.241 | 0.226 | 0.238 | 0.208 |
| 张三李四 | 0.139 | 0.114 | 0.000 | 0.079 | 0.080 |
| 蜘蛛众筹 | 0.216 | 0.128 | 0.189 | 0.011 | 0.000 |
| 众筹客 | 0.338 | 0.313 | 0.382 | 0.446 | 0.492 |
| 众伙拾柴 | 0.000 | 0.164 | 0.254 | 0.174 | 0.185 |
| 众投邦 | 0.460 | 0.427 | 0.468 | 0.218 | 0.331 |
| 众投天地 | 0.277 | 0.370 | 0.364 | 0.392 | 0.363 |

注：此部分结论仅用于学术研究，不构成任何投资建议。

（四）对时间维度赋权

取时间度 $Z = 0.4$，求解非线性规划问题，得到时间权向量：
$$\lambda = (0.1278, 0.1566, 0.1920, 0.2353, 0.2884)^T$$

（五）计算增长矩阵（见表9-8）

表9-8 增长矩阵

| | $b_{1i}$ | $b_{2i}$ | $b_{3i}$ | $b_{4i}$ | $b_{5i}$ |
|---|---|---|---|---|---|
| 360 淘金 | 0 | 0.027 | −0.185 | 0.095 | −0.322 |
| 36 氪 | 0 | −0.186 | −0.084 | −0.056 | 0.286 |
| 爱创业 | 0 | −0.060 | 0.094 | −0.034 | −0.031 |
| 爱就投 | 0 | −0.027 | 0.102 | −0.125 | −0.026 |
| 百度百众 | 0 | 0.320 | −0.015 | −0.063 | 0.078 |
| 筹道股权 | 0 | −0.064 | 0.003 | 0.198 | −0.185 |
| 创业中国 | 0 | −0.028 | 0.000 | 0.000 | 0.000 |
| 大伙投 | 0 | 0.036 | −0.273 | 0.095 | −0.094 |
| 大家投 | 0 | −0.106 | 0.063 | −0.124 | 0.031 |
| 第五创 | 0 | −0.014 | 0.026 | −0.004 | −0.023 |
| 东之贝 | 0 | 0.000 | 0.103 | −0.015 | −0.088 |
| 汇梦公社 | 0 | −0.002 | 0.027 | −0.265 | 0.002 |
| 津门投 | 0 | 0.065 | −0.065 | 0.068 | 0.015 |
| 京北众筹 | 0 | 0.054 | 0.029 | −0.098 | −0.034 |
| 企 e 融 | 0 | −0.218 | 0.266 | −0.266 | 0.002 |
| 人人投 | 0 | −0.044 | 0.134 | −0.135 | 0.075 |
| 身边筹 | 0 | 0.153 | 0.092 | −0.033 | −0.038 |
| 首科众筹 | 0 | −0.067 | −0.069 | 0.000 | 0.001 |
| 天使街 | 0 | −0.007 | −0.138 | −0.035 | 0.064 |
| 天使客 | 0 | −0.140 | −0.232 | 0.009 | 0.001 |
| 同筹网 | 0 | −0.166 | −0.001 | 0.003 | 0.009 |
| 头狼金服 | 0 | −0.087 | 0.056 | 0.003 | 0.042 |
| 影大人 | 0 | 0.019 | −0.028 | −0.003 | 0.004 |
| 云岸金服 | 0 | 0.234 | −0.015 | 0.012 | −0.030 |
| 张三李四 | 0 | −0.025 | −0.114 | 0.079 | 0.001 |
| 蜘蛛众筹 | 0 | −0.088 | 0.061 | −0.178 | −0.011 |
| 众筹客 | 0 | −0.025 | 0.069 | 0.065 | 0.046 |
| 众伙拾柴 | 0 | 0.164 | 0.090 | −0.080 | 0.012 |
| 众投邦 | 0 | −0.033 | 0.041 | −0.250 | 0.113 |
| 众投天地 | 0 | 0.093 | −0.006 | 0.028 | −0.030 |

## （六）计算动态综合评价矩阵（见表9－9）

表9－9                    动态综合评价矩阵

| | $c_{1i}$ | $c_{2i}$ | $c_{3i}$ | $c_{4i}$ | $c_{5i}$ |
|---|---|---|---|---|---|
| 360淘金 | 0.195 | 0.223 | 0.024 | 0.212 | −0.158 |
| 36氪 | 0.267 | 0.081 | 0.090 | 0.076 | 0.390 |
| 爱创业 | 0.102 | 0.042 | 0.166 | 0.085 | 0.071 |
| 爱就投 | 0.134 | 0.107 | 0.222 | 0.047 | 0.083 |
| 百度百众 | 0.000 | 0.320 | 0.145 | 0.089 | 0.198 |
| 筹道股权 | 0.120 | 0.056 | 0.091 | 0.288 | 0.003 |
| 创业中国 | 0.014 | −0.014 | 0.000 | 0.000 | 0.000 |
| 大伙投 | 0.119 | 0.155 | −0.135 | 0.096 | −0.046 |
| 大家投 | 0.163 | 0.057 | 0.173 | 0.018 | 0.110 |
| 第五创 | 0.191 | 0.176 | 0.210 | 0.193 | 0.172 |
| 东之贝 | 0.000 | 0.000 | 0.103 | 0.036 | −0.044 |
| 汇梦公社 | 0.121 | 0.120 | 0.148 | −0.131 | 0.003 |
| 津门投 | 0.001 | 0.065 | −0.032 | 0.069 | 0.050 |
| 京北众筹 | 0.084 | 0.138 | 0.140 | 0.028 | 0.042 |
| 企e融 | 0.110 | −0.108 | 0.267 | −0.132 | 0.003 |
| 人人投 | 0.180 | 0.136 | 0.291 | 0.090 | 0.232 |
| 身边筹 | 0.000 | 0.153 | 0.169 | 0.090 | 0.068 |
| 首科众筹 | 0.068 | 0.001 | −0.034 | 0.001 | 0.002 |
| 天使街 | 0.172 | 0.165 | 0.031 | 0.065 | 0.147 |
| 天使客 | 0.190 | 0.050 | −0.112 | 0.013 | 0.010 |
| 同筹网 | 0.084 | −0.082 | 0.000 | 0.004 | 0.011 |
| 头狼金服 | 0.089 | 0.001 | 0.101 | 0.076 | 0.116 |
| 影大人 | 0.073 | 0.091 | 0.054 | 0.065 | 0.071 |
| 云岸金服 | 0.003 | 0.237 | 0.106 | 0.125 | 0.089 |
| 张三李四 | 0.069 | 0.045 | −0.057 | 0.079 | 0.040 |
| 蜘蛛众筹 | 0.108 | 0.020 | 0.125 | −0.083 | −0.006 |
| 众筹客 | 0.169 | 0.144 | 0.225 | 0.256 | 0.269 |
| 众伙拾柴 | 0.000 | 0.164 | 0.172 | 0.047 | 0.098 |
| 众投邦 | 0.230 | 0.197 | 0.254 | −0.016 | 0.222 |
| 众投天地 | 0.138 | 0.231 | 0.179 | 0.210 | 0.167 |

（七）计算理想序列（见表 9 - 10）

表 9 - 10　　　　　　　　　　　　理想序列

| | 第一季度 | 第二季度 | 第三季度 | 第四季度 | 第五季度 |
|---|---|---|---|---|---|
| 理想 | 0.267 | 0.329 | 0.289 | 0.288 | 0.390 |
| 负理想 | 0.000 | - 0.108 | - 0.127 | - 0.132 | - 0.158 |

（八）计算动态综合评价值

根据时间权向量，求出各平台距离理想序列和负理想序列的加权欧式距离，然后求出各平台距离负理想序列的相对距离，即最终的评价指标（见表 9 - 11）。

表 9 - 11　　　　　　　　　　动态综合评价值

| 平台名称 | $y_i$ | 平台名称 | $y_i$ |
|---|---|---|---|
| 众筹客 | 0.764725912 | 头狼金服 | 0.463461272 |
| 人人投 | 0.677552506 | 京北众筹 | 0.444038856 |
| 众投天地 | 0.677592464 | 影大人 | 0.430615781 |
| 第五创 | 0.677385323 | 360 淘金 | 0.419186424 |
| 36 氪 | 0.676001557 | 津门投 | 0.366841634 |
| 百度百众 | 0.624065799 | 汇梦公社 | 0.363779163 |
| 众投邦 | 0.628039092 | 企 e 融 | 0.364587598 |
| 云岸金服 | 0.529623626 | 张三李四 | 0.358515572 |
| 天使街 | 0.522676809 | 大伙投 | 0.341617952 |
| 爱就投 | 0.512055718 | 蜘蛛众筹 | 0.325443828 |
| 众伙拾柴 | 0.502227771 | 东之贝 | 0.319197949 |
| 筹道股权 | 0.497965584 | 天偎客 | 0.313661279 |
| 身边筹 | 0.495304618 | 同筹网 | 0.282255226 |
| 大家投 | 0.489645679 | 创业中国 | 0.278390493 |
| 爱创业 | 0.474217449 | 首科众筹 | 0.278076311 |

## 9.3.6　结果分析

在得到各平台的动态综合评价值后，对各平台进行排序，排名越靠前

的平台，动态综合评价值越高，其在 2016 年 1 月至 2017 年 3 月的绩效及
发展趋势越好。为了判断各平台动态综合评价值所处的区间，为它们进行
分类评级，本书对 30 家平台的动态综合评价值利用 Ward 法（离差平方
和法）进行系统聚类，并根据聚类结果进行评级，见表 9 – 12。

表 9 – 12　　　　　　　　　Ward 法聚类评级结果

| 平台名称 | 聚类结果 | 评级 | 平台名称 | 聚类结果 | 评级 |
|---|---|---|---|---|---|
| 众筹客 | 1 | A | 头狼金服 | 2 | B |
| 人人投 | 1 | A | 京北众筹 | 3 | C |
| 众投天地 | 1 | A | 影大人 | 3 | C |
| 第五创 | 1 | A | 360 淘金 | 3 | C |
| 36 氪 | 1 | A | 津门投 | 4 | D |
| 百度百众 | 1 | A | 汇梦公社 | 4 | D |
| 众投邦 | 1 | A | 企 e 融 | 4 | D |
| 云岸金服 | 2 | B | 张三李四 | 4 | D |
| 天使街 | 2 | B | 大伙投 | 4 | D |
| 爱就投 | 2 | B | 蜘蛛众筹 | 4 | D |
| 众伙拾柴 | 2 | B | 东之贝 | 4 | D |
| 筹道股权 | 2 | B | 天使客 | 4 | D |
| 身边筹 | 2 | B | 同筹网 | 4 | D |
| 大家投 | 2 | B | 创业中国 | 4 | D |
| 爱创业 | 2 | B | 首科众筹 | 4 | D |

　　根据动态综合评价结果，"第一梯队"即 A 级平台为 7 家，基本对应
股权众筹平台特征分析结果中的第一类、第二类和第三类平台，运营能力
较强，综合实力排名靠前。"第二梯队"即 B 级平台和"第三梯队"即 C
级平台基本对应平台特征分析结果中的第五类平台，运营能力稍弱，而
"第四梯队"即 D 级平台基本对应特征分析结果中的第六类平台，各项能
力都很弱，平台接近停运状态。监管部门应重点关注第四梯队平台的运营
情况，同时投融资者可参考平台的综合绩效排名进行投融资平台的选择。
　　平台特征分析和动态综合评价模型出于两种不同的角度对平台进行分
析：特征分析考虑的是平台运营能力在 5 个季度内的平均水平和注册资

本、运营时间这类在平台注册时就已经决定的指标，而动态综合评价则既考察平台运营能力，也看重平台的动态发展趋势。两种分析方法得到了相近的结果，可以认为本书分析结果较为客观合理，能够反映中国股权众筹平台发展现状。

## 9.4　互联网金融体系中的风险扩散与防控研究

某一互联网金融平台倒闭或类似恶劣事件可能触发金融系统中为数众多的机构蒙受经济损失或者失去公众对其的信心，同时导致与这些互联网金融平台相对应的不确定性增加。本部分的研究将对 P2P 网络信贷、股权众筹融资等互联网金融平台所形成的互联网金融市场系统进行深入的风险扩散分析，这里我们将互联网金融平台形成的系统视为一个内部各实体间相互关联的网络模型，从而有效识别负面冲击在系统内的传导轨迹和量化预估第次传染的严重程度。本部分的详细研究内容，可以添加至国家互联网金融风险分析技术平台的综合分析模块。

### 9.4.1　互联网金融市场的复杂网络建模及分析

本章试图通过该相互使用关系构建描述市场动态行为的复杂网络模型。具体分为三个建模方法：基于互联网金融平台相关性、基于互联网金融平台用户耦合关系、基于互联网金融平台的资产结构。

### 9.4.2　基于互联网金融平台相关性的复杂网络建模

构成互联网络金融市场的不同个体，如 P2P 信贷公司等，彼此之间往往因宏观经济起伏、用户群体重叠或具体业务类同而体现出相似的交易模式或盈亏变化。本书认为此类相似性是市场参与者彼此间竞争博弈的直接体现，因此可以通过相似性建立描述不同市场个体关系的复杂网络，继而得到互联网金融市场的系统描述。

### 9.4.2.1 构造距离矩阵

首先阐述数据情况。本部分所用的数据与前文相同，涵盖了 2016 年 3 月至 2017 年 2 月共 12 个月，覆盖 600 余家平台，累计 5977 条记录。其中，5761 条数据共包含 634 个未曾出现问题的平台的样本点，216 条数据共计 58 个出现过问题的平台的样本点。

表 9－13　　　　　　　　　　互联网金融平台运营数据的指标

| 指标 | 含义 |
| --- | --- |
| 成交量 | 所有实际撮合成功的借款项目的出借资金（本金）总额。原则上，交易总额与投资总额和借款总额为一致（万元） |
| 平均收益率 | 所有借款标年化利率（考虑了投标奖励的影响）按金额加权后的平均值（%） |
| 平均借款期限 | 所有借款标期限（考虑了秒标的影响）按金额加权后的平均值（月） |
| 投资人数 | 平台实际撮合成功的所有借款项目中参与投资的各不同的独立个体（目前指自然人和组织机构）的总数（人） |
| 借款标数 | 所有借款标的个数（个） |
| 借款人数 | 平台实际撮合成功的所有借款项目中参与借款的各不同的独立个体（目前指自然人和组织机构）的总数（人） |
| 满标用时 | 该平台平均每个标被投满所需要的时间（分） |
| 前十大借款人待还金额占比 | 前十大借款人待还金额占平台所有待还金额比例（%） |
| 前十大土豪待收金额金额占比 | 前十大投资人待收金额占平台所有待还金额比例（%） |
| 人均投资金额 | 平台上各不相同的投资出借个体（人）平均成功出借的资金金额（万元） |
| 人均借款金额 | 平台上各不相同的借款个体平均成功获得的资金金额（万元） |
| 是否问题平台 | 截至 2017 年 2 月底是否成为问题平台（0 或 1） |

通过特征提取方法，对上述的 12 个指标确定权重，如表 9－14 所示。

表 9－14　　　　　　　　　　　指标权重

| 指标 | weight |
| --- | --- |
| 人均借款金额（万元） | 0.087 |
| 人均投资金额（万元） | 0.090 |

续表

| 指标 | weight |
|---|---|
| 借款人数（人） | 0.070 |
| 借款标数（个） | 0.079 |
| 前十大借款人待还金额占比（%） | 0.090 |
| 前十大土豪待收金额占比（%） | 0.116 |
| 平均借款期限（月） | 0.093 |
| 平均收益率（%） | 0.121 |
| 成交量（万元） | 0.080 |
| 投资人数（人） | 0.094 |
| 满标用时（分） | 0.078 |

对于每一个互联网金融平台，数据集中包含了其至少一个月、至多一年的运营指标情况，每个平台的数据条数不一致。图9-8展示了数据集的"不平衡"。直方图中的横轴是数据条数，纵轴是有对应数据条数的平台的数量，即对应数据条数下的平台频次。左图是出现过问题的平台的统计，可以看到，问题平台有很大一部分只有一次运营指标的记录。右图是未出现过问题的平台的统计，大部分平台都有12次的指标记录。此外，也能看到，未出现过问题的平台个数要远大于出现了问题的平台的个数。在这种情况下，使用传统的欧几里得距离无法有效地求得两个平台（两个时间序列）之间的距离（或者相似性）。

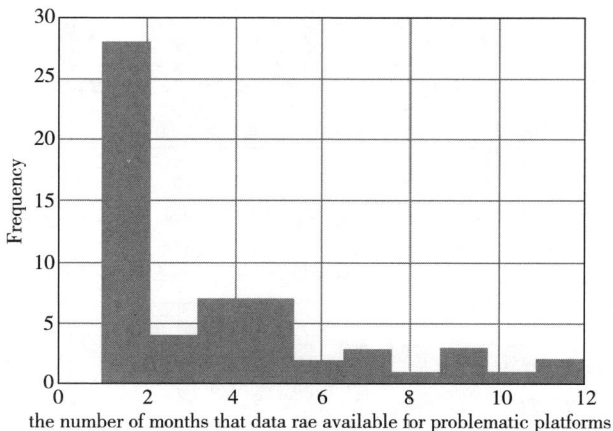

the number of months that data rae available for problematic platforms

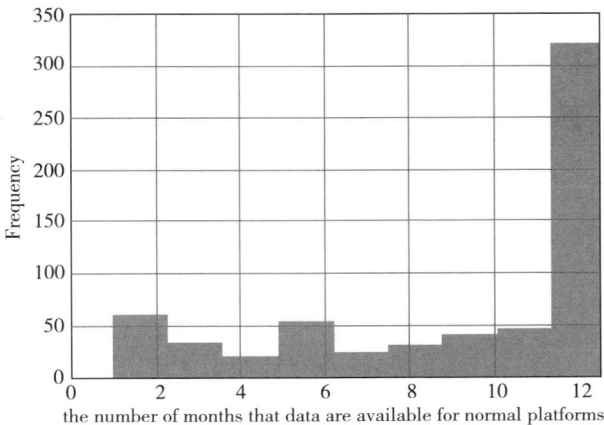

**图 9 - 8　数据的不平衡性**

在时间序列中，为了解决两段长度不相等的时间序列的相似性的问题，可以采用归整路径来把时间序列进行延伸和缩短，再来计算两个时间序列性之间的相似性。如图 9 - 9 所示，上下两条实线代表两个时间序列，时间序列之间的虚线代表两个时间序列之间的相似的点。DTW 使用所有这些相似点之间的距离的和，称为归整路径距离（Warp Path Distance）来衡量两个时间序列之间的相似性。

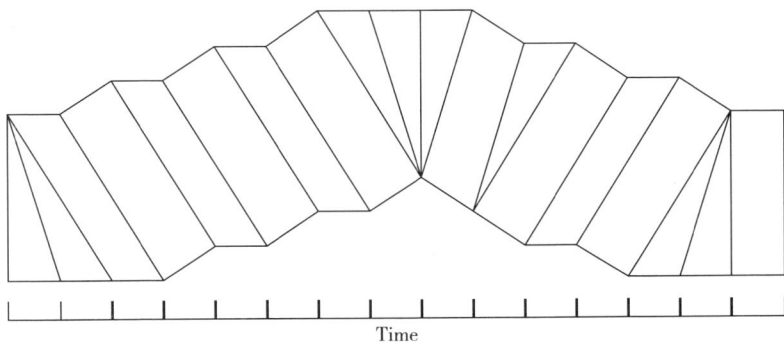

**图 9 - 9　归整路径距离计算示意**

另要计算相似度的两个时间序列为 X 和 Y，长度分别为 $|X|$ 和 $|Y|$。归整路径的形式为 $W = w_1, w_2, \ldots, w_K$，其中，$\mathrm{Max}(|X|, |Y|) \leqslant K \leqslant |X| + |Y|$。$w_k$ 的形式为 $(i, j)$，其中，$i$ 表示的是 X 中的 $i$ 坐标，$j$ 表示

的是 $Y$ 中的 $j$ 坐标。归整路径 $W$ 必须从 $w_1 = (1,1)$ 开始，到 $w_K = (\mid X \mid$, $\mid Y \mid)$ 结尾，以保证 $X$ 和 $Y$ 中的每个坐标都在 $W$ 中出现。

另外，$W$ 中 $w(i, j)$ 的 $i$ 和 $j$ 必须是单调增加的，以保证图中的虚线不会相交，所谓单调增加是指：

$$w_k = (i, j), \ w_k = (i', j') \ i \leqslant i' \leqslant i+1, \ j \leqslant j' \leqslant j+1$$

最后要得到的归整路径是距离最短的一个归整路径：

$$D(i, j) = Dist(i, j) + \min\left[ D(i-1, j), D(i, j-1), D(i-1, j-1) \right]$$

最后求得的归整路径距离为 $D(\mid X \mid, \mid Y \mid)$，使用动态规划来进行求解，即可得到在损失最小的目标下，最终的两个时间序列的距离。

图 9-10 展示了基于加权的 DTW 距离构造平台距离矩阵的过程。最终得到的距离矩阵中的每一个元素，即为网络中两个平台之间边的权重。

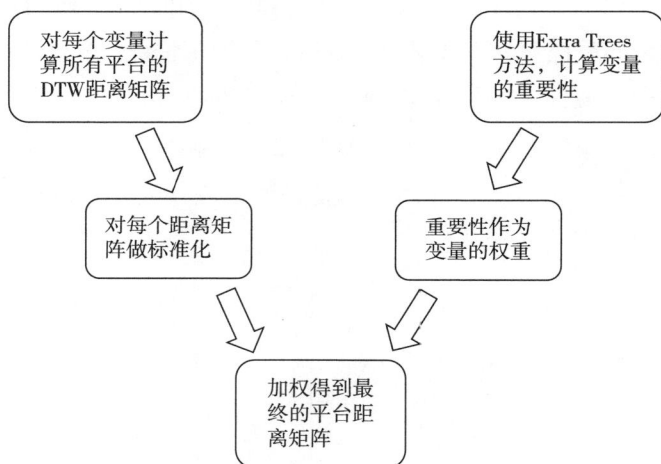

**图 9-10  距离矩阵的构造方法**

由图 9-11 可以看出，互联网金融平台间距离具有"长尾"性质，即大部分的距离较小，一小部分距离较大。换言之，大部分平台之间联系紧密，一小部分平台之间联系不紧密。

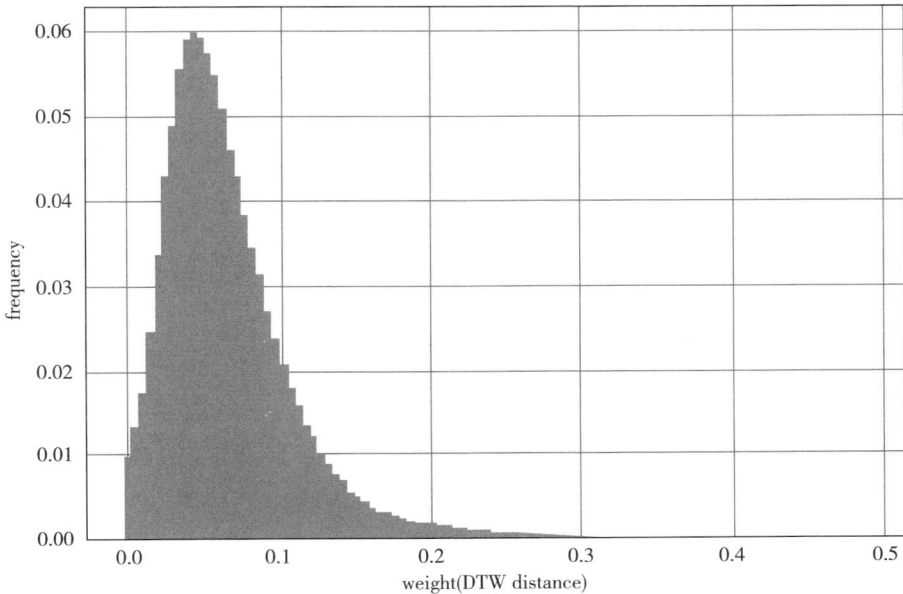

**图 9-11　平台间距离的分布**

### 9.4.2.2　网络结构

由加权 DTW 距离矩阵直接构造的互联网金融平台网络是无向的，强联通的复杂网络，网络中的点两两之间均存在一条边，不易于观察重要的节点关系。对于这类大型或极其稠密的复杂网络而言，层次性的描述和分析方法是非常重要的。最小生成树是一幅连通加权无向图中一棵权值最小的生成树。在一个给定的无向图 $G = (V, E)$ 中，$(u, v)$ 代表连接顶点 $u$ 与顶点 $v$ 的边，而 $w(u, v)$ 代表此边的权重，若存在 $T$ 为 $E$ 的子集且为无循环图，使 $w(T) = \sum_{(u,v) \in T} w(u, v)$ 的 $w(T)$ 最小，则此 $T$ 为 $G$ 的最小生成树。

一个连通图可能有多个生成树。当图中的边具有权值时，总会有一个生成树的边的权值之和小于或者等于其他生成树的边的权值之和。为了能够简化原始的互联网金融平台网络，我们对原始的网络进行最小生成树抽取网络主干结构，最终得到的网络结构信息如表 9-15 所示。

| 表 9 – 15 | | | MST 网络结构信息 | | | |
|---|---|---|---|---|---|---|
| 节点数 | 边数 | 平均度 | 平均最短路径 | 同配系数 | 密度 | 最大连通子图的大小 |
| 691 | 690 | 1.997 | 10.722 | − 0.138 | 0.0028 | 691 |

此时，经最小生成树抽取后的网络已将最小权重（dtw 距离）的平台边留下，相当于得到了能反映整个网络距离最近关系的网络"骨架"（Backbone）。在图 9 – 12 的可视化中，点的大小与出度成正比。在 MST 中，能够清晰地看到一些"重要的"互联网金融平台与其他"小"平台间紧密的联系。

**图 9 – 12　MST 网络**

该 MST 网络的节点度分布如图 9 – 13 所示。

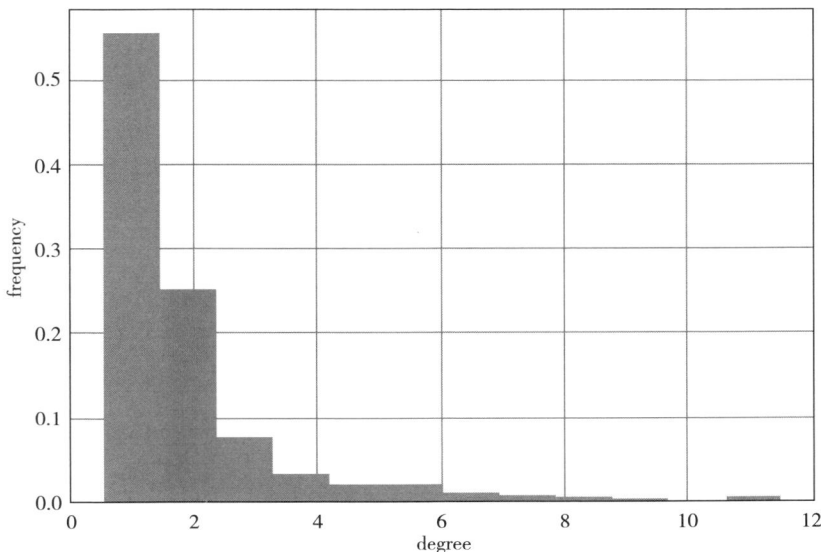

**图 9 – 13   MST 网络的度分布**

### 9.4.2.3    网络节点的重要性

网络中一个节点的价值首先取决于这个节点在网络中所处的位置，位置越靠近中心的节点其价值也越大。这就是关于节点中心性指标的研究，它在不同领域都具有重要意义。

（1）度中心性

一个节点的度越大就意味着这个节点越重要，这个指标值用度中心性来衡量。也就是说，度大的平台的变化，可能会引起更多平台的变化。如一个包含 $N$ 个节点的网络中，节点度值的最大可能性为 $N-1$，为了便于比较而对中心性指标做归一化处理，度为 $k$ 的节点的归一化的度中心性值定义为

$$DC_i = \frac{k}{N-1}$$

（2）介数中心性

从每一块中的任一节点到其他某块中的任一节点的最短路径必然要经过节点 H，这种经过某个节点的最短路径的数目来刻画节点重要性的指标就成为介数中心性（Betweeness Centrality），简称介数（BC），即

$$BC_i = \sum_{s \neq i \neq j} \frac{n_{st}^i}{g_{st}}$$

其中, $g_{st}$ 为从节点 $s$ 到节点 $t$ 的最短路径的数目, $n_{st}^i$ 为从节点 $s$ 到节点 $t$ 的 $g_n$ 条最短路径中经过节点 $i$ 的最短路径的数目。

（3）接近中心性

接近中心性也是反映节点在网络中重要性的一种度量，其定义为

$$CC_i = \frac{1}{d_i} = \frac{N}{\sum_{j=1}^{N} d_{ij}}$$

其中, $d_{ij}$ 是节点 $i$ 到节点 $j$ 的距离, $d_i$ 是节点 $i$ 到网络中所有节点的距离的平均值。

（4）特征向量中心性

一个节点的重要性既取决于其邻居节点的数量（该节点的度），也取决于其邻居节点的重要性，于是有

$$x_i = c \sum_{j=1}^{N} a_{ij} x_j$$

其中, $c$ 为一比例常数, $A = (a_{ij})$ 是网络的邻接矩阵。

下面计算以上四种节点的重要性指标。每个指标对于节点的重要性结果不同，按照每个指标将节点排序，得到图 9 - 14，颜色越浅，排序数值越小，则该节点在该指标下的排序越靠前，即重要性越大。

度中心性和介数中心性对于节点的排序是相似的（最右侧两列），其中有很多节点的度和介数是 1，因此右上角存在深色色块。在这些点中，有一部分在接近中心性和特征向量中心性这两个指标上的重要性则比较大，说明这些点虽然没有很大的出度，但是它的邻居可能是较为重要的点，且这些节点到其他节点的平均最短路径较小，使它们看上去"更重要了"（绿色框住的平台）。这些平台是：苏银财富、滴滴投资网、新华久久贷、财雨网、运盈 e 贷、逍遥贷、苏融贷、民信贷、欣欣贷、钢镚在线。

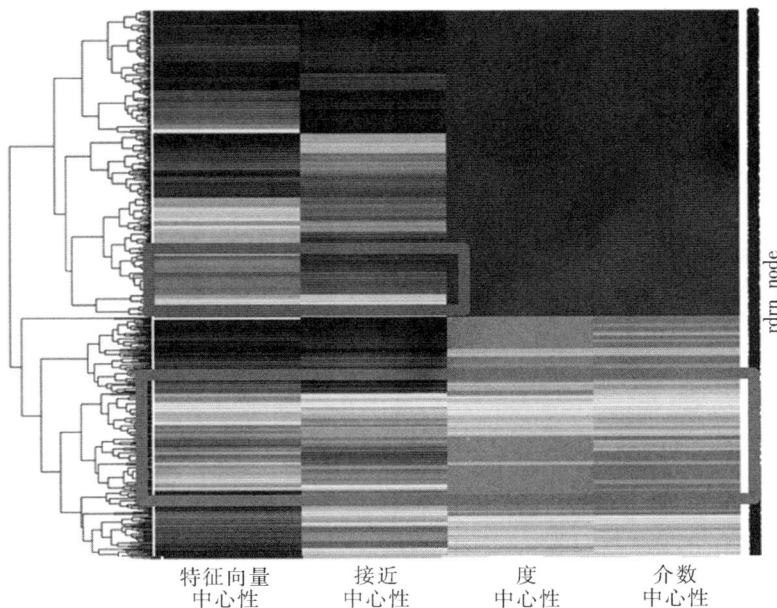

**图 9 - 14 节点重要性排序**

最后，有些节点在四个指标上的排名都很靠前，说明它们在这个网络中非常显著且多方位的"重要"。这些平台是盛金所、楚天财富网、微众筹、资易贷、普惠理财、中鑫投融、秒贷金融、多宝贷、贴身贷、可溯金融、爱鸿森、财富派（京）、易 e 贷、网筹金融、金融眼、善林宝、爱米理财、牛币网、58 财福、玺鉴、财富派（京）、理财农场、鼠贷金融、城铁在融、小牛在线、莆商贷、微邦金融、银狐财富、集利财富网、海鸥金服、e 兴金融、小算盘、汇通易贷、元宝 365、创利投、道口金融网、知商金融、长投在线、万家贷、可溯贷、中业兴融、信达金服、方元在线。

回顾这些平台运营指标可以看到（见图 9 - 15，雷达外沿是所有平台在该指标上的最大值的 40%），绿色平台在平均收益率上的取值较大，其他指标上的值都偏小；而蓝色平台在平均在前十大借款人待还金额占比、前十大土豪待收金额占比上的取值较大，而在其他指标上的值则偏小。

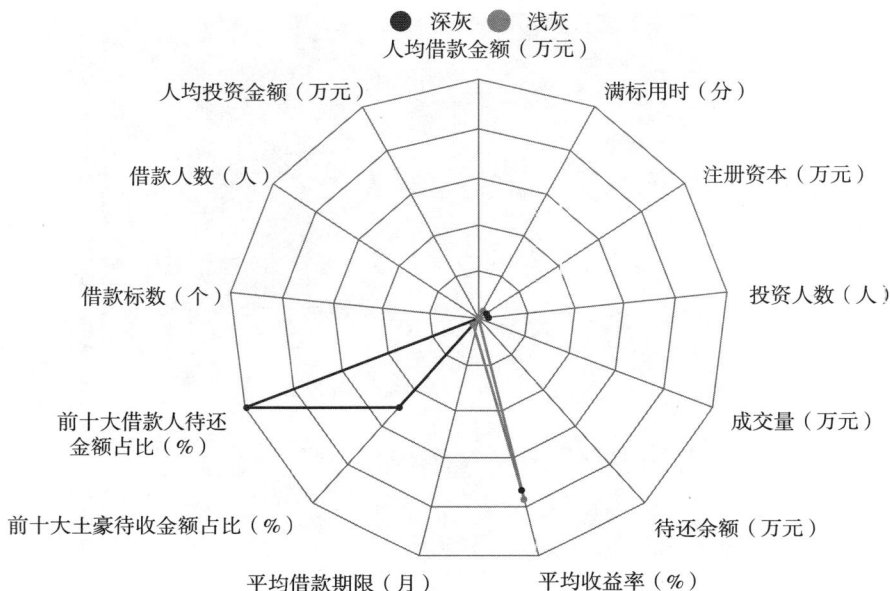

**图 9－15　不同平台各项运营指标**

　　由此可见，根据相关性构建的互联网金融平台网络根据网络节点重要性的指标，可以识别出来一些可疑的平台，为进一步的监管决策提供一定的参考。

### 9.4.3　基于互联网金融平台用户耦合关系的复杂网络建模

　　本部分提出利用互联网金融平台之间的控股关系、平台企业的高管人员或用户群体的重叠程度描述不同个体间的相互作用关系，继而从用户视角构建复杂网络，不同个体共享更多用户则意味着更深的耦合与潜在的用户恐慌扩散。

#### 9.4.3.1　互联网金融平台—用户二分网络的映射

　　如图 9－16 所示，在箭头上方，当互联网金融平台和用户（或高管、股东）有实际的所属或持有关系，则产生一条边，边上的权重反映这种关系的紧密大小，比如股东的持股价值、用户的投资额、高管的控股价值等。该网络中有两类节点，且只能在这两类节点之间产生边，这种图通常被称为二分图。由二分图通常可以映射得到只包含一种节点的图，如图

9 – 16中就是由互联网金融平台—用户的二分图，映射得到了互联网金融平台的网络。一般地，映射方法可以采用"共同邻居法"，即当两个节点在二分图中共享同一个邻居，那么构建这两个节点间的一条边。

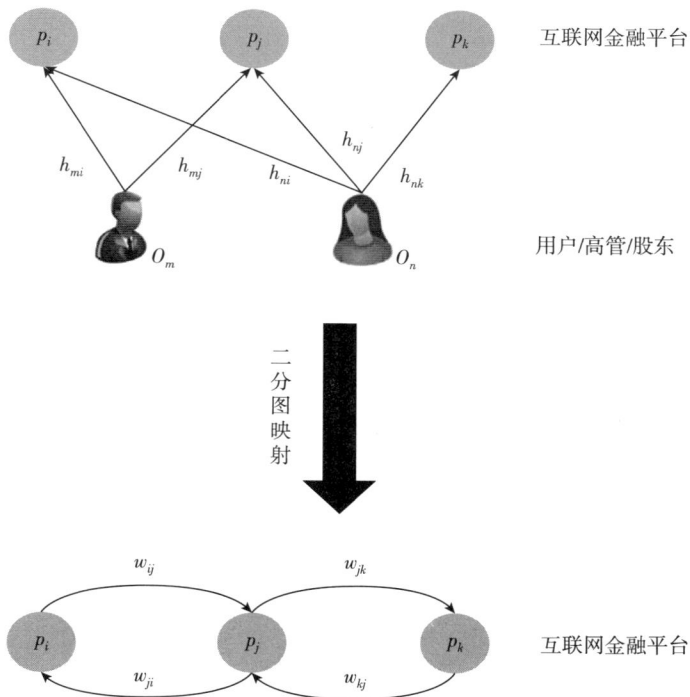

**图 9 – 16　互联网金融平台—用户二分图的映射**

　　构造这种网络可以使用多种来源的数据，如网站"企查查"上就提供了互联网金融平台公司的股东结构和高管的数据，如图 9 – 17 所示。

　　不幸的是，由于该网站的数据不可得，因此无法根据真实的互联网金融平台的实际数据建模。下面采用中国股市的类似数据建模，作为示例。

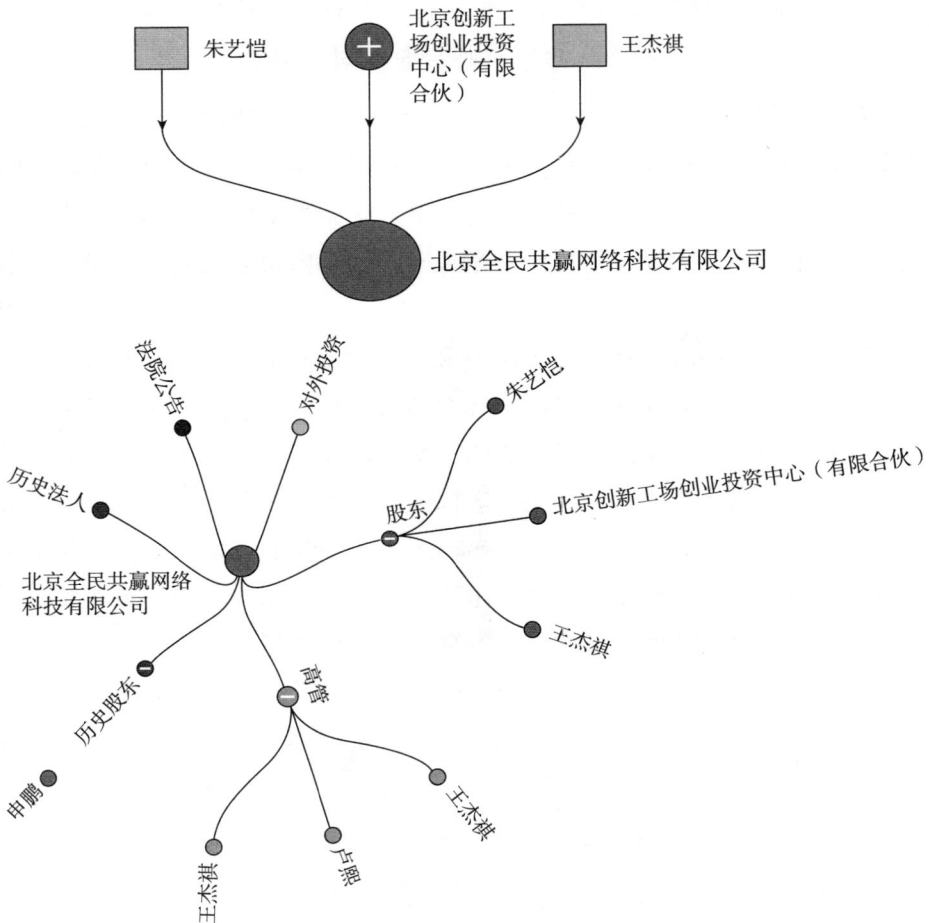

**图 9－17　"企查查"网站提供的互联网金融平台的股东结构和高管的数据**

### 9.4.3.2　示例

在 Wind 数据库中获取了中国股票市场的基金公司的股票持仓数据（2015 年 6 月的截面情况），构造了基金公司—股票的二分网络，并由此映射得到股票网络，可视化见图 9－18。

该股票网络的出入度分布见图 9－19，从图中可以看到，网络节点的入度分布比较均匀，而出度的分布则不然，少部分的节点出度非常大，而大部分的节点出度为 0，这是网络高度异配的表现，即少数的节点可能会影响整个网络的行为。

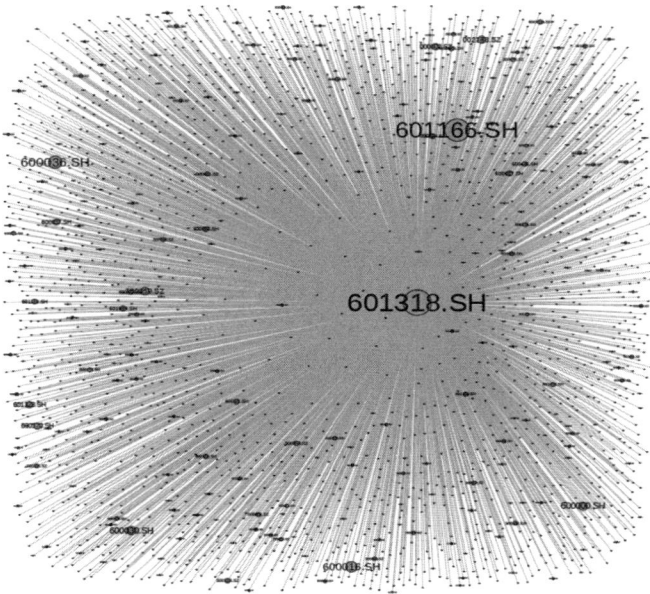

**图 9 – 18　截取 601318. SH 所包含的所有边的子网络的可视化**

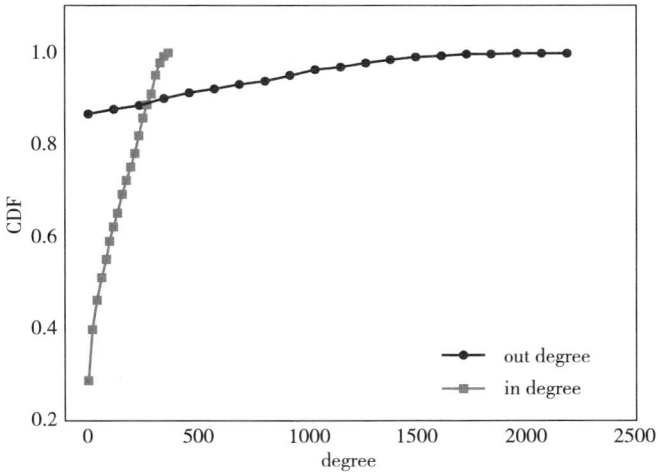

**图 9 – 19　网络的出入度分布**

我们认为，金融市场的系统性风险通过内部的"投资人—投资标的"

这一关系传染。通过对 2015 年 6 月 26 日（千股跌停的股灾日）的股票收益的分析发现，网络中出度较高的节点，其下跌幅度较小，而网络中出度越小的节点，其下跌幅度越大。网络的节点出度属性将股票的"抗跌"属性清晰地展现了出来。

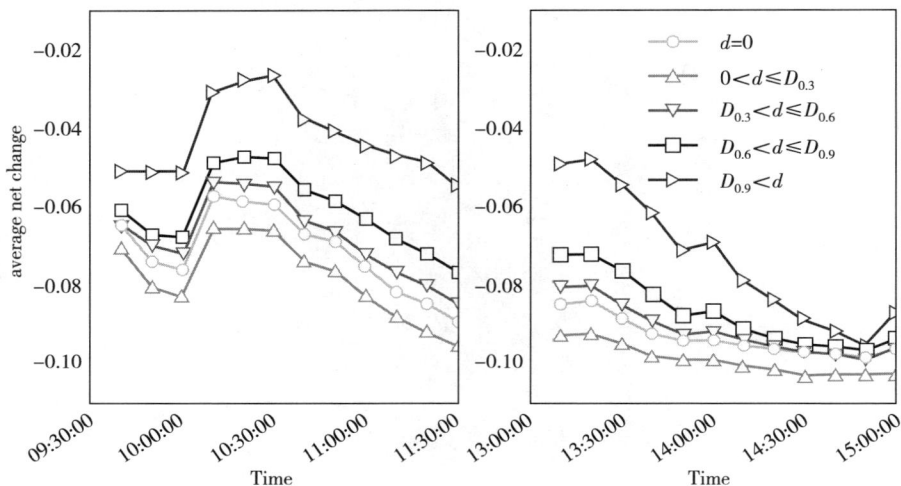

**图 9 – 20　5 种出度节点的下跌幅度对比**

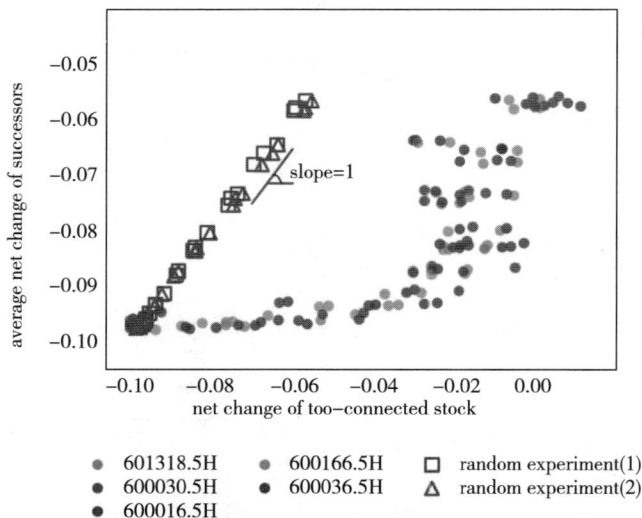

**图 9 – 21　大出度的股票下跌对其所连接的股票的影响**

　　进一步分析大出度的股票与其所连接的股票的下跌情况发现，高度"流行"的股票的微小下跌，会导致网络中受其影响的其他股票较大幅度的下跌。

　　以上结果说明，高度同质化的投资模型导致了高度异配的网络结构，从而增强了网络的系统性风险：一些节点的价格下跌，会引发其投资者的恐慌，继而导致更大范围的抛售和更多股票的大幅下跌。

　　这启示互联网金融行业的从业者和监管者，要着重注意由二分图网络映射构建的互联网金融平台的网络，与通过平台的运营指标的时间序列相似性构造平台网络相比，这种网络更加反映了实质上的平台业务关联或个体的耦合，使存在边的平台之间的相互影响效力更加显著。同时，对于高度"不寻常"的网络结构也要特别的注意，是否由于行业资源掌握在个别人（用户、高管、股东），而使平台网络高度异配，从而更加容易引发系统风险。

第十章
互联网金融风险平台构建方法探讨

## 10.1 基于互联网金融平台的资产结构的复杂网络建模

互联网金融平台的商业模式大同小异，不同平台的资产结构也高度相似。资产的同质性使可以利用市场不同个体间的资产结构构建市场复杂网络，平台的资产结构同时反映互联网金融平台的业务运营、同行拆借、投资等行为导致的内生耦合性，该耦合性同样可能在市场发生风险时成为迅速扩散的直接媒介，因此有充足的理由也非常有必要据此建模。

## 10.2 互联网金融平台—资产的二分网络

假设在双向网络中，有互联网金融平台和资产类别这两种节点，任何节点的关联只能存在于这两种不同类型的节点之间，即在这种网络中，对于某一个指定时间，互联网金融平台与在其资产负债表上持有的每类资产相联系。互联网金融平台永远不会直接与其他互联网金融平台直接关联，资产也永远不会与其他资产直接关联。

通常，互联网金融平台的资产组合包含如长期贷款、短期贷款和长期投资等资产类别。对于每个互联网金融平台，利用其资产负债表的数据来查找其在不同资产类别上的资产值。设互联网金融平台 $i$ 对于每种资产拥有的数量分别为 $B_{i,0}, B_{i,1}, \cdots, B_{i,Nasset}$，则其总资产价值 $Bi \equiv \sum Bi,j$。同时，可以在互联网金融平台 $i$ 的资产负债表中获得其总负债价值 $L_i$ 的数据。然后将互联网金融平台 $i$ 的整体资产组合中每个资产 $m$ 的权重定义为 $wi,m \equiv Bi,m/Bi$。从资产类别的角度来看，将资产 $m$ 的总市值定义为 $Am \equiv \sum iBi,m$。

### 10.2.1  风险扩散的算法

在如上所述的二分图中进行风险扩散的模拟思路如下。

初始时给定某个资产减值震荡后，若存在一些平台的权益（资产 – 负债）降低到零甚至更低，那么这些互联网金融平台在外部冲击下发生破产，并且其资产负债表上存在的其他资产类别（在二分网络中连接到该平台的资产类别）将会发生相应的贬值，继而引发更多的互联网金融平台的资产价值损失，触发更大面积的平台破产。

具体地，从在某一给定时间点对给定资产类别引入一个减值震荡，用参数 $p$ 决定震荡后保留下的该资产类别的价值的比例，有 $p \subset [0,1]$，对于互联网金融平台系统来说，这是一个无法被控制的外源性参数。如果初始时对资产类别 $m$ 引入减值震荡，有 $Am, \tau = 0$ 是其总价值，在这里，$\tau$ 代表了模型的迭代次数，于是首次震荡后其总价值降低为 $Am, \tau = 1 = pAm, \tau = 0$。所以当 $p = 0.7$ 时，代表在模型的第一步之后，系统中指定资产的总价值将减少到其原始价值的 70%，或者说是资产产生了 30% 的震荡。这里，较小的 $p$ 对应于较大的减值震荡。

在模型的下一步中，任何在资产负债表上持有一些震荡资产的互联网金融平台将该资产减少相同的百分比 $p$。所以如果 $Bi, m$ 代表了互联网金融平台 $i$ 的资产负债表中资产类别 $m$ 的价值，那么 $Bi, m$ 的值也类似地减少为 $Bi, m, 1 = pBi, m, 0 = Bi, m, 0 \dfrac{Am, 1}{Am, 0}$。

互联网金融平台 $i$ 的权益也随着资产的减少而相应减少。如果在一个初始震荡后，没有任何互联网金融平台的权益降低到零甚至更低，那么算法停止，所有的互联网金融平台都在外部冲击的影响下存活下来。然而，如果有任何互联网金融平台的权益降低到零或更低，那么该互联网金融平台节点破产，并且其资产负债表上存在的任何资产类别（在网络中连接到该互联网金融平台的资产类别）将会发生相应的贬值，并且级联故障算法将继续。这时，与系统结构有关的内源性参数 $\alpha \subset [0,1]$ 开始发挥作用。如果互联网金融平台 $i$ 破产了，并且其对应资产 $m$ 有 $Bi, m$，那么，

$Am$，$\tau+1=Am$，$\tau-\alpha Bi$，$m$，$\tau$。所以如果 $\alpha=0$，那么资产的总价值不会被一个拥有该资产的互联网金融平台的破产所影响，并不会有任何级联的互联网金融平台破产。如果 $\alpha=1$，那破产互联网金融平台的资产没有价值了，这些资产类别的总价值要减去破产互联网金融平台资产负债表上这些资产类别的全部价值。

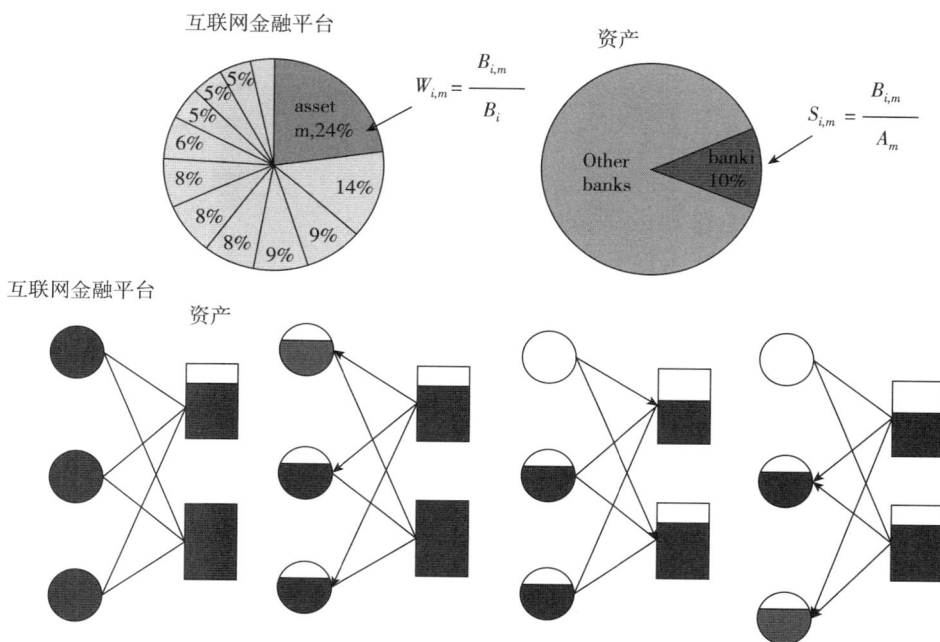

**图 10 - 1　风险扩散算法**

资产子类别的这种价值下降将再次导致任何持有该贬值资产的互联网金融平台的级别降低为 $Bi$，$m$，$\tau=Bi$，$m$，$0\dfrac{Am，\tau}{Am，0}$。这种资产减少可能再次将某一互联网金融平台的权益降至零或以下，从而触发更多的互联网金融平台破产，这将进一步使资产子类别贬值，从此周而复始。过程就如图 10 - 1 所示，会一直持续到资产类别的贬值不再触发任何新的互联网金融平台破产。在算法运行结束时的主要观察的参数是 $\chi$，即幸存下来的互联网金融平台所占的分数。

下面给出上述的动态互联网金融平台——资产网络的具体算法步骤。

表 10 – 1 模型参数和大小

| 符号 | 描述 |
| --- | --- |
| $Am,\tau$ | 迭代 $\tau$ 次下资产 m 的总价值 |
| $Bi$ | 互联网金融平台 i 拥有的全部资产的总价值 |
| $Bi,m,\tau$ | 迭代 $\tau$ 次下互联网金融平台 i 拥有的资产 m 的总价值 |
| $N$ | 互联网金融平台的数量 |
| p | 代表震荡水平的参数 $(1 - p)$ |
| $\alpha$ | 代表震荡对其他资产价值的扩散影响的参数 |
| $\chi$ | 在级联故障模型中幸存下来的互联网金融平台分数 |

步骤 1：选取数据。选择要评估的数据集的月份，哪个资产（$m'$）要发生震荡，并且选择 $p \in [0,1] \& \alpha \in [0,1]$。

步骤 2：$Bi,m,0 \leftarrow$ 互联网金融平台 i 资产负债表上的资产 m 的价值 $\forall i,m$

$Li \leftarrow$ 互联网金融平台 i 资产负债表上所有负债的价值 $\forall i$

根据我们选择的数据集，记录每个互联网金融平台资产负债表上每个资产类别和总负债的值。

步骤 3：$Bi,0 \leftarrow \sum mBi,m,0 \ \forall i$，$Am,0 \leftarrow \sum iBi,m,0 \ \forall m$

计算每个互联网金融平台的所有资产的价值以及每个资产类别在所有互联网金融平台的总价值。

步骤 4：$Am',1 \leftarrow pAm',0$，$Bi,m',1 \leftarrow pBi,m',0 \ \forall i$

在互联网金融平台范围内和资产类别本身上震荡所选定的资产类别（$m'$）。

步骤 5：$Bi,1 \leftarrow \sum mBi,m,1 \ \forall i$，$\tau \leftarrow 1$

在资产 $m'$ 的震荡之后重新计算每个互联网金融平台的总资产。

步骤 6：如果 $Bi,\tau > Li \ \forall i$，那么算法结束，否则跳转到步骤 7。

如果每个互联网金融平台的资产仍然大于其负债，则模型中没有互联网金融平台破产，算法停止。否则，算法继续。

步骤 7：$Am,\tau+1 \leftarrow Am,\tau - \alpha Bi,m,\tau \ \forall m,i \mid Bi,\tau \leqslant Li$

每家总资产跌至或低于负债总额的互联网金融平台被认为是破产，并且这些互联网金融平台拥有的每个资产类别都将贬值一个数量，这个数量用破产互联网金融平台拥有的资产价值和参数 $\alpha$ 来衡量

步骤 8：$Bi,m,\tau+1 \leftarrow Bi,m,0\dfrac{Am,\tau+1}{Am,0} \ \forall i,m$ ，$\tau \leftarrow \tau+1$

将每个互联网金融平台拥有的每个资产类别的价值重新调整。

步骤 9：返回到步骤 5

再一次计算每个互联网金融平台新的总资产，然后检查是否有新的互联网金融平台破产出现。

### 10.2.2 示例

在本部分的数据示例中，由于互联网金融平台的资产负债表数据难以获得，故以中国银行的资产负债表数据为例，完成建模以及倒闭风险扩散的研究。

数据来自中国 244 个银行在 2016 年底的资产负债表，覆盖 10 个资产子类及各个银行的负债情况。资产子类别包括贷款、同业拆借、衍生品、其他投资产品、剩余可盈利资产、固定资产、央行存款、企业声誉、其他无形资产、其他非盈利资产，共十类。这十类资产占所有资产总和的比例如图 10 - 2 所示，由图 10 - 2 可见，占比最大的资产子类别首先是贷款，其次是其他投资品，最后是央行存款。

对给定的银行，建立其与所拥有的子资产的边，并以该银行所拥有的子资产价值为对应的边的权重。最终建立的二分图网络如图 10 - 3 所示。绿色的是资产子类别，共 10 个点，橘色的是银行，共 244 个点。

接着，在上述的网络中进行风险扩散的模拟，结果如图 10 - 4 所示，首先，按照初始资产减值冲击程度 $p$ 分为四组，分别为 $p = 0.25$、$p = 0.5$、$p = 0.75$、$p = 1$，$p$ 的值越大，表示冲击强度越小；其次，横轴表示资产减值的溢出强度 $\alpha$ ，越靠近右侧，其溢出强度越大；接着，纵轴表示风险扩散结束后，系统中存活的银行比例 $\chi$ ；最后，图 10 - 4 展示了对央行存款、贷款、其他投资产品做初始的减值震荡，这三种资产是占所有资产比例最大的前三个子资产类型。

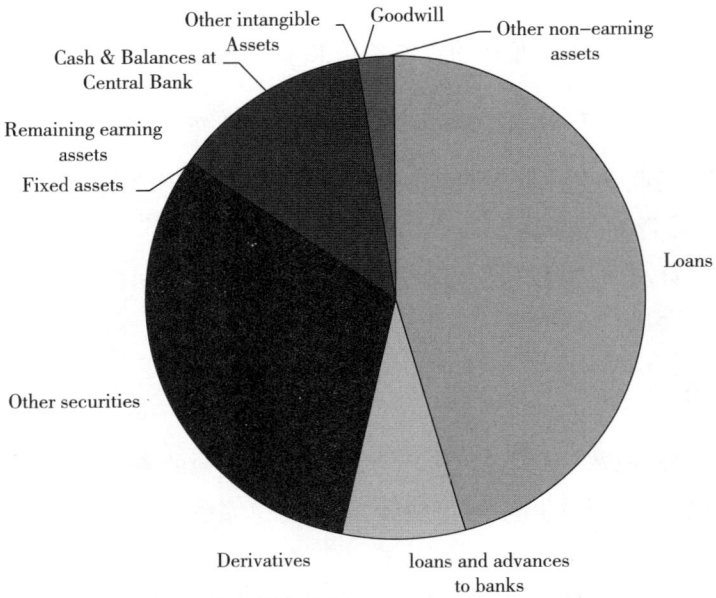

图 10 – 2　中国银行各资产类型占总资产的比例（2016 年）

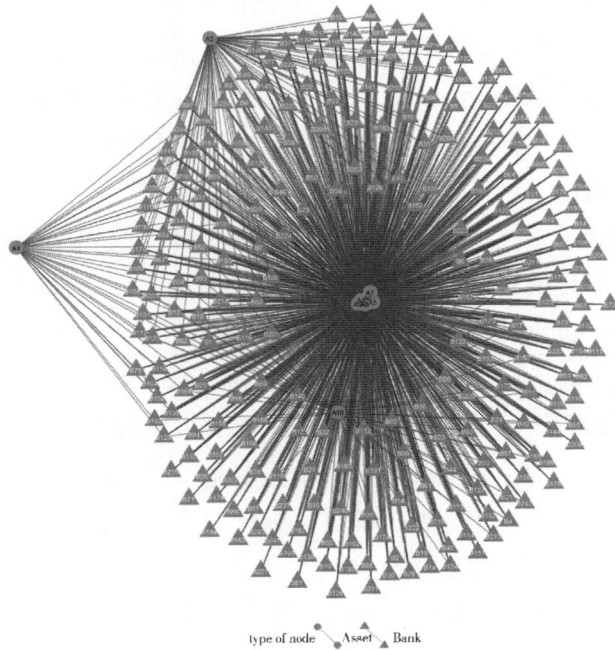

图 10 – 3　中国 244 个银行覆盖 10 个资产子类的二分图网络

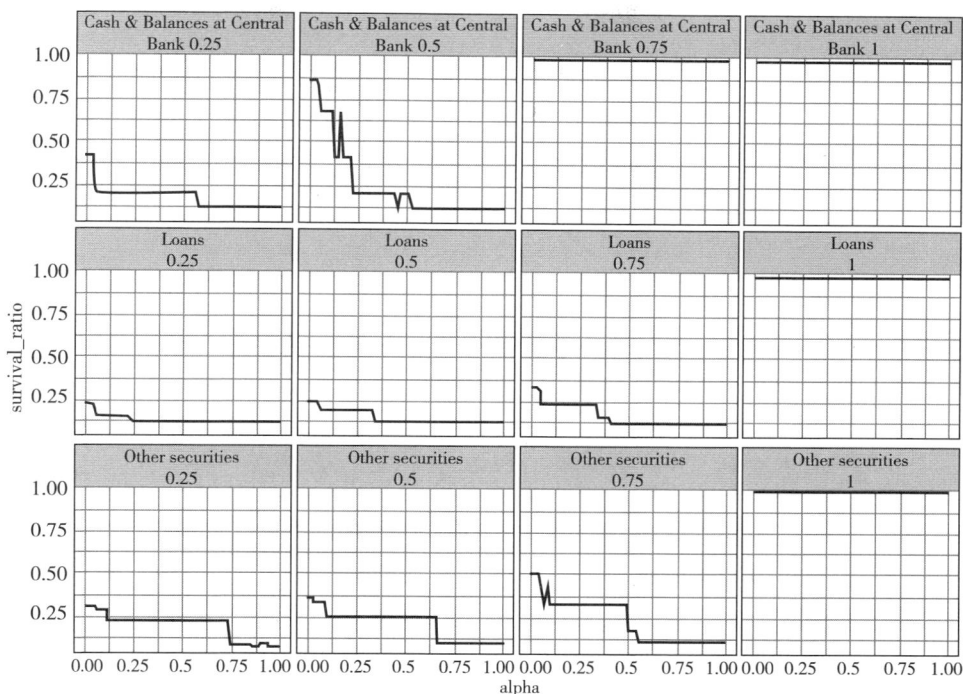

**图 10-4 不同冲击程度下风险扩散的模拟**

由图 10-4 可见，针对三种资产类型的初始减值震荡所导致的级联失效，对于初始资产减值冲击程度和资产减值的溢出强度这两个参数都比较敏感，具体而言，随着初始减值比例的降低（$p$ 增加），银行存活比例提高，且随着资产减值溢出强度的增大，存活比例降低。不同之处在于，贷款和其他金融产品这两类资产，在初始减值冲击程度较小时，仍可以使系统内部的大部分银行破产（较低的存活比例）。只有在冲击微弱时，才能不对系统造成影响。而央行现金这在初始资产冲击强度在 0.5 时，只要资产减值的溢出强度较小，仍有可能保证较高的存活比例。以上结果说明，系统对于贷款或其他金融产品的初始资产减值冲击更加敏感。

本部分虽然是以银行业背景的数据作为案例，但是其分析框架、建模思路、风险扩散的算法以及得到分析结论的方式，都可以容易地转移到互联网金融平台的网络分析中来，对于风险控制方面的政策引导具有实际的借鉴意义。

## 10.3  互联网金融平台市场风险的传播模型

随着人类文明发展和科技的进步，整个人类社会系统内部的联系变得越来越紧密，与此同时，复杂系统的系统性风险也开始受到重视。对于金融系统来说，尤其如此，比如，由于当代的国际金融的耦合，欧洲主权债务的危机不仅仅威胁着当地的金融系统，还威胁着所有持有欧洲债务的其他国家，一旦欧洲的金融体系坍塌，其影响会迅速传导到世界各地，这也是复杂系统中的级联失效。级联失效在基础设施网络中非常普遍，如电路的局部过载造成的大面积停电。

复杂网络是一种研究这样的内部耦合的系统的工具。网络包括节点和边两个主要要素。在过去的 20 年中，物理学家们深入研究了复杂系统中的各种问题，包括网络社区聚类，临界点现象，网络稳定性等。其中，网络稳定性中包含了级联失效和风险传播的相关的理论研究，并应用于疾病传染，硬件网络失效等领域。

基于复杂网络的失效模型，建模并仿真讨论互联网金融市场体中由于部分或少数个体发生风险而导致的宏观市场不稳定。本部分研究内容将通过疾病传染、相继故障等理论和模型建模并研究互联网金融市场风险的传播过程，最终期望从风险扩散的角度构建测度市场风险的指标，以便制定风险的预警和防控措施。

### 10.3.1  基于经典疾病传染模型的互联网金融市场风险传播

疾病传染模型是经典的网络传播模型，通过简要易懂的建模来表现互联网金融市场的风险传播过程。在经典的 SIS 疾病传播模型中，网络中的节点在任一时刻有两种可能的状态，易感态 susceptible（S）和感染态 infected（I）。处于易感态（S）的节点当被感染后转变为感染态（I）并且不能恢复。我们假设在 t_ 0 时刻网络中除了一个节点被感染了之外，这个节点就是传播源，其余的所有节点都处于易感态。之后传播源以一定的疾病传播概率（Rates of Infection）感染它的邻居，与此同时，疾病或者是信息开始在网络中传播，且被感染的个体可以一定的概率恢复为具有免疫性的个体。需要注意的是，经典模型的一个基本假设是完全混合（Fully Mixed）的，即一个个体在单位时间里与网络中任一其他个体接触的机会都是均等的。图 10 - 5 展示了一个不包含网络关系的 SIS 模型的传染过程。其中，横轴的风险传播的迭代次数，纵轴是三种状态的节点所占的比例。

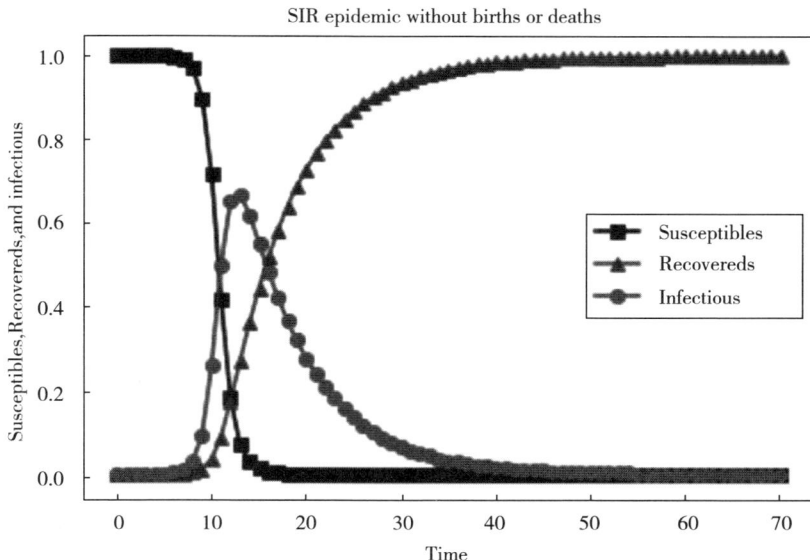

图 10 - 5　SIS 模型三种节点状态随时间变化的占比

## 10.3.2　基于经典疾病传染模型的互联网金融市场风险传播模型

扩展到互联网金融平台系统中，传染概率体现互联网金融平台个体间的作用关系大小，免疫概率体现互联网金融平台在风险环境下的恢复能力，收敛的患病概率体现互联网平台个体在风险扩散中受到影响的可能性，收敛的患病规模便是整个市场最终受到的冲击规模。

这里采用的其传染过程如下：一个跑路的问题平台是传播源，其造成的不良社会影响会很大程度上影响投资者对于互联网金融行业的信心，尤其是与其业务模式相似或有业务往来的其他平台，在互联网金融平台中，是传播源平台的邻居。于是，对于该传播源的所有的邻居节点，以一定的概率将风险传染给这些邻居节点。这里，在传播的时候，是随机选择邻居进行传播而不是按照一定的顺序。被传染的平台成为新的传播源，继续传播过程。在这之后，被感染的个体以一定的概率恢复为具有免疫性的个体，且不再可能被传染和传染给别的个体。周而复始，直到系统中不再有新的传染节点出现，最后统计网络中所有被疾病感染的节点占整个系统节点数的比例。

在仿真中，设定易感个体在单位时间里被传染的概率为 0.02；被感染个体在单位时间内好转（从感染群体中移除）的概率分布参数（具体地，这里使用指数分布）是 0.05，同时设定互联网金融平台的网络结构是小世界网络，其平均邻居数为 4，连边概率 0.05，共 83 个节点，其中初始时 3 个是初始被感染个体，80 个初始未感染个体；$I=3$ 初始被感染个体的个数；小世界网络，邻居数为 4，连边概率为 0.05。

图 10-6 展示了仿真的结果，其中，红色是感染个体，绿色是感染后恢复的个体，蓝色是未曾被感染的个体。

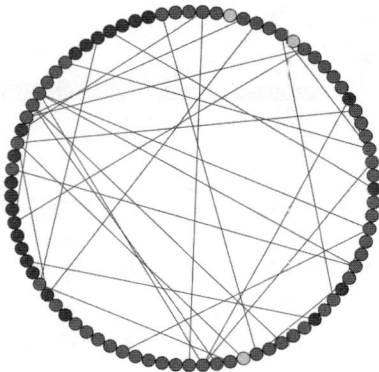

**图 10-6　传染病模型的仿真结果**

该模型的收敛的仿真结果很大程度上取决于初始参数的设计，而初始参数反映了系统的属性。图 10-7 变动这些参数，即改变网络的属性后，得到对应的仿真结果。

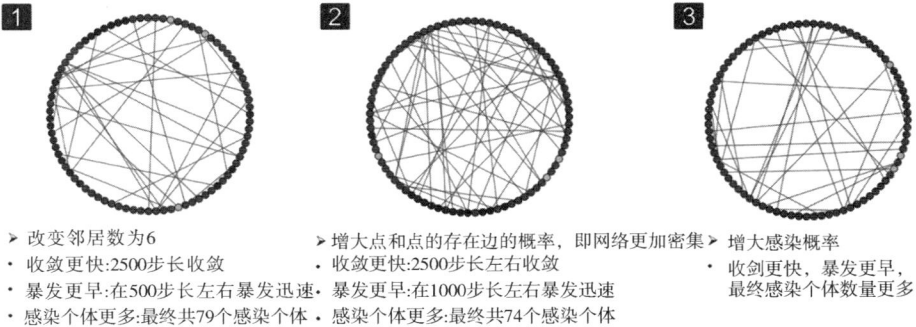

> 改变邻居数为6
· 收敛更快:2500步长收敛
· 暴发更早:在500步长左右暴发迅速
· 感染个体更多:最终共79个感染个体

> 增大点和点的存在边的概率,即网络更加密集
· 收敛更快:2500步长左右收敛
· 暴发更早:在1000步长左右暴发迅速
· 感染个体更多:最终共74个感染个体

> 增大感染概率
· 收剑更快,暴发更早,最终感染个体数量更多

**图 10 - 7　修改参数的传染病模型仿真结果**

将上面三组仿真的被感染个体个数随时间变化的曲线绘制如图 10 - 8 所示,其中,横轴是迭代的传染步长,纵轴是对应步长下的网络中被传染的个体数量。

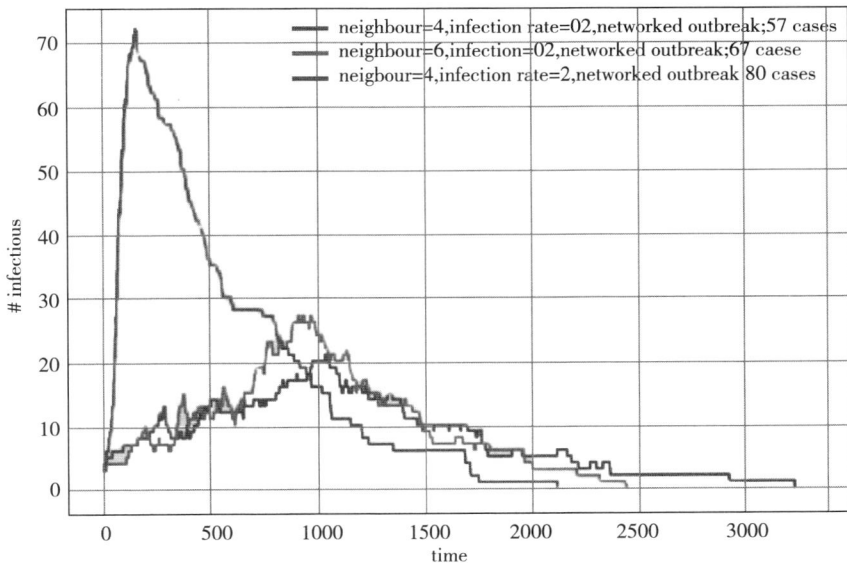

**图 10 - 8　不同参数下经典传染病模型的仿真结果对比**

通过对比不同参数下的仿真结果得到的风控指导建议:

(1) 互联网金融平台所形成的网络越紧密,风险传播得越快,规模

越大。

（2）相较于网络结构的紧密程度，风险本身的传播难易程度对网络稳定性的影响更突出。

（3）主要的感染是暴发在前期和中期，这段时间是政策干预的重要时机。

（4）通过讨论该风险的相继过程，能够理解市场个体间风险扩散的细节，且对于给定的网络结构和传播参数，能够定位到风险传播的位置。

### 10.3.3 传播模型实例

本节利用上文中的互联网金融平台的运营数据，基于数据变量的相关性构造的平台的 MST 网络上，运用经典疾病传染模型 SIR 模型进行仿真模拟。

具体来说，在仿真中，每次选择不同的金融平台作为初始冲击，迭代上面阐述的级联失效的过程。直到所有的金融平台均被攻击过一次，得到对于每一次的攻击下迭代中止的网络稳定时，整个系统中已失效的平台的比例。

与其他的传染仿真模型一样，系统中失效平台的比例可以反映初始冲击所对应的平台在网络中的重要程度，该比例越高，说明该平台出现问题将给整个网络带来的负面影响越大，传染越广泛。

因此，这一比例相当于节点传染力的一种描述，可以据此对所有的平台进行重要性的排名。沿着上文案例中的计算网络节点重要性的思路，这里利用传染仿真结果的失效平台比例对所有的互联网金融平台排序（对应图 10 - 9 的最后一列）。

从图 10 - 9 中可以看到，依据传染力的平台排名和其他指标排名具有一致性，尤其是对于最重要的那部分平台，在五个指标上都是排名靠前的。

将五个指标上排名都靠前的平台提取出来，观察这些平台的指标和所有平台平均值的关系（见图 10 - 10），可以看到这些平台在人均投资金额、人均借款金额、借款人数、借款标数上都显著小于平均值。

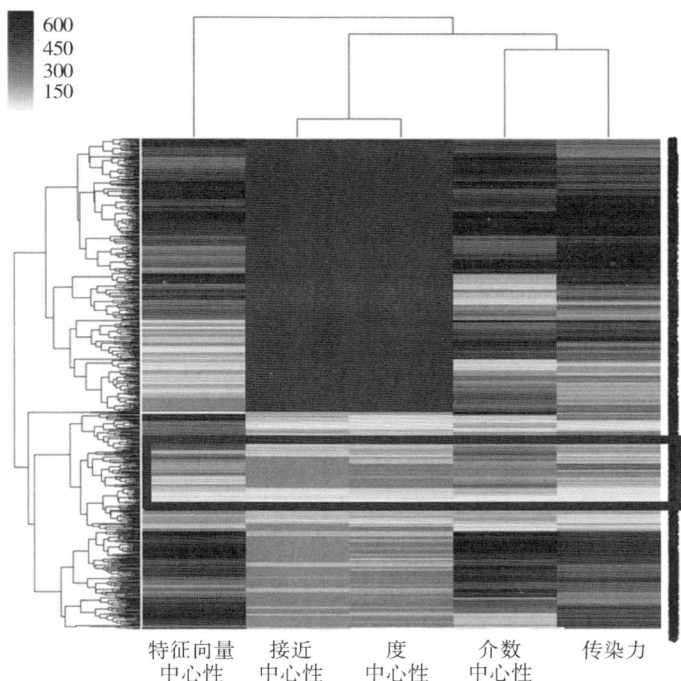

**图 10 – 9　互联网平台重要性排序**

（一）基于线性容忍模型的互联网金融市场风险传播

本部分基于线性容忍模型对互联网金融市场的风险传播过程建模。在线性容忍模型中，认为互联网金融市场中每个个体具有一定的风险承受能力，只有当新至的风险影响超过该能力时才会对其产生影响。该能力的大小能够表征整个市场对部分个体风险导致冲击的应对能力。

在复杂网络中，一个节点的邻居失效比可以看作其遭受风险的大小，而在互联网金融平台的应用场景下，互联网金融平台因共享商业模式，业务交叉，运营情况的相似，使平台节点之间产生连接。因此，某个平台的邻居平台发生问题，将会引发该平台的问题。一个平台所接受到的风险可以用其邻居中问题平台的比例大小而表示，一方面，当业务相近或业务往来密切的邻居平台出现问题时，该平台本身的业务可能会遭受到负面的影响，且其邻居平台出现问题的比例越大，该平台的业务所遭受到的负面影响越严重；另一方面，邻居平台出现问题的比例越高，由于普遍的互联网金融的投资者会有"风险厌恶"的心理，投资者对该互联网金融平台的信心损失也就越大，这在一定程度上会影响该平台的业务开展，将其推向问题平台的边缘。

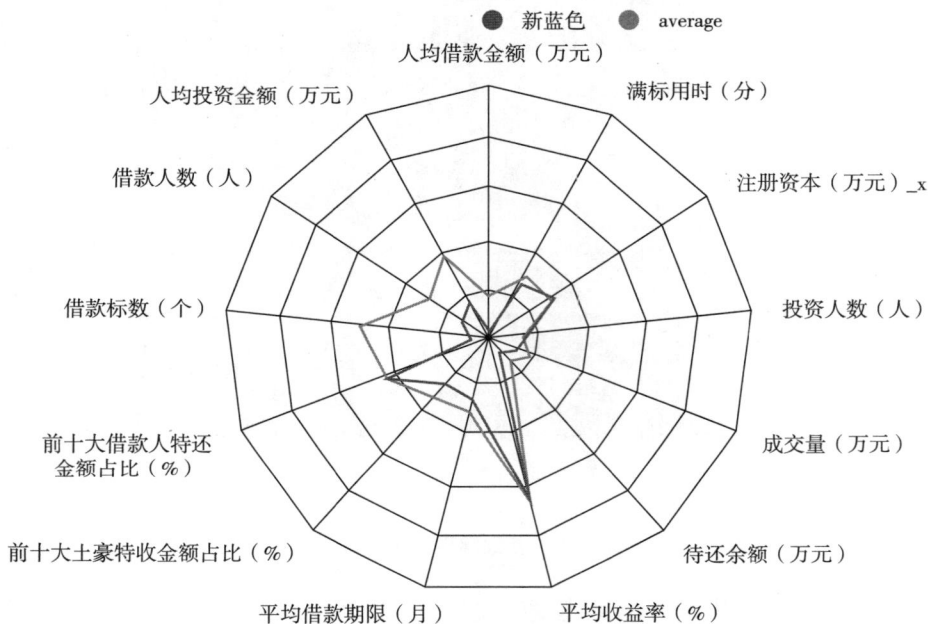

图 10-10　可疑平台的运营指标表现

具体地，在仿真中，线性容忍模型的传播过程大致分为三步：

（1）初始时随机挑选网络中一定比例的节点失效（$p = 0.05$）。

（2）其他节点的风险容忍程度受其邻居的影响，若邻居中失效节点比例超过该节点的容忍阈值（Threshold），则该节点失效。

（3）在多轮迭代后，不再有新的节点失效，此时网络中的节点存活比例可以反映整个市场的风险应对能力。

仿真结果如图 10-11 所示，其中横轴表示每个平台的风险承受能力阈值，纵轴表示失效扩散过程结束后，整个市场存活的个体的比例。三根不同的曲线分别代表了不同的随机网络结构（在结果中可以发现其失效模式基本相同），且都是平均度为 4 的网络。

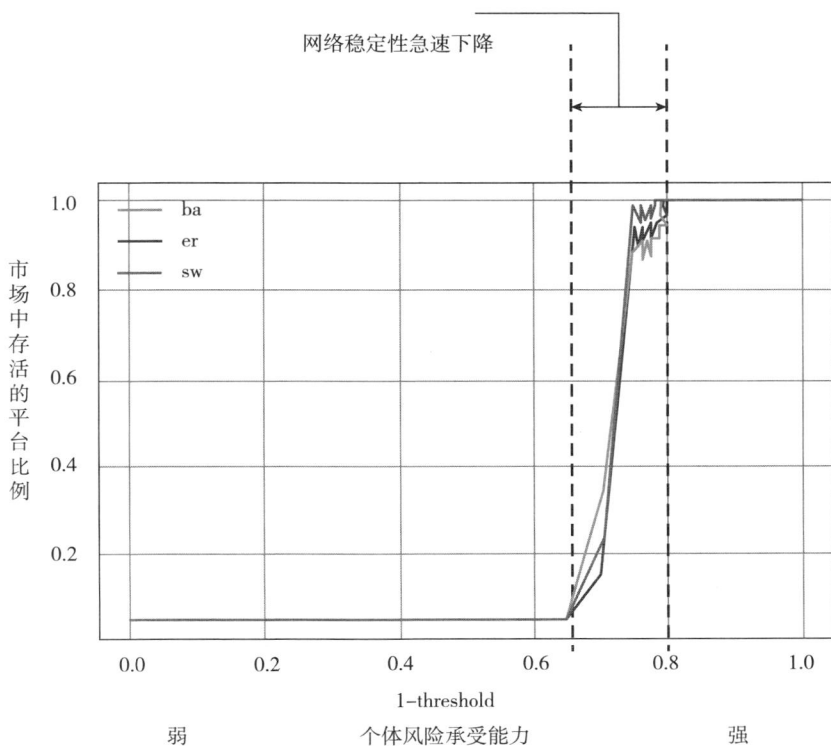

图 10-11　基于线性容忍模型建模的仿真结果

仿真结果中可以看出，在个体风险承受能力为 0.6~0.8 时，网络中发生暴发性的风险感染。为了有效抵御该类风险，相关政策应引导互联网金融平台提高其抗风险能力，使其高于临界的风险能力阈值。

（二）基于 Fiber – bundle 模型的互联网金融市场风险传播

本部分基于 Fiber – bundle 模型构建互联网金融市场风险传播过程，以讨论在统一的外在因素下，如宏观经济变化等情境下，虽然市场个体均受到相同的影响，但不同市场个体对风险的应对能力差异会导致风险的扩散与增加，继而仿真评估外部环境冲击对互联网金融市场的冲击。

与线性容忍模型不同，在该模型中，不同市场个体对风险的应对能力不同，其风险容忍程度服从 Weilbull 分布。在仿真中，我们给定了四组分布，其分布形态和参数见图 10 – 12。

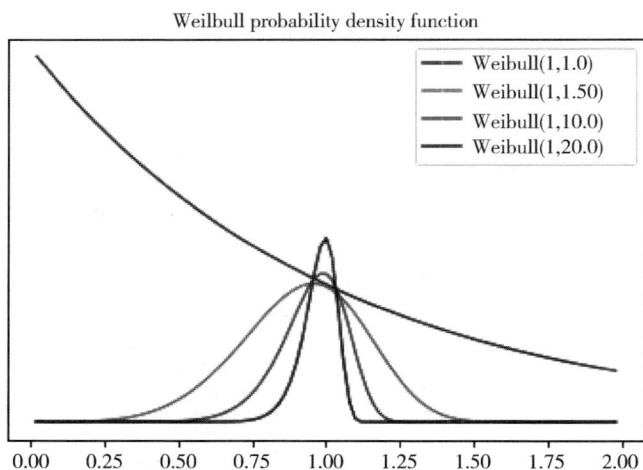

图 10 – 12　Weilbull 分布设定

基于 Fiber – bundle 模型的传播过程如下：

（1）初始时让所有节点都面临相同的风险值（负载）要求。

（2）当风险（负载）超过节点容忍的阈值时，该节点失效。

（3）失效节点的风险（负载）平均传导到该节点连接的其他节点上，这会引发更多的节点失效，直到系统稳定，不再发生失效。

（4）最终稳定时，网络的最大连通子图的大小反映网络的稳定性。

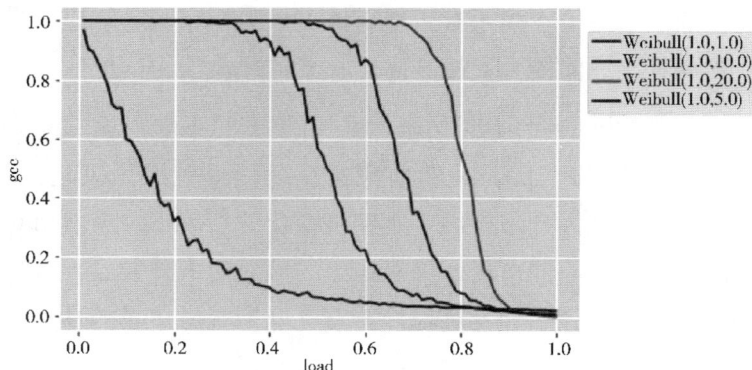

图 10 – 13　不同参数下基于 Fiber – bundle 模型建模的仿真结果对比

图 10 – 13 展现了四组不同参数设定下的仿真结果，其中横轴是统一

的风险冲击大小，纵轴是收敛时网络最大连通子图的大小，是反映网络鲁棒性的指标。

图 10 – 13 展示了不同参数的多条曲线与节点的外部风险冲击与网络鲁棒性的关系。可以发现，随着外部风险冲击的增大，网络结构受到的破坏更加严重，而当网络中节点的风险容忍程度增加时（分布的形状参数较大），网络更加稳定。此外，在仿真中可以看到快速爆发的下降的阶段，说明当外力冲击大于 0.6 时，网络结构被迅速瓦解。这提醒互联网行业宏观把控者，要注意系统外部的冲击，如宏观经济、政策导向的突变等，对系统产生的冲击大小，否则整个行业的互联网金融平台可能会突发性地大面积出现问题，从而对行业的发展造成重大创伤。

（三）三种传播模型的对比

回顾本部分的三个风险传播模型，其在冲击形式、影响风险传播的因素、市场抗风险能力指标上均有不同，可以汇总如下，以供监管者根据特定的目标选择合适的方法（见表 10 – 2）。

表 10 – 2　　　　　　　　　　三种传染模型的对比

|  | 冲击形式 | 影响风险传播的因素 | 市场抗风险能力的指标 |
|---|---|---|---|
| 经典的传染病模型 | 部分或少数互联网金融平台出现问题 | 互联网金融平台个体间的作用关系大小——风险传染的概率 | 问题节点的数量 |
| 线性容忍模型 | 网络中相邻的互联网金融平台出现问题的比例 | 新至的风险影响超过其风险承受能力时才会对其产生影响 | 存活节点的比例 |
| Fiber – bundle 模型 | 外在统一的风险冲击：如宏观经济环境，监管政策的变化等 | 失效节点会均匀地传导风险 | 最大连通子图的大小 |

## 10.3.4　互联网金融未来的发展趋势及可能面临的问题

虽然世界范围内互联网金融正引起越来越多投资人的重视，但是包括网络安全问题在内的潜在风险依然让这个领域的未来发展存在诸多不确定性。预测互联网金融行业的未来发展趋势，并在高速的发展中及早地预测行业可能面临的问题将有助于监管部门实施高效管理，确保整个行业处在健康发展的轨道上。

（一）与人工智能结合

亚马孙 Alexa 以及 Google Voice 等诸多语音助手产品的相继问世可能为网上银行业务的开展提供全新的思路，第一资本（Capital One）在内的银行已经开始涉足这一领域。除此之外，人工智能所引导的"机器人革命"被广泛认同将会对传统金融行业造成重大影响，当前行业内需要大量人工操作的工作将逐渐被机器学习、大数据挖掘等技术所取代。

（二）区块链技术的发展

根据著名咨询公司 Gartner 发布的技术成熟度曲线（The Hype Cycle）定义，区块链技术或许已经错过了上升期和快速发展期，进入了下降期，即该项技术在理论上的探索空间已经减少，但产业应用尚未成熟，因此受关注的程度进入下降期，随之而来的对于区块链技术的质疑声音也在增多。但是，到目前为止绝大多数金融机构依然对区块链技术的前景保持信心，相信其能成为颠覆现有金融产业的重要环节。甚至一些国家央行已经在进行基于区块链技术的电子货币尝试。根据 KPMG 的调查数据，2016年对于区块链技术企业的风险投资额超过 20% 的增长率同样证实了产业对于区块链技术未来的期许。

结合 2017 年至今的行业表现，加拿大几家大型银行近期发布了将客户身份上传至由 IBM 和 SecureKey 公司共同开发的区块链系统当中的项目。与此同时，包括汇丰银行、德意志银行在内的欧洲商业银行巨头也已在共同开发面向贸易融资的区块链平台的问题上达成了一致。相信随着技术进一步成熟，产业进一步完善，区块链技术还将在互联网金融的发展中继续扮演重要的角色。

（三）互联网保险

当互联网金融的浪潮已经席卷全球之时，保险业却显得有些后知后觉，直到最近 So-sure、Friendsurance、Lemonade、Guevara 和 Brolly 等平台的崛起，这一现状才发生了改变。根据 KPMG 数据，2016 年对于保险类科技创新企业的风险投资总额实现了翻番的增长，达到 12 亿美元。KPMG 的保险业合伙人 Murray Raisbeck 则表示"无论是提高运营效率，还是基于成本效益的考量，再或是更多的客制化产品的需求，都使得互联网保险拥有充足的需求和动力来推动保险业的变革"。随着技术解决方案的不断丰富，互联网保险还会爆发出更大的发展活力。

（四）发展中地区的互联网金融发展迅速

当所有人将目光聚焦在世界几大主流经济体的产业发展时，互联网金融同样在许多欠发达地区落地生根，发展迅速。非洲国家出现了大量手机银行创新，而且移动运营商、第三方支付公司等非银行机构在手机银行中扮演了重要角色。比如，肯尼亚的手机银行 M – PESA，由移动运营商主导，已经成为全球接受度最高的手机支付系统，在肯尼亚的汇款业务已超过该国所有金融机构之和。类似这种基于本国实际情况的技术创新同时也在世界上很多角落同时发生着，互联网金融未来的发展也注定不会局限在某几个国家，提醒我们有必要站在更高的视角全局的审视互联网金融的未来发展。

（五）网络安全问题成为行业关注的焦点

2016 年 2 月发生在孟加拉国银行的有史以来最严重的网络银行盗窃案，使网络安全问题一下子被提到了至关重要的地位，该起案件导致银行损失超过 8100 万美元的存款。根据研究机构 CB Insights 的数据显示，过去一年针对网络安全公司的风险投资金额出现超过 15% 的跌幅。但是，近期针对网上银行的网络攻击事件不断，包括英国 Tesco Bank 和劳埃德银行（Lloyds Bank）在内的金融机构都受到影响，相信网络安全问题将会成为未来一段时间互联网金融发展的热点问题。

事实上，建立在发达国家相对成熟的金融体系之上，互联网金融受到较为严格的制度监管，针对风险事件的预防和应对也都有了相对成熟的处理机制。这在某种程度上限制了创新行为的发生，但同时也保障了互联网金融在其金融"本质"上的风险能够被有效控制。然而，作为互联网金融的载体，网络技术的发展和更新速度是传统金融业无法想象的。因此，除上一节中提到现在已经广泛存在的互联网金融风险类别外，网络安全问题将会是互联网金融发展中遇到的最大挑战之一，需要我们予以充分的关注。

## 10.4  风险动态监测指标体系的构建框架

（一）监测体系建立指标

对于互联网金融存在的风险，有必要建立动态监测体系进行监测。从思路上讲，互联网金融风险动态监测指标体系，可以分为两个层次：一是互联网金融业务总量数据，包括机构的基本信息、资产负债信息和损益信息、各类业务总量信息和产品风险信息等；二是部分业态逐笔明细数据，如 P2P 平台投资人和融资人信息、贷款项目信息、股权众筹融资项目信息等。针对不同类型的风险，监测体系也应包括多方面的内容。

（1）违规行为监测

对于互联网金融，现阶段已有关于数据服务、网站备案等方面的法规要求，对此应首先予以监测。按照政策要求，中国境内所有互联网网站包括互联网金融网站需要在工信部备案，此外，按照监管要求，中国的金融数据存储、处理和分析必须在中国境内进行。针对此类问题，应在互联网平台上线初期就及时监测，之后定期使用相关技术手段及时复查。

其次，按照监管要求，互联网金融企业不得采用诱导式宣传误导消费者，如宣称本息保障、保本保息、低风险高收益等，另外，为了吸引用户投资，还有互金企业可能对自身的资质和股权背景进行虚假宣传，对此，应定期通过巡查的方式，及时发现，及时纠正。

（2）经营情况监测

通过使用企业经营中的一些数据，能够起到对企业经营活动的监测作用，以便及时发现互联网金融企业在运行中可能存在的问题。可以使用的指标如表 10-3 所示。

表 10-3　　　　　　　互联网金融经营情况监测使用指标

| 指标 | 测算方式 |
|---|---|
| 偿还意愿风险 | 短期标的总金额、全部标的总金额 |
| 资金流动性风险 | 未来 60 日待还资金、成交量 |
| 集中度风险 | 前十大借款人待还金额、累计待还金额 |
| 单一借贷红线率 | 单一借贷红线人数、借贷总人数 |
| 杠杆率风险 | 累计未偿还金额、认缴注册资本 |
| 逾期率风险 | 逾期总金额、借款总金额 |
| 一人多贷红线率 | 一人多贷红线人数、借贷总人数 |

此外，互联网金融经营活动中还可能存在无法使用指标测量的风险，如非持牌开展第三方支付业务、违规开展校园贷业务、非持牌开展证券业务、非持牌开展保险业务等，对于此类问题，也应及时监测。

（3）高危风险监测

互联网金融企业在运行过程中，还可能存在一些高危行为，如违反相关规定，出现单一借款人借款金额超过 20 万元，一人多贷超过 100 万元，出现违规拆分等情况，此类踩踏监管红线的行为多发高发极易引发相关风险。

同时，互联网金融行业还可能存在自融自保等行为。自融是指互联网金融企业给自己融资，是一种严重的违规行为。2015 年 7 月 18 日，《关于促进互联网金融健康发展的指导意见》以国家政策的形式规定网络借贷信息中介机构不得"自融"。此外，自保也是互联网金融经常出现的高危活动，自保是指互联网金融企业给自己融资，是一种严重的违规行为，因而也需要对其给予密切关注。

（4）网络安全监测

近年来，随着信息技术的发展，移动互联网、大数据、云计算、区块链等新一代信息技术与金融业不断深度融合。然而，伴随着这种高速发展，还有不容忽视的风险。据国家互联网金融安全技术专家委员会官网数据，截至 2017 年 6 月 1 日，共发现互联网金融网站漏洞 1078 个，而众多的漏洞导致互联网金融平台遭遇黑客攻击次数高达 120.3 万次。与此同时，传统银行业的系统信息化过程中也存在不容忽视的风险，如跨界风险、数据风险、信用风险，以及不可预见风险等，因而对此类网络风险，也要及时进行监测。

（二）建立互联网金融平台动态摸底系统

（1）动态系统主要工作步骤

针对互联网金融平台变更速度快、人工审核难度大的特点，建立动态计算机互联网金融平台发现和识别的系统是发现互联网金融平台的第一步。现有相关技术主要依据用户筛选的正向训练样本与反向训练样本，采用有监督机器分类方法，实现疑似互联网金融网站与移动应用发现。在审核确认的基础上，进一步利用机器学习分类算法，进行互联网金融平台业态的精细化分类，区分 P2P 网络借贷、互联网股权融资、互联网支付、互联网保险、融资租赁等不同业态，实现所有互联网金融平台业态类型的准确标定。同时，在平台运行过程中，相关系统通过不断巡查检测平台业态类型的新增、删除等变化状态，识别业态疑似变化的平台，实现平台金融业态类型的动态跟踪。针对不断审核确认的互联网金融网站或移动应用，系统支持将不间断优化分类正向与反向样本模型库。具体可以分为以下几个步骤。

第一，互联网金融网站发现。

通过对 ICP 备案网站扫描文本、搜索引擎采集文本互联网金融网站外链爬取文本及第三方门户定向采集数据进行分词及机器学习，完成网站的二元分类，推送疑似互联网金融网站列表，并通过人工确认完成互联网金融网站确认。

第二，互联网金融移动应用发现。

通过对移动应用商店移动应用信息的采集数据进行分词及机器学习，完成移动应用的二元分类，形成疑似互联网金融移动应用列表，并通过人工确认完成互联网金融移动应用确认。

第三，平台数据融合。

进行发现的互联网金融网站与移动应用的关联分析，将属于同一互联网金融平台的网站与移动应用数据作融合，形成统一的互联网金融平台信息列表。

第四，平台精细化分类。

根据先期筛选确定的各金融业态正向训练样本及反向训练样本，实现已确认互联网金融网站与移动应用的精细化分类，识别疑似业态类型，并通过人工确认完成最终业态的确认。

第五，业态变更巡检。

针对各业态互联网金融平台网站，对实时采集的网站文本进行机器学习分类，对业态疑似变化的网站进行识别，并通过人工确认完成最终业态是否变更及变更结果的确认。

第六，训练样本库管理。

实现对网站、移动应用的训练样本库进行维护，实现正向与反向训练样本的配置与更新。

（2）业态分类的动态摸底机制

为实现对 P2P 网络借贷、互联网股权融资、互联网保险、互联网支付、保理、融资租赁等多类型互联网金融平台特征的细粒度动态标识，构建全方位、多维度的动态平台画像信息库。相关系统需要提取如下信息。

第一，基本信息标定。

实现对企业官网基本信息的提取，包括网站 URL、域名、网站名称、产品、网站 logo、累计资金额、注册用户数、投资用户数、综合收益率、联系方式，并标定平台的业态类型、IP 地址、平台背景、是否 ICP 备案、所属省市地区及所获得的资质、上线时间、消亡事件、消亡原因。

第二，移动应用信息标定。

实现对互联网金融移动应用的名称、版本号、适配系统、开发者及业态类型信息进行标定。

第三，工商注册信息标定。

实现对平台所属企业工商注册信息的提取，包括注册机构名称、注册地、注册机构、工商注册号、统一信用代码、法人代表、注册时间、注册资本、股东、投资、高管信息。同时，实现对企业注册变动情况的标示。

第四，项目与公告记录。

实现互联网金融各业态产品下所有项目信息的采集，包括项目的名称、介绍、收益率、上线时间、融资状态、参与人数、担保人，并对网站发布的公告进行记录，标注公告名称、内容，并记录公告时间。

第五，资金与活跃用户标定。

实现对互联网金融平台累计资金及平台活跃用户总量及变化趋势的标定。此外，系统将提供对不同业态的特定信息采集功能，以互联网股权融资为例，除以上信息外，系统还支持以下信息采集：一是互联网股权融资行业总体情况信息，包括计划和成功融资项目数量、计划和成功融资项目行业分布及地域分布、融资项目宣传方式等；二是联网股权融资平台运营公司情况信息，包括运营公司主要产品、主要经营业务、投融资模式、盈利模式等。

针对以上采集信息可以利用机器学习、大数据分析等技术对相关平台业态进行分类，如有必要在辅助人工干预，实现摸底机制的动态化。

（三）相关政策建议

（1）加强对新业态研究和发现

实践过程中发现，由于互联网金融异化模式的存在，相关的国内监管需求正由"互联网＋金融"正逐渐向"互联网＋X"进行演变。特别是在涉嫌非法集资、诈骗或者非法吸收公众存款等问题业务模式中，往往披着"互联网＋金融"的"羊皮"，经过穿透后，实则为"互联网＋X"的类金融甚至非金融业态。因此，有必要对已有的"互联网金融业态分类"进一步拓展，将"互联网＋X"纳入业态分类中。

同时，互联网金融线上线下密切相关，通过建立企业关联关系以完善相关互联网金融平台的发现及问题监测。

（2）不断更新互联网金融平台和业态特征

针对互联网金融平台不断变化的特点，其业态特征也在逐渐改变。为保证动态摸底机制的有效性和长效性，不断更新互联网平台和业态特征极为必要，尤其是对新上线平台、业务变更平台的分析。包括添加标签并不不断完善：通过平台基础信息提取、特征标签标定（加入协会、银行存管、国资、民营、风投系、盈利模式等其他标签一并加上）及平台关联关系展示；结合违规及运营异常等维度进行实时监测，以及针对个别业态，进行数据接入，深度分析。

## 10.5　配套监管机制

除了构建互联网金融风险监测的指标体系外，对互联网金融风险监测还应从多个维度进行，不仅应包括事前审核、事中监测和事后跟踪，还应包括整个监管过程中的政策定基和舆论监督，进而形成全方位多角度的监管体系。

（一）以监管政策为导向构建监测体系

互联网金融是一个新兴行业，相关监管政策也在随着行业的发展不断完善和变化，因而在建立互联网风险监测体系的过程中，相关监管政策对监测体系制定基调的奠定就显得尤为重要。尤其是自 2017 年以来，相关部门发布了一系列的监测政策，监管思路也逐渐明晰。2 月 23 日，银监会发布《网络借贷资金存管业务指引》，银行存管成为各网贷平台备案登记的必备要素；6 月底，央行等部门联合发布的《关于进一步做好互联网金融风险专项整治清理整顿工作的通知》，对下一步的整改验收做出了具体、详细的部署；8 月 24 日，银监会再度亮剑，正式印发实施《网络借贷信息中介机构业务活动信息披露指引》，并给予已开展业务的网贷机构 6 个月整改期；12 月，《关于做好 P2P 网络借贷风险专项整治整改验收工作的通知》（57 号文）出炉，要求各地在 2018 年 4 月底之前完成辖内主要 P2P 机构的备案登记工作、6 月底之前全部完成；并对债权转让、风险备付金、资金存管等关键性问题做出进一步的解释说明。相关监管政策为互联网金融风险的监测提供了方向导向的作用，并能够为互联网金融风险监测体系的构建奠定政策基础，因而在监测体系的构建中，政策的重要性尤为突出，监测的重点也要随政策的变化及时调整。

（二） 强调对风险的全流程监测

互联网金融行业具有变动快的特点，因而对其风险的监测，要包含事前、事中和事后的各个环节。简单来说，事前监测是对行业总体态势的评估，并通过平台画像等方式，对每一个互联网金融平台从资金总量、用户数量、所属从业机构、所属省份、法人代表和业态类型等方面进行画像，以评估其可能出现的风险类型及程度，为之后有重点的监测提供基础。事中监测包括违规监测、风险监测、网络安全监测等，对互联网金融从网站是否备案、是否存在虚假宣传、金融数据服务器是否部署在境外、是否存在诱导性宣传等方面进行监测，同时对互联网金融平台的网站漏洞情况、危险程度和漏洞类型分布等问题进行监测，及时发现互联网金融在经营活动和网络安全等方面存在的风险。事后跟踪主要侧重于对已经出现较大风险或已经跑路问题平台的监测，避免出现更大范围的金融问题社会化外溢，减少其可能引发互联网金融系统性风险的概率。事后跟踪方面的监测主要包括跑路平台预测、紧急时刻预警、群体性事件预警和群体性事件跟踪等内容。

（三） 重视舆情的预警作用

金融运行的基础为信用与预期，这种特征使其更容易受社会信用与预期舆情的影响。小到个别金融机构的风险事件、声誉风险，大到席卷国际的金融危机、系统性金融风险，以及投资消费预期、通货膨胀预期、系统金融机构运行、国家货币政策制定与实施、金融监管政策效果无不受到舆情传播的影响。从诸多案例中可以发现，如果不能及时关注和应对小的信用危机，则有可能酿成金融危机事件，而对金融舆情进行监测可以把握预期管理的节奏，减少和避免金融舆情危机的爆发和演变恶化。互联网金融的线上特征决定了其用户对网络的依赖性也相对较强，这些用户也更倾向于通过网络贴吧、微博等方式表达对所投资的互联网金融平台的评价，因而通过对相关舆情进行监测，提取有价值的信息并进行及时预警具有重要意义。

## 10.6 政策建议

目前，中国在国家层面和地方层面均建立了部分互联网金融风险监测平台和相关监管制度，但互联网金融的运行仍存在着较大的问题，因而仍需从行业立法、监管协助、网络安全等方面协同合作，建立一整套多方联动的监测管理体系。

首先，加速行业立规矩的进程，推动其在法治轨道上运行。任何一个行业的健康发展都是建立在相对完善的法律法规基础上，互联网金融也不例外。互联网金融本质依然是金融，应该遵循金融行业发展的规则，也需要规章、法律对其健康发展做出引导与约束。2017 年，监管部门先后 3 次下发通知，专项清理整顿"校园贷""现金贷"等互金业务及小额贷款公司等相关金融机构。监管政策陆续出台，监管环境日趋严格，有利于互联网金融行业合规健康发展，降低行业发展风险。

其次，加强监管协调合作。中国金融业经营准入存在多头监管的问题，从事现金贷业务的网络小贷公司由地方金融办发放牌照，但各地审批的标准不一，导致行业鱼龙混杂。虽然在地方注册，网络小贷公司经营的却是全国性业务，当地监管部门很难对其全面监管。所以，应加强监管协调，增强监管合力。泛亚、e 租宝等事件的发生已经严重威胁经济安全，互联网金融发展暴露的问题已经逐渐成为影响国家金融稳定的重要方面。中国互联网金融的现状决定技术支撑互联网金融风险监控的长期性。一方面，互联网金融由于数量多、变化快、隐蔽性强，传统的管理手段难以动态掌握总体情况、跟踪发展动态、发现违法违规行为；另一方面，互联网金融管理沿用分业管理模式，并侧重于机构管理，难以适应互联网金融分布式、虚拟化、创新性和跨界性的特点。通过运用互联网技术支撑互联网金融风险监控，是由互联网金融的特点决定的，这种特点在很长时间内不会改变。

中国创新背景下互联网金融新发展

# 参考文献

［1］李慧，宋良荣．互联网金融风险的分类及评估研究［J］．电子商务，2016（12）：50－53．

［2］陈华，宋慧．互联网金融是新型金融工具还是新的金融业态？——基于与美国比较的视角［J］．亚太经济，2015（4）：31－36．

［3］郑联盛．中国互联网金融：模式、影响、本质与风险［J］．国际经济评论，2014（5）：103－118．

［4］陆岷峰，汪祖刚，史丽霞．关于互联网金融必须澄清的几个理论问题［J］．桂海论丛，2014（6）：50－54．

［5］李博，董亮．互联网金融的模式与发展［J］．中国金融，2013（10）：19－21．

［6］谢平，邹传伟．互联网金融模式研究［J］．金融研究，2012（12）：11－22．

［7］谢平，邹传伟，刘海二．互联网金融的基础理论［J］．金融研究，2015（8）：1－12．

［8］李文红，蒋则沈．金融科技（FinTech）发展与监管：一个监管者的视角［J］．金融监管研究，2017（3）：1－13．

［9］卫冰飞．中美金融科技比较及思考［J］．清华金融评论，2016（10）：41－45．

［10］张兴．FinTech（金融科技）研究综述［J］．中国商论，2017（2）：17－20.

［11］彭涵祺，龙薇．互联网金融模式创新研究——以新兴网络金融公司为例［J］．湖南社会科学，2014（1）：100－103.

［12］陶玲，朱迎．系统性金融风险的监测和度量——基于中国金融体系的研究［J］．金融研究，2016（6）：18－36.

［13］宇璇．网络金融的风险与监控［J］．金融经济：理论版，2010（18）：39－40.

［14］金喆．浅谈中国互联网金融风险与监控措施［J］．法制博览，2016（32）.

［15］魏鹏．中国互联网金融的风险与监管研究［J］．金融论坛，2014（7）：3－9.

［16］洪娟，曹彬，李鑫．互联网金融风险的特殊性及其监管策略研究［J］．中央财经大学学报，2014（9）：42－46.

［17］丁柏铨．中国互联网金融舆情监测与研究论析［J］．西南民族大学学报（人文社科版），2016（5）：151－157.

［18］邓舒仁．互联网金融监管的国际比较及其启示［J］．新金融，2015（6）：56－60.

［19］彭岳．互联网金融监管理论争议的方法论考察［J］．中外法学，2016，Vol.28（6）：1618－1633.

［20］董微微．基于异质性特征的互联网金融监管框架构建［J］．金融与经济，2015（2）：79－82.

［21］尹龙．金融创新理论的发展与金融监管体制演进［J］．金融研究，2005（3）：7－15.

［22］罗培新．美国金融监管的法律与政策困局之反思——兼及对中国金融监管之启示［J］．中国法学，2009（3）：91－105.

［23］蒋海，刘少波．金融监管理论及其新进展［J］．经济评论，2003（1）：106－111.

［24］闫真宇．关于当前互联网金融风险的若干思考［J］．浙江金

融，2013（12）：40 – 42.

［25］吴晓光，曹一．论加强 P2P 网络借贷平台的监管［J］．南方金融，2011（4）：32 – 35.

［26］马运全．P2P 网络借贷的发展、风险与行为矫正［J］．新金融，2012（2）：46 – 49.

［27］卢馨，李慧敏．P2P 网络借贷的运行模式与风险管控［J］．改革，2015（2）：60 – 68.

［28］肖曼君，欧缘媛，李颖．中国 P2P 网络借贷信用风险影响因素研究——基于排序选择模型的实证分析［J］．财经理论与实践，2015（1）：2 – 6.

［29］FCA，Regulatory Sandbox，Consultation Paper，November 2015.

［30］FSB，FinTech：Describing the Landscape and a Framework for Analysis，March 2016.

［31］IOSCO，Research Report on Financial Technologies（Fintech），February 2017.

［32］MAS，FinTech Regulatory Sandbox Guidelines，Consultation Paper，June 2016.